会计基础知识与真账演练

本书编委会 ◎ 编

地震出版社

图书在版编目（CIP）数据

会计基础知识与真账演练 / 本书编委会编 . —北京：地震出版社，2023.12

ISBN 978 – 7 – 5028 – 5615 – 1

Ⅰ . ①会…　Ⅱ . ①本…　Ⅲ . ①会计学②会计方法

Ⅳ . ①F230②F231

中国国家版本馆 CIP 数据核字（2023）第 250934 号

地震版　XM5562/F（6451）

会计基础知识与真账演练

本书编委会 ◎ 编

责任编辑：范静泊

责任校对：凌　樱

出版发行：**地 震 出 版 社**

北京市海淀区民族大学南路 9 号　　　　　　邮编：100081

发行部：68423031　68467991　　　　　　传真：68467991

总编办：68462709　68423029

图书出版部：68467963

http：//seismologicalpress.com

E-mail：dz_press@163.com

经销：全国各地新华书店

印刷：大厂回族自治县德诚印务有限公司

版（印）次：2023 年 12 月第一版　2023 年 12 月第一次印刷

开本：787×1092　1/16

字数：444 千字

印张：24

书号：ISBN 978 – 7 – 5028 – 5615 – 1

定价：98.00 元

前言 | Preface

本书写作目的

经济越发展，会计越重要。从近两年数据来看，会计专业俨然已成为当今社会的热门专业。但与此同时，会计类专业学生在求职时也面临很多问题，如高校会计类教程与会计实务的脱节，实习单位出于保密原则不太愿意接纳会计实习生等，用人单位在招聘会计岗位人员时对工作经验的苛求成了大多数会计人员就业时的拦路虎，以致高校会计专业毕业生就业形势依然不甚乐观。

本书遵循"厚基础、宽口径、破门槛"的写作理念，从会计基础知识与真账演练两方面统筹跟进，帮助读者快速入门，在理论基础与操作实践等方面全方位提高，细致全面、通俗易懂，旨在成为读者在工作陷入困境时可以随手翻阅的百科全书。

本书主要内容

本书主要分为基础知识和真账演练两篇章，前十一章为基础知识篇章，对会计基础知识进行了问答式的总结：对会计的含义及特征、会计要素、账户的设置、会计分录、财务报表的编制等问题进行了详细的说明，为有志于从事会计工作的人员打好基础。

真账演练篇章中以一般纳税人北京新科电子有限公司（该公司为虚拟名称）为核算对象，以2021年12月为核算期间，具体列示了该公司2021年12月的账务处理情况。首先，本书对核算对象北京新科电子有限公司进行了简要的介绍，具体包括公司的背景资料以及公司的核算方法这两个方面。其次，本书按照时间顺序列示了公司2021年12月所发生的各项经济业务以及所涉及的原始凭证，并据此进行了记账凭证的登记。然后在此基础上，制作相关的"T"字账和记账凭证汇总表。最后，进行2021年公司会计报表的编制。通过对这些常见的、简化了的经济业务账务处理的掌握，读者能够熟悉基本的账务操作，有利于其尽快掌握实际账务处理，早日进入工作状态。

本书主要特色

第一，全面系统。本书内容上详略得当，有重点有层次地讲解了相关知识，整本书的各个知识点之间衔接自然，浑然天成。另外结合案例实操，帮助读者尽早实际掌握账务处理，适应工作岗位的需要。

第二，实用性强。紧密关注税法及银行结算工具等最新变化并及时做出了调整，使得本书极具前沿性。本书选取的案例真实经典，几乎囊括了全部常见的经济业务账务处理，引导读者进行实践操作，具有非常强的实用性。

第三，通俗易懂。本书在遣词造句上几经修改，语言简洁明了，有行云流水之感，从而易于读者理解。本书还极力避免枯燥无味地罗列条条框框，图文并茂、生动形象，重点讲解会计实务中的操作，真正指导工作实践。

本书使用方法

本书体系完整，内容全面，通过阅读、查询本书，将会带给不同需求的读者不同的收获。

大中专院校的会计专业学生：构建会计清晰框架，对会计理论和实务有所了解。

会计从业人员：丰富会计知识、扩充财务视野，便于实务查询翻阅。

企业培训及咨询人员：查询最新会计知识，增强实务经验，满足业务需要。

本书主要作用

本书系统全面地将会计岗位的理论知识与实务操作娓娓道来，手把手教会计从业人员快速入门，提高求职竞争力，满足企业岗位的需要，是企业从业人员实务工作中必备的指导工具书。本书同时适合大中专院校的会计专业学生、会计新手和企业培训和咨询人员阅读和使用。

中国传媒大学财务处的孙雷老师编写了本书的第 1 至 8 章，中普达科技股份有限公司的财务总监尹栋菊女士编写了本书的 9 至 17 章，以及全部的真账演练部分。兰州财经大学会计学院的邢铭强教授对本书进行了审校。

本书的编写过程中，得到了多位企业财务人员大力支持，在此一并表示感谢。由于水平有限，加之时间紧迫，书中难免存在疏漏乃至错误之处，恳请广大读者不吝指正。

编　者

2023 年 12 月

目录 | Contents

第八章 负债

——帮助企业在负债融资中 防范财务风险

第九章 所有者权益

——帮助企业合理分配利润

第十章 收入、费用和利润

——帮助企业掌握自身经营 情况

第十五章　记账凭证制作训练

第十六章　T 字账和记账凭证
汇总表制作训练

第十七章　会计报表编制训练

上 篇

会计实务基础知识

第一章

会计基础知识图解

——帮你快速入门会计领域

1.1　会计是什么

 内容概览

　　会计是当今最为热门、需求极为广泛的行业之一，是每一个经济单位都不可或缺的一部分。但会计工作的知识体系庞大复杂，并且需要多年的实践经验。然而大部分不了解会计这个职业的人，以为会计就是一种简单而机械的工作，甚至有人认为会计就是"算账的"，这是对会计工作的极大误解。

　　因此，在本章的学习中，我们将解决读者的以下问题：

　　（1）会计究竟是什么？

　　（2）会计包含哪些职能？

　　（3）初学者应该掌握哪些基础会计知识？

1.1.1　会计的含义

　　在我国，对会计本质的认识可概括为：会计是以货币为主要计量单位，核算和监督企业、政府和其他非营利组织等单位经济活动的一种经济管理工作，同时，它又是一个以提供财务信息为主的经济信息系统。

　　对这个定义我们可以通过图 1-1 来理解。

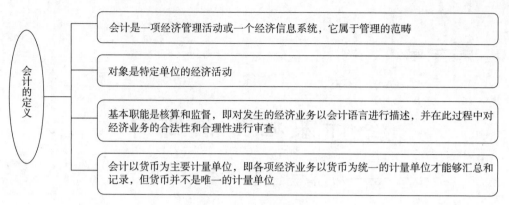

图1-1　会计的定义

1.1.2　会计的基本职能

会计的职能是指会计所具有的功能。可以用图1-2表示。

（一）会计核算

会计核算指以货币为主要计量单位，通过确认、计量、记录和报告等

图1-2　会计的基本职能

环节，反映特定会计主体的经济活动，向有关各方提供会计信息的一项管理活动。会计核算是会计的首要职能。会计核算有两大特点，如图1-3所示。

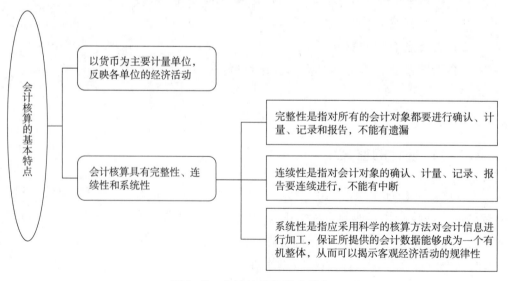

图1-3　会计核算的基本特点

会计核算包括四个环节，如图1-4所示。

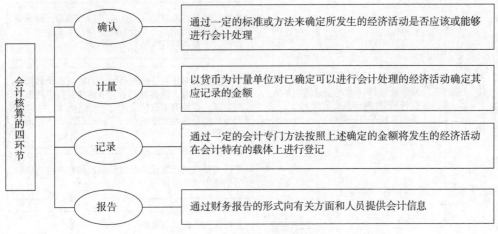

图1-4 会计核算的四个环节

会计核算的具体方法包括：设置会计科目和账户；填制和审核会计凭证；运用复式记账的方法登记账簿；成本计算；财产清查；编制会计报表。图1-5是上述七种会计核算方法的基本运作程序。

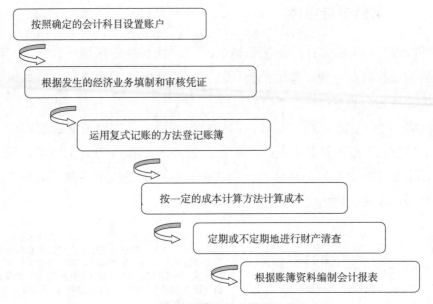

图1-5 会计核算方法的基本运作程序

（二）会计监督

会计监督职能是指会计人员在进行会计核算的同时，对特定主体经济活动的合法性、合理性进行审查。会计监督的特点如图1-6。

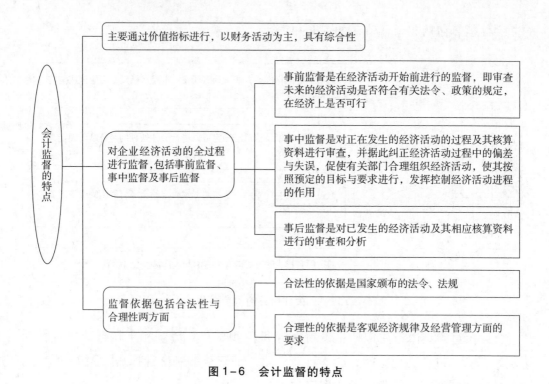

图 1-6　会计监督的特点

1.1.3　财务报告目标

财务报告目标也称会计目标，是指在一定的社会经济环境下，会计工作所要达到的目的或标准。企业、单位的会计活动要符合财务报告目标。财务报告目标可以分为总目标、基本目标等不同的层次。

根据 2011 年《企业会计准则》，财务报告的目标是向财务报告使用者（包括投资者、债权人、政府及其有关部门和社会公众等）提供与企业财务状况、经营成果和现金流量等有关的会计信息，反映企业管理层受托责任履行情况，有助于财务会计报告使用者作出经济决策。如图 1-7 所示。

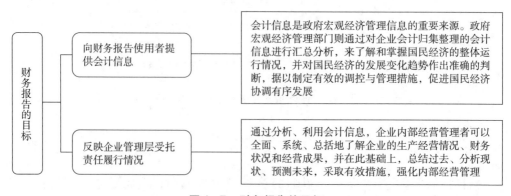

图 1-7　财务报告的目标

1.2　会计基本假设和会计基础

1.2.1　会计基本假设

会计基本假设是会计确认、计量和报告的前提，是对会计核算所处时间、空间环境等所作出的合理设定。会计基本假设包括会计主体、持续经营、会计分期和货币计量，如图1-8所示。

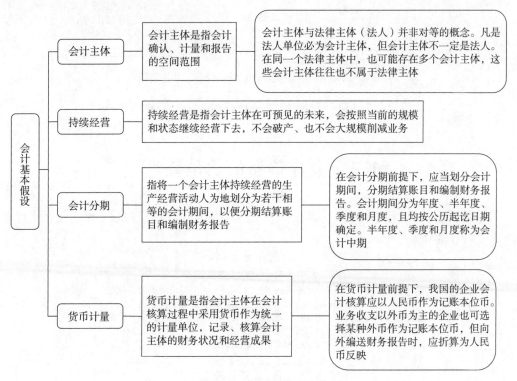

图1-8　会计基本假设

1.2.2　会计记账基础

企业会计的确认、计量和报告应当以权责发生制为基础。与权责发生制相对应的是收付实现制，两者关系如图1-9所示。

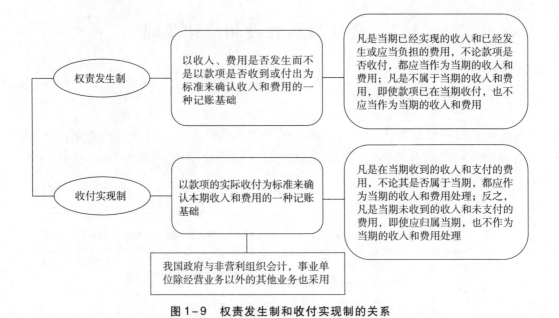

图 1-9　权责发生制和收付实现制的关系

1.3　会计信息的质量要求

根据《企业会计准则——基本准则》规定，对会计信息质量的要求包括 8 个，如图 1-10 所示。

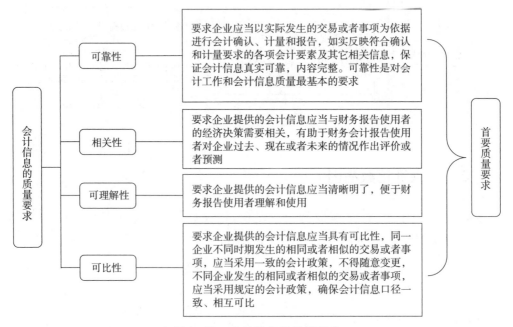

图 1-10　会计信息的质量要求

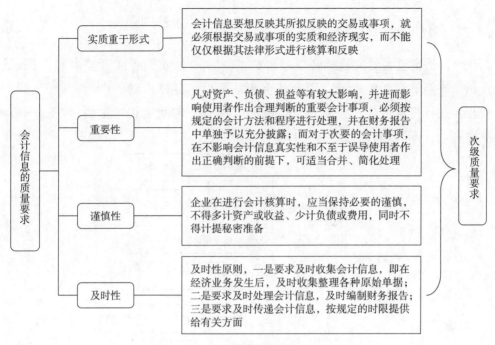

图 1-10 会计信息的质量要求（续）

1.4 会计要素和会计等式

1.4.1 会计要素

会计要素是根据交易或事项的经济特征所确定的会计核算内容的基本分类，是会计核算内容的具体化，是从会计的角度描述经济活动的基本要素。会计要素包括资产、负债、所有者权益、收入、费用、利润六个要素，如图 1-11。由于会计的最终目的是编制财务报告，财务报告的核心内容是财务报表，而财务报表又以会计要素为内容构架，因此，会计要素又称财务报表要素。

图 1-11 会计要素构成

（一）资产

资产，是指过去的交易或者事项形成的、并由企业拥有或者控制的、预期会给企业带来经济利益的资源。资产是企业从事生产经营活动的物质基础，任何一个企业要进行正常的生产经营活动，都必须拥有一定数量和结构的资产。一般将资产按流动性不同划分，如图 1 – 12 所示。

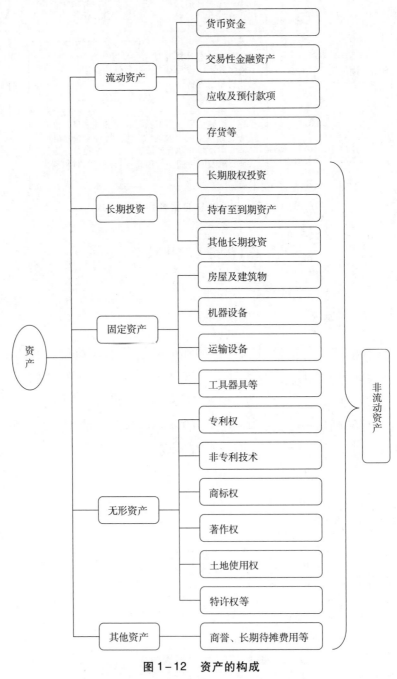

图 1–12　资产的构成

资产的基本特征如图 1-13 所示：

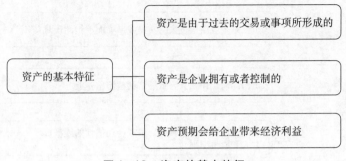

图1-13 资产的基本特征

（二）负债

负债，是指过去的交易或者事项所形成的、预期会导致经济利益流出企业的现时义务。负债实质上反映了企业与债权人之间的一种债权、债务关系，它所代表的是企业对债权人所承担的全部经济责任或义务。负债的确认，表明权利、义务关系的形成；负债的偿还，则表明权利、义务关系的解除。负债通常按照流动性不同划分，如图 1-14 所示。

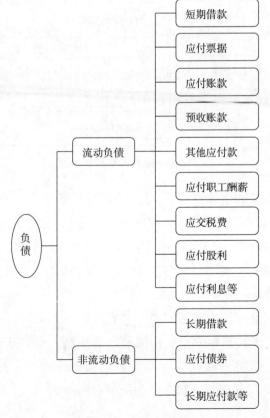

图1-14 负债的构成

负债的基本特征，如图 1 - 15 所示：

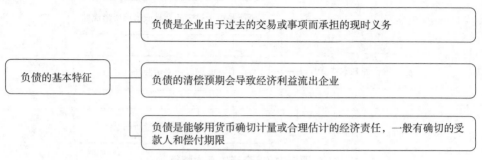

图 1-15　负债的基本特征

（三）所有者权益

所有者权益，是指所有者在企业资产中的剩余权益，其金额为资产减去负债后的余额。资产减去负债后的余额称为净资产，因此，所有者权益实际上是投资者（即所有者）对企业净资产的所有权。所有者权益的来源包括所有者投入的资本、直接计入所有者权益的利得和损失、留存收益等，如图 1 - 16 所示。

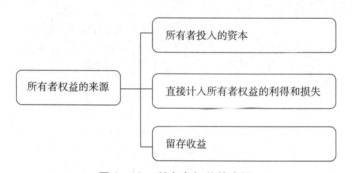

图 1-16　所有者权益的来源

所有者投入的资本是指所有者投入企业的资本部分，包括实物资本和资本公积两部分直接计入所有者权益的利得和损失，是指不应计入当期损益、会导致所有者权益发生增减变动的、与所有者投入资本或者向所有者分配利润无关的利得或者损失。留存收益是所有者（股东）权益的重要组成部分，它是指企业在历年生产经营活动中取得净利润的留存额。

因而，所有者权益按其构成不同进行划分，如图 1 - 17 所示。

所有者权益与负债共同构成企业全部资产的来源，但二者却有着本质的不同。所有者权益表明了企业的产权关系，即企业是由谁投资的、归谁所有。企业的全部资产，除了归债权人所有外，其余应归投资者所有。

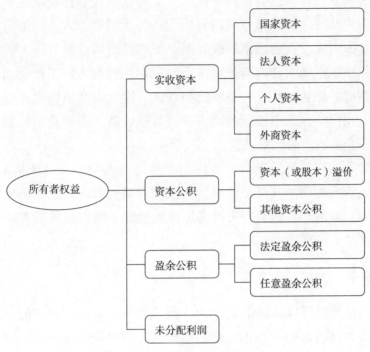

图1-17　所有者权益的构成

（四）收入

收入是指企业在日常活动中所形成的、会导致所有者权益增加的、与所有者投入资本无关的经济利益的总流入。收入的分类如图1-18所示。

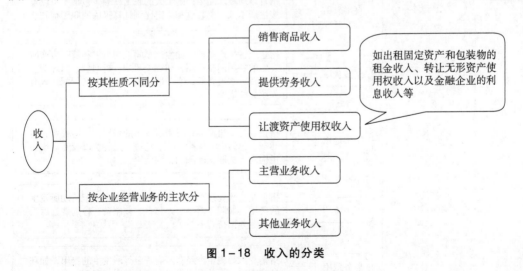

图1-18　收入的分类

工业企业的主营业务收入主要包括销售产成品、自制半成品和提供工业性劳务等取得的收入；商品流通企业的主营业务收入主要包括销售商品所取得的收入；

旅游企业的主营业务收入主要包括客房收入、餐饮收入等；金融企业的主营业务收入主要包括贷款利息收入和办理结算所取得的手续费收入等。主营业务收入一般比较稳定，占企业收入的比重较大，对企业的经济效益具有较大的影响；其他业务收入是指基本业务以外的其他日常活动所产生的收入，工业企业的其他业务收入主要包括材料销售收入、包装物出租收入、固定资产出租收入、无形资产使用权转让收入和提供非工业性劳务收入等，其他业务收入的稳定性弱于主营业务收入，一般占企业收入的比重较小。

收入是从企业的日常活动中形成的，而不是从偶发的交易或事项中产生的，它表现为企业资产的增加或负债的减少，或两者兼而有之，最终会导致企业所有者权益的增加。但是，并非所有资产增加或负债减少而引起的所有者权益增加都是企业的收入。

（五）费用

费用是指企业在日常活动中发生的、会导致所有者权益减少的、与向所有者分配利润无关的经济利益的流出。费用是与收入相对应而存在的，它代表企业为取得一定收入而付出的代价，或者企业为进行生产经营活动所消耗的资源。费用的构成，如图 1-19 所示。

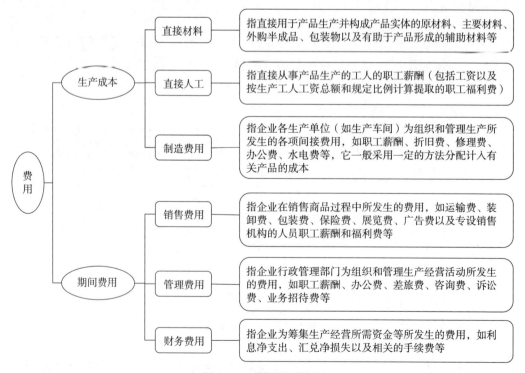

图 1-19　费用的构成

（六）利润

利润，是指企业在一定会计期间的经营成果。企业实现了利润，表明企业所有者权益增加、业绩得到了提升；反之，若企业发生了亏损，表明企业所有者权益减少、业绩下滑。各种利润的计算方式，如图1-20所示。

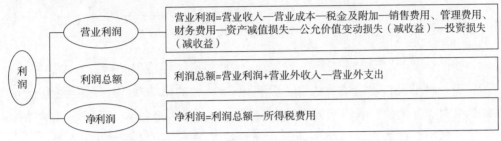

图1-20 利润的计算方式

1.4.2 会计等式

会计等式是指反映各项会计要素之间基本关系的表达式，也称会计恒等式、会计方程式或会计平衡公式。从形式上看，会计等式反映了会计对象的具体内容即各项会计要素之间的内在联系；从实质上看，会计等式揭示了会计主体的产权关系和基本财务状况。

会计等式的具体内容如图1-21所示。

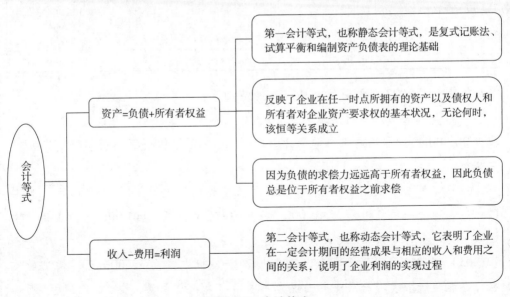

图1-21 会计等式

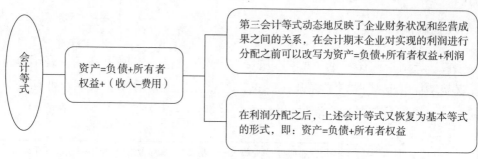

图 1-21 会计等式（续）

为便于理解会计等式的恒等关系，现分两种情况举例加以说明。

1. 第一种情况，不考虑收入和费用时会计等式的恒等关系。无论经济业务多么复杂和千变万化，它所引起的会计要素的变化，归纳起来不外乎以下几种情况：

（1）某个会计要素内部两个项目一增一减，会计等式保持恒等关系；

（2）会计等式的左右两边的两个要素项目同时增加，会计等式保持恒等关系；

（3）会计等式的左右两边的两个要素项目同时减少，会计等式保持恒等关系；

（4）会计等式右边的两个要素项目一增一减，会计等式保持恒等关系。

【例 1-1】 现以华明公司为例来说明会计等式的恒等性。假设 2022 年 12 月 31 日华明公司的会计要素和项目余额如表 1-1 所示，会计等式的平衡关系成立。

表 1-1 　　　　　　　　　　　　会计科目余额表 　　　　　　　　　　单位：元

资产类科目	金额	负债和所有者权益类科目	金额
库存现金 银行存款	1 000 199 000	短期借款 应付账款 盈余公积 实收资本	30 000 50 000 20 000 100 000
合计	200 000	合计	200 000

华明公司 2023 年 1 月发生的经济业务如下：

（1）华明公司从银行提取现金 20 000 元备用。这一项业务表现为一项资产减少 20 000 元，另一项资产增加 20 000 元，资产的总金额不变，会计等式左右相等。

（2）华明公司向银行借款 40 000 元归还到期的应付货款 40 000 元。这一项业务表现为一项负债增加 40 000 元，另一项负债减少 40 000 元，负债的总金额不变，会计等式左右相等。

（3）华明公司召开董事会，决定从盈余公积中拿出 12 000 元转增实收资本，办理转账手续。此项业务表现为一项所有者权益项目减少 12 000 元，另一项所有者权益项目增加 12 000 元，所有者权益的总金额不变，会计等式左右相等。

上述三种情况属于前述第一类事项，某个会计要素内部两个项目一增一减，会计等式保持恒等关系。

（4）一位新的投资者向华明公司增加货币投资 100 000 元，资金已存入银行。此项业务表现为资产增加 100 000 元，所有者权益增加 100 000 元。会计等式的左右两边同时增加 100 000 元，会计等式左右相等。

（5）华明公司向银行借款 100 000 元存入银行。这一项业务表现为资产增加 100 000 元，负债增加 100 000 元。会计等式的左右两边同时增加 100 000元，会计等式左右相等。

上述两种情况属于前述第二类事项，即会计等式的左右两边的两个要素项目同时增加，会计等式保持恒等关系。

（6）华明公司的原有投资者之一减少对华明公司的投资 50 000 元，用银行存款支付。这一项业务表现为资产减少 50 000 元，所有者权益减少 50 000 元。会计等式的左右两边同时减少 50 000 元，会计等式左右相等。

（7）华明公司归还短期借款 30 000 元，用银行存款支付。这一项业务表现为资产减少 30 000 元，负债减少 30 000 元。会计等式的左右两边同时减少 30 000 元，会计等式左右相等。

上述两种情况属于前述第三类事项，即会计等式的左右两边的两个要素项目同时减少，会计等式保持恒等关系。

（8）投资者代华明公司偿还到期的银行短期贷款 100 000 元，并同意作为对华明公司的追加投资 100 000 元，已办理有关手续。此项业务表现为一项负债减少 100 000 元，另一项所有者权益增加 100 000 元。会计等式右边的两个会计要素一增一减，会计等式左右相等。

上述情况属于前述引起会计要素变化的第四类事项，即会计等式右边的两个要素项目一增一减，会计等式保持恒等关系。

华明公司在上述业务结束后，计算会计要素项目的金额，华明公司的会计要素和余额如表 1-2 所示，会计等式的平衡关系依然存在。

表 1-2 　　　　　　　　　　　科目余额表　　　　　　　　　　单位：元

资产类科目	金额	负债和所有者权益类科目	金额
库存现金 银行存款	21 000 299 000	短期借款 应付账款 盈余公积 实收资本	40 000 10 000 8 000 262 000
合计	320 000	合计	320 000

2. 第二种情况，考虑收入和费用时会计等式的恒等关系。为了说明收入和费用的发生也不影响会计等式的恒等性，我们使用公式资产 = 负债 + 所有者权益 + 收入 – 费用。

收入可能带来资产的增加，也可能使负债减少。

（9）华明公司销售产品，价款共计 30 000 元，以银行存款方式收取货款。此项业务表现为资产增加 30 000 元，收入增加 30 000 元。等式的两边的会计要素同时增加，等式左右两边相等。

（10）华明公司销售产品，价款 10 000 元抵付应付账款，此项业务表现为负债减少 10 000 元，收入增加 10 000 元。等式右边的会计要素一增一减，等式左右两边相等。

费用可能带来资产的减少，也可能使负债增加。

（11）华明公司用银行存款支付水电费 1 000 元。此项业务表现为资产减少 1 000 元，费用增加 1 000 元。由于费用项目是等式右边的减项，因此，等式两边的金额同时减少，等式左右两边相等。

（12）华明公司计算本月应付职工薪酬 2 000 元，款项尚未支付。此项业务表现为负债增加 2 000 元，费用增加 2 000 元。由于费用项目是等式右边的减项，因此，等式右边的金额不变，等式左右两边相等。

华明公司在上述业务结束后，计算会计要素的项目和金额，收入和费用记入未分配利润项目，华明公司的会计要素和余额如表 1 – 3 所示，会计等式的平衡关系依然存在。

表 1 – 3	科目余额表		单位：元
资产类科目	金额	负债和所有者权益类科目	金额
库存现金 银行存款	21 000 328 000	短期借款 应付账款 应付职工薪酬 盈余公积 实收资本 未分配利润	40 000 0 2 000 8 000 262 000 37 000
合计	349 000	合计	349 000

1.4.3 会计要素、会计等式与基本财务报表的关系

三者关系如图 1 – 22 所示。

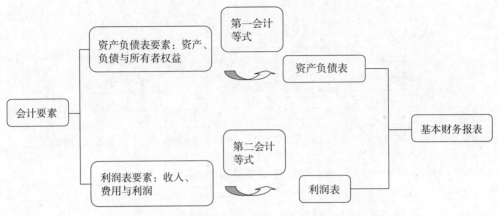

图 1－22 会计要素、会计等式与基本财务报表的关系

资产负债表的格式分为两种：报告式和账户式，如图 1－23 所示。

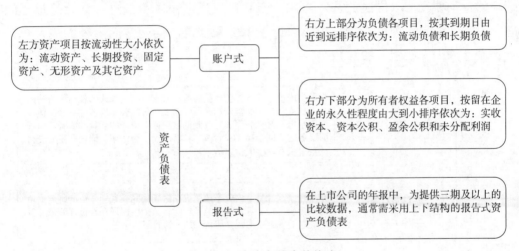

图 1－23 资产负债表的格式

1.5 会计确认与会计计量

1.5.1 关于会计确认

会计确认指确定某一项目、交易或事项应否、应在何时以及如何列作一项会计要素（如资产、负债、所有者权益、收入、费用或利润）正式地记入账内、列入财务报表的过程，其解决的问题如图 1－24 所示。

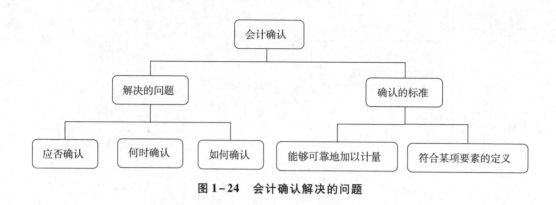

图 1-24　会计确认解决的问题

1.5.2　关于会计计量

会计计量是财务会计的一项重要程序，它是指用数量尤其是用金额对应列入报表的各项要素加以描述的基本方式。会计计量通常被认为是财务会计的核心问题。会计计量是一种模式，它主要由计量单位和计量属性两方面内容构成，会计计量属性的内容如图 1-25 所示。

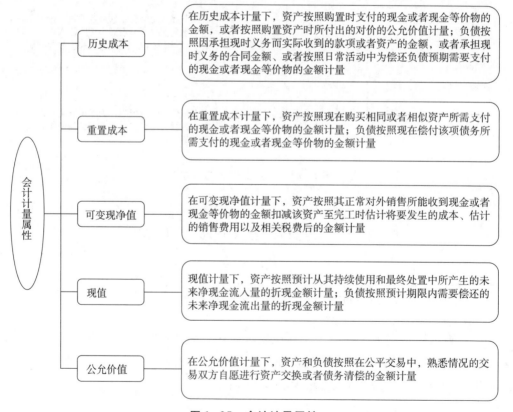

图 1-25　会计计量属性

第二章

熟悉会计科目和账户

——帮你打好学习会计的坚实基础

 内容概览

在学习会计核算的方法和内容之前，熟悉会计科目和账户是十分必要的，因为掌握这些知识是学习会计核算的基础和前提。

因此，在本章的学习中，我们将解决读者的以下问题：

（1）会计科目是什么？如何分类？

（2）账户是什么？如何分类？账户的基本结构是什么样的？

（3）账户和会计科目有哪些区别和联系？

2.1 会计科目：会计核算的前提

2.1.1 会计科目是什么

会计科目就是按照经济内容对各会计要素的具体内容作进一步分类核算的项目，它是以客观存在的会计要素的具体内容为基础、根据核算和管理的需要设置的。即根据会计核算的需要，对资产、负债、所有者权益、收入、费用、利润六个会计要素的具体内容进行科学的分类，每一类确定一个合适的名称，这些就是会计科目。合理设置会计科目是正确组织会计核算的前提。

2.1.2　会计科目的分类

（一）按提供核算指标的详细程度对会计科目进行的分类

会计科目按提供核算指标详细程度及其统驭关系不同，可以分为总分类科目和明细分类科目。会计科目按提供核算指标详细程度的分类，如表 2-1 所示。

表 2-1　　　　　会计科目按提供指标的详略程度进行的分类

总分类科目 （一级科目或总目）	明细分类科目	
	二级科目（子目）	明细科目（细目）
原材料	原料及主要材料	圆钢 角钢
	辅助材料	油漆 铁钉
应交税费	应交增值税	销项税额

（二）会计科目按经济内容的性质分类

会计科目按反映经济内容的性质即按其反映的会计对象要素不同，可以分为资产类科目、负债类科目、所有者权益类科目、成本类科目和损益类科目等。我国财政部 2011 年制定并颁布的《企业会计准则——应用指南》规定的会计科目，如表 2-2 所示。

表 2-2　　　　《企业会计准则——应用指南》规定的会计科目

编号	会计科目名称	编号	会计科目名称
	一、资产类	2001	短期借款
1001	库存现金	2002	存入保证金
1002	银行存款	2201	应付票据
1012	其他货币资金	2202	应付账款
1101	交易性金融资产	2203	预收账款
1121	应收票据	2211	应付职工薪酬
1122	应收账款	2221	应交税费
1123	预付账款	2231	应付利息
1131	应收股利	2232	应付股息
1132	应收利息	2241	其他应付款
1221	其他应收款	2401	递延收益
1231	坏账准备		二、负债类
1401	材料采购	2501	长期借款
1402	在途物资	2502	应付债券

续表

编号	会计科目名称	编号	会计科目名称
1403	原材料	2701	长期应付款
1404	材料成本差异	2702	未确认融资费用
1405	库存商品	2711	专项应付款
1406	发出商品	2801	预计负债
1407	商品进销差价	2901	递延所得税负债
1408	委托加工物资		四、所有者权益类
1411	周转材料	4001	实收资本
1471	存货跌价准备	4002	资本公积
1501	持有至到期投资	4101	盈余公积
1502	持有至到期投资准备	4103	本年利润
1503	可供出售金融资产	4104	利润分配
1511	长期股权投资		五、成本类
1512	长期股权投资减值准备	5001	生产成本
1521	投资性房地产	5101	制造费用
1531	长期应收款	5201	劳务费用
1532	未实现融资收益	5301	研发支出
1601	固定资产		六、损益类
1602	累计折旧	6001	主营业务收入
1603	固定资产减值准备	6051	其他业务收入
1604	在建工程	6111	投资收益
1605	工程物资	6301	营业外收入
1606	固定资产清理	6401	主营业务成本
1611	未担保余值	6402	其他业务成本
1632	累计折耗	6403	税金及附加
1701	无形资产	6601	销售费用
1702	累计摊销	6602	管理费用
1703	无形资产减值准备	6603	财务费用
1711	商誉	6701	资产减值损失
1801	长期待摊费用	6711	营业外支出
1811	递延所得税资产	6801	所得税费用
1901	待处理财产损益	6901	以前年度损益调整

在会计科目表中，每个会计科目都有确定的号码。首先，作为顺序号，其作用在于了解会计科目总数；其次，它也是会计科目的代号，便于登记账册和查阅

账目，为实现会计数据处理手段现代化、实行会计电算化提供了条件。会计科目编号的第一位数代表会计要素的类别，"1"代表资产类；"2"代表负债类；"3"代表金融企业的共同类；"4"代表所有者权益类；"5"代表成本类；"6"代表损益类。第一位数字都代表会计要素分类的具体内容。

2.1.3 会计科目的设置原则

设置会计科目是会计核算的一种专门方法，为了更好地发挥会计科目在核算中的作用，正确使用会计科目，在设置会计科目应遵守的原则如图2-1所示。

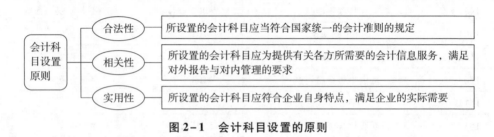

图2-1 会计科目设置的原则

2.2 账户：会计核算的方法

2.2.1 账户是什么

账户是根据会计科目设置的、具有一定格式和结构、用以分类反映会计要素增减变动情况及其结果的载体。账户以会计科目作为名称，同时账户又具备一定的格式（即结构）。设置账户是会计核算的重要方法之一。

2.2.2 账户的分类

账户分类如图2-2所示。

2.2.3 账户的基本结构

账户的基本结构如图2-3所示。

在会计实务中，账户通常根据图示的基本内容来设计账簿格式。账户的基本结构通常可简化为丁字账户（或T型账户）表示，丁字账户的基本结构见表2-3。

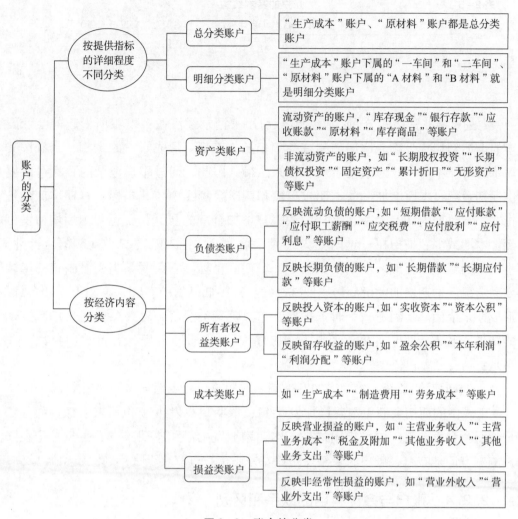

图2-2 账户的分类

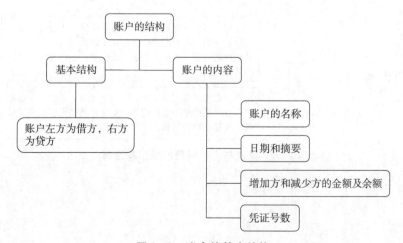

图2-3 账户的基本结构

表2-3 账户的基本结构

左方（借方）	账户名称（会计科目）	右方（贷方）

上列丁字账户格式分左右两方，分别用来记录经济业务发生所引起的会计要素的增加额和减少额。增加额和减少额相抵的差额，形成账户的余额，余额按其表示的时点不同，分为期初余额和期末余额。因此，通过账户记录的金额可以提供期初余额、本期增加额、本期减少额和期末余额四个核算指标。本期增加额是指在一定时期内（月、季、年）记入账户增加金额的合计数，也叫本期增加发生额。本期减少额是指在一定时期内（月、季、年）记入账户减少金额的合计数，也叫本期减少发生额。本期发生额是一个期间指标，它说明某类经济内容的增减变动情况。本期增加发生额与本期减少发生额相抵以后的差额，再加上期初余额，形成期末余额。余额是一个时点指标，它说明某类经济内容在某一时日增减变动的结果。通常，账户的本期期末余额就是下期的期初余额。上述四项金额的关系是：

本期期初余额 + 本期增加发生额 – 本期减少发生额 = 本期期末余额

上式中的期初余额、本期增加发生额、本期减少发生额和期末余额，称为账户的四个金额要素。应当指出的是，本期增加发生额和本期减少发生额是记在账户的左方还是右方、账户的余额反映在左方还是右方取决于账户的性质和类型。

2.2.4 账户与会计科目的联系和区别

两者的联系和区别可以用图2-4来表示。

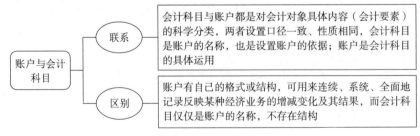

图2-4 账户与会计科目的联系与区别

第三章

学会复式记账法

——帮你学懂会计学科的精髓

 **内容概览**

会计是一门非常科学而严谨的学科，这在复式记账法上得体现尤为突出。复式记账法经过了 300 余年的演变才取得了重大突破，形成了一套科学的理论体系，甚至被誉为会计中的"灵魂"。

在本章的学习中，我们将解决读者的以下问题：

（1）什么是复式记账法？

（2）借贷记账法下的账户结构、记账规则和试算平衡有哪些内容？

（3）会计分录是什么？如何分类？编制步骤是怎样的？

（4）总分类账和明细分类账的平行登记要求分别是什么？

3.1 单式记账法与复式记账法

记账方法按记账的方式不同，一般分为单式记账法和复式记账法，如图 3-1 所示。

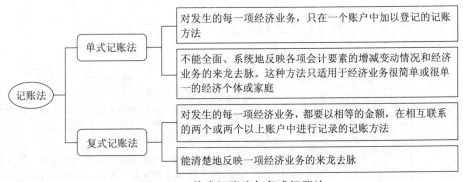

图 3-1 单式记账法与复式记账法

复式记账法有两个明显的特点，如图 3 - 2 所示。

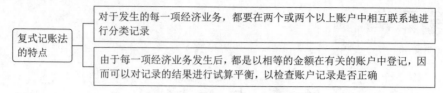

图 3-2　复式记账法的特点

3.2　借贷记账法

3.2.1　借贷记账法的含义和符号

借贷记账法的内容如图 3 - 3 所示。

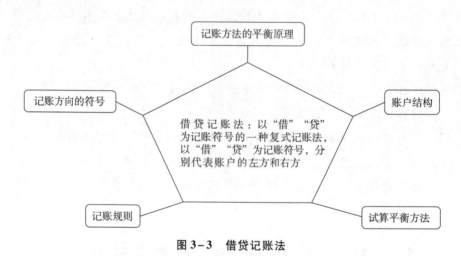

图 3-3　借贷记账法

3.2.2　借贷记账法下的账户结构

表 3-1 表示各类账户的结构和期末余额的计算方式。丁字账户的结构见表 3 - 2。

表 3-1　　　　　　　　　　　　　　　　　账户结构

	账户的结构	期末余额的计算公式
资产类	资产的增加记录在账户的借方，资产的减少记录在账户的贷方，账户的余额在借方（见表 3 - 3）	借方期末余额 = 借方期初余额 + 借方本期发生额 - 贷方本期发生额
负债类	负债的增加记录在账户的贷方，负债的减少记录在账户的借方，账户的余额在贷方（见表 3-4）	贷方期末余额 = 贷方期初余额 + 贷方本期发生额 - 借方本期发生额

续表

	账户的结构	期末余额的计算公式
所有者权益类	所有者权益增加记录在账户的贷方，所有者权益减少记录在账户的借方，账户的余额在贷方（见表3-5）	贷方期末余额＝贷方期初余额＋贷方本期发生额－借方本期发生额
收入类	收入的增加记在账户的贷方，收入的减少记录在账户的借方（见表3-6）	期末本期发生的收入增加额减去本期发生的减少额的差额转入所有者权益类有关账户，期末无余额
费用类	费用（支出、成本）的增加在账户的借方，费用（支出、成本）的减少记在账户的贷方（见表3-7）	期末本期发生的费用增加额减去本期发生的费用减少额的差额转入所有者权益类有关账户，期末一般无余额。如有余额，必为借方余额

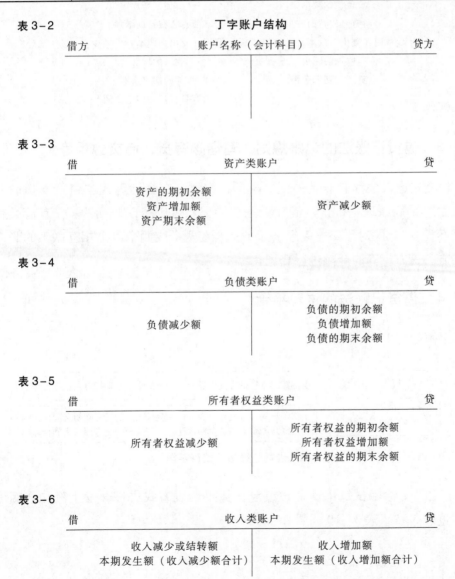

表3-2　　　　　　　　　　　**丁字账户结构**

借方　　　　　　　　账户名称（会计科目）　　　　　　　　贷方

表3-3

借　　　　　　　　　　资产类账户　　　　　　　　　　贷

资产的期初余额
资产增加额　　　　　　　　　　资产减少额
资产期末余额

表3-4

借　　　　　　　　　　负债类账户　　　　　　　　　　贷

　　　　　　　　　　　　　　　负债的期初余额
负债减少额　　　　　　　　　　负债增加额
　　　　　　　　　　　　　　　负债的期末余额

表3-5

借　　　　　　　　　所有者权益类账户　　　　　　　　贷

　　　　　　　　　　　　　　所有者权益的期初余额
所有者权益减少额　　　　　　所有者权益增加额
　　　　　　　　　　　　　　所有者权益的期末余额

表3-6

借　　　　　　　　　　收入类账户　　　　　　　　　　贷

收入减少或结转额　　　　　　　收入增加额
本期发生额（收入减少额合计）　本期发生额（收入增加额合计）

表 3-7

借	费用类账户	贷
费用增加额		费用减少额或结转额
本期发生额（费用增加额合计）		本期发生额（费用减少额合计）

　　上述各类账户的结构在借贷记账法下借、贷方所登记的内容以及账户余额的方向，可以归纳成以下表 3-8。

表 3-8

借	账户名称	贷
资产的增加		资产的减少
负债的减少		负债的增加
所有者权益的减少		所有者权益的增加
费用（支出、成本）的增加		费用（支出、成本）的减少
收入的减少		收入的增加
资产的期末余额		负债的期末余额
		所有者权益的期末余额

3.2.3　借贷记账法的记账规则：有借必有贷，借贷必相等

　　每一种复式记账法都有一定的记账规则，都建立在会计等式"资产 = 负债 + 所有者权益"平衡原理基础上。借贷记账法的记账规则可以概括为："有借必有贷，借贷必相等"。即对于每一笔经济业务都要在两个或两个以上相互联系的账户中，以借方和贷方相等的金额进行登记。

3.2.4　借贷记账法的试算平衡

　　试算平衡如图 3-4 所示。

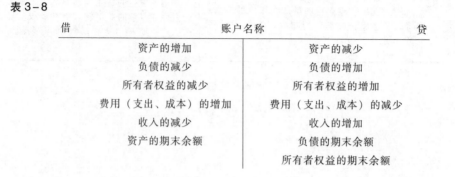

图 3-4　借贷记账法的试算平衡

　　实际工作中，余额试算平衡通过编制试算平衡表方式进行。发生额和余额试算平衡表见表 3-9、表 3-10。

表3-9　　　　　　　　　　各账户本期发生额试算平衡表

年　　月　　　　　　　　　　　　　　　单位：

科目名称	本期借方发生额	本期贷方发生额	试算结果
合计			

表3-10　　　　　　　　　　各账户余额试算平衡

年　　月　　　　　　　　　　　　　　　单位：

科目名称	借方余额	贷方余额	试算结果
合计			

　　上述试算平衡方法主要是从账户的发生额和余额的角度验证记账是否正确的方法。在日常会计核算中，通常是在月末进行一次试算平衡，既可以分别编制发生额试算表和账户余额试算表，也可以将二者合并编制成一张发生额和余额试算表，格式如表3-11。

表3-11　　　　　　　各账户本期发生额和余额试算平衡

年　　月　　　　　　　　　　　　　　　单位：

科目名称	期初余额		本期发生额		期末余额		试算结果
	借方	贷方	借方	贷方	借方	贷方	
合计							

3.3　会计分录

3.3.1　会计分录是什么

会计分录的含义及其包含内容可以用图3-5表示。

3.3.2　会计分录的分类

会计分录的分类可以用图3-6表示。

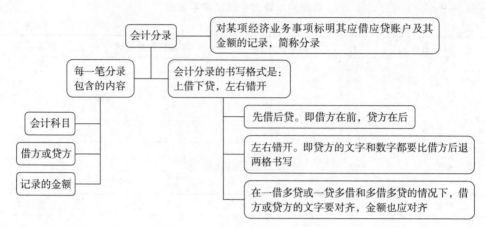

图 3-5　会计分录的含义及其内容

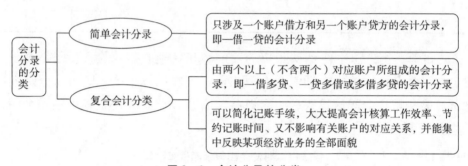

图 3-6　会计分录的分类

3.3.3　会计分录的编制步骤

当一笔经济业务发生后，需要从四个方面分析编制会计分录，步骤如图 3-7。

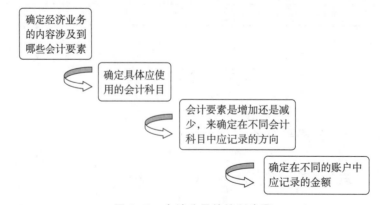

图 3-7　会计分录的编制步骤

3.3.4 借贷记账法下会计分录和登记账户的举例

【例3-1】现以华明发展股份有限公司（以下简称"华明公司"）为例来说明借贷记账法下会计分录和登记账户的具体做法（增值税的核算省略）。假设2022年12月31日华明公司的会计科目和余额如表3-12所示。

表3-12　　　　　　　　　　　　科目余额表　　　　　　　　　　　单位：元

资产类科目	金额	负债和所有者权益类科目	金额
库存现金	1 000	短期借款	300 000
银行存款	1 999 000	应付账款	500 000
		盈余公积	200 000
		实收资本	1 000 000
合计	2 000 000	合计	2 000 000

华明公司2023年1月发生的经济业务如下：

1. 一位新的投资者向华明公司增加货币投资1 000 000元，资金已存入银行。这项业务表现为资产增加1 000 000元，所有者权益增加1 000 000元。它涉及"银行存款"这个资产类账户和"实收资本"这个所有者权益类账户，两者都增加了1 000 000元。由于资产类账户增加记在借方，所有者权益类账户增加记在贷方，因此，这项业务记入"银行存款"账户的借方和"实收资本"账户的贷方。会计分录是：

借：银行存款　　　　　　　　　　　　　　　　　1 000 000

　　贷：实收资本　　　　　　　　　　　　　　　　　　1 000 000

根据上述会计分录，登记有关账户（见表3-13）：

表3-13　　　　　　　　　　　　T型账户

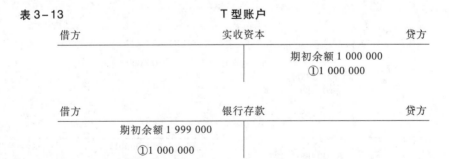

2. 华明公司向银行借款100 000元存入银行。这一项业务表现为资产增加100 000元，负债增加100 000元。它涉及"银行存款"这个资产类账户和"短期借款"这个负债类账户，两者都增加了100 000元，由于资产类账户增

加记在账户的借方，负债类账户增加记在账户的贷方，因此，这一项业务记入
"银行存款"账户的借方和"短期借款"账户的贷方，会计分录是：

借：银行存款   100 000
    贷：短期借款   100 000

根据上述会计分录，登记有关账户（见表3-14）：

表3-14

借方	短期借款	贷方
	期初余额 300 000	
	②100 000	

借方	银行存款	贷方
期初余额 1 999 000		
①1 000 000		
②100 000		

3. 华明公司的原有投资者之一撤资500 000元，用银行存款支付。这一项
业务表现为资产减少500 000元，所有者权益减少500 000元。它涉及"银行
存款"这个资产类账户和"实收资本"这个所有者权益类账户，两者都减少了
500 000元，由于资产类账户减少记在账户的贷方，所有者权益账户减少记在
账户的借方，因此，这项业务应记入"银行存款"账户的贷方和"实收资本"
账户的借方，会计分录是：

借：实收资本   500 000
    贷：银行存款   500 000

根据上述会计分录，登记有关账户（见表3-15）：

表3-15

借方	银行存款	贷方
期初余额 1 999 000		
		③500 000
①1 000 000		
②100 000		

借方	实收资本	贷方
	期初余额 1 000 000	
③500 000		
	①1 000 000	

4. 华明公司归还银行贷款100 000元，用银行存款支付。这一项业务表现
为资产减少100 000元，负债减少100 000元，它涉及"银行存款"这个资产

类账户和"短期贷款"这个负债类账户，两者都减少100 000元，由于资产类账户减少记在账户的贷方，负债类账户减少记在账户的借方，因此，这项业务应记入"短期借款"账户的借方和"银行存款"账户的贷方，会计分录是：

借：短期借款　　　　　　　　　　　　　　　　100 000

　　贷：银行存款　　　　　　　　　　　　　　　　　100 000

根据上述会计分录，登记有关账户（见表3-16）：

表3-16

借方	短期借款	贷方
④100 000	期初余额 300 000 ②100 000	

借方	银行存款	贷方
期初余额 1 999 000 ①1 000 000 ②100 000	③500 000 ④100 000	

5. 华明公司从银行提取库存现金20 000元备用。这一项业务表现为一项资产减少20 000元，另一项资产增加20 000元。它涉及"银行存款"和"库存现金"这两个资产类账户，"银行存款"账户减少，"库存现金"账户增加。由于资产类账户增加记在借方，减少记在贷方，因此，这项业务应记入"库存现金"账户的借方和"银行存款"账户的贷方，会计分录是：

借：库存现金　　　　　　　　　　　　　　　　20 000

　　贷：银行存款　　　　　　　　　　　　　　　　　20 000

根据上述会计分录，登记有关账户资产类账户（见表3-17）：

表3-17

借方	银行存款	贷方
期初余额 1 999 000 ①1 000 000 ②100 000	③500 000 ④100 000 ⑤20 000	

借方	库存现金	贷方
期初余额 1 000 ⑤20 000		

6. 华明公司向银行借款50 000元归还到期的应付货款50 000元。这一项业务表现为一项负债增加50 000元，另一项负债减少50 000元。它涉及"短

期借款"和"应付账款"这两个负债类账户，"短期借款"账户增加，"应付账款"账户减少。由于负债类账户增加记在贷方，减少记在借方，因此，这项业务应记入"应付账款"账户的借方和"短期借款"账户的贷方，会计分录是：

借：应付账款　　　　　　　　　　　　　　　　　　　　　　　50 000

　　贷：短期借款　　　　　　　　　　　　　　　　　　　　　　50 000

根据上述会计分录，登记有关账户（见表3-18）：

表3-18

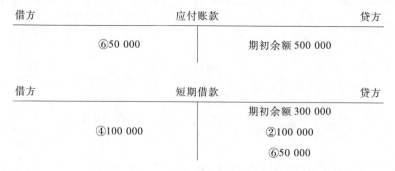

7. 华明公司召开董事会，决定从盈余公积中拿出12 000元转增资本，办理转账手续。这项业务表现为一项所有者权益项目减少12 000元，另一项所有者权益项目增加12 000元。它涉及"盈余公积"和"实收资本"这两个所有者权益类账户，"盈余公积"账户减少，"实收资本"账户增加。由于所有者权益类账户增加记在贷方，减少记在借方，因此，这项业务应记入"盈余公积"账户的借方和"实收资本"账户的贷方。会计分录是：

借：盈余公积　　　　　　　　　　　　　　　　　　　　　　　12 000

　　贷：实收资本　　　　　　　　　　　　　　　　　　　　　　12 000

根据上述会计分录，登记有关账户（见表3-19）：

表3-19

8. 投资者代华明公司偿还到期的银行短期贷款 50 000 元，并同意作为对华明公司的追加投资 50 000 元，已办理有关手续。这项业务表现为负债减少 50 000 元，所有者权益增加 50 000 元。它涉及"短期借款"这个负债类账户和"实收资本"这个所有者权益类账户，"短期借款"账户减少，"实收资本"账户增加。由于负债类账户减少记在借方，所有者权益类账户增加记在贷方，因此，这项业务应记入"短期借款"账户的借方和"实收资本"账户的贷方，会计分录是：

借：短期借款　　　　　　　　　　　　　　　　　　　50 000

　　贷：实收资本　　　　　　　　　　　　　　　　　　50 000

根据上述会计分录，登记有关账户（见表 3-20）：

表 3-20

借方	短期借款	贷方
④100 000 ⑧50 000	期初余额 300 000 ②100 000 ⑥50 000	

借方	实收资本	贷方
③500 000	期初余额 1 000 000 ①1 000 000 ⑦12 000 ⑧50 000	

9. 新投资者所欠的银行短期贷款 30 000 元，决定以后到期时由华明公司代为偿还，并同意作为对华明公司投资的减少 30 000 元，华明公司已在银行办理有关贷款转移手续。这项业务表现为负债增加 30 000 元，所有者权益减少 30 000 元。它涉及"短期借款"这个负债类账户和"实收资本"账户，"短期借款"账户增加，"实收资本"账户减少。由于负债类账户增加记在贷方，所有者权益类账户减少记在借方，因此，这项业务应记入"实收资本"账户的借方和"短期借款"账户的贷方，会计分录是：

借：实收资本　　　　　　　　　　　　　　　　　　　30 000

　　贷：短期借款　　　　　　　　　　　　　　　　　　30 000

根据上述会计分录，登记有关账户（见表 3-21）：

表 3-21

借方	实收资本	贷方
③500 000	期初余额 1 000 000	
⑨30 000	①1 000 000	
	⑦12 000	
	⑧50 000	

借方	短期借款	贷方
④100 000	期初余额 300 000	
⑧50 000	②100 000	
	⑥50 000	
	⑨30 000	

上述九项经济业务所编制的会计分录都是简单会计分录，即会计分录是一借一贷，账户对应关系清楚。此外，面对一些复杂的经济业务，可以编制复合分录，复合分录一般表现为一借多贷或一贷多借。

10. 华明公司销售产品，价款共计 30 000 元，其中以银行存款方式收取货款 10 000 元，其余两万元记作应收账款，这项业务表现为资产增加 30 000 元，其中银行存款增加 10 000 元，应收账款增加 20 000 元，收入增加 30 000 元，由于资产类账户增加记在借方，收入类账户增加记在贷方，因此，这项业务应记入"银行存款"和"应收账款"账户的借方，记入"营业收入"账户的贷方，会计分录是两借一贷，分录如下：

借：银行存款　　　　　　　　　　　　　　　　　　　10 000

　　应收账款　　　　　　　　　　　　　　　　　　　20 000

　　贷：主营业务收入　　　　　　　　　　　　　　　　　　30 000

根据上述会计分录，登记有关账户（见表 3-22）：

表 3-22

借方	银行存款	贷方
期初余额 1 999 000	③500 000	
①1 000 000	④100 000	
②100 000	⑤20 000	
⑩10 000		

借方	应收账款	贷方
⑩20 000	期初余额 0	

借方	主营业务收入	贷方
		期初余额 0
		⑩30 000

　　上述举例所运用的借贷记账法是对发生的经济业务进行复式记账，编制会计分录，登记有关账户，这样在有关账户之间就总是存在一种应借、应贷的相互关系，我们把与一笔会计分录中有关账户之间形成的应借、应贷关系称作"账户的对应关系"，发生对应关系的账户称为"对应账户"。通过账户的对应关系与对应账户，可以了解这项经济业务的内容及资金的来龙去脉，了解这项经济业务的全貌。

　　现根据上述10笔业务计算各账户本期发生额和期末余额，对本期发生额和余额进行试算平衡，见表3-23。

表3-23

借方	库存现金	贷方
期初余额 1 000		
⑤20 000		
本期发生额 20 000		
期末余额 21 000		

借方	银行存款	贷方
期初余额 1 999 000		③500 000
①1 000 000		④100 000
②100 000		⑤20 000
⑩10 000		
本期发生额 1 110 000		
期末余额 2 489 000		620 000

借方	应收账款	贷方
期初余额 0		
⑩20 000		
本期发生额 20 000		
期末余额 20 000		

借方	短期借款	贷方
④100 000		期初余额 300 000
⑧50 000		②100 000
		⑥50 000
		⑨30 000
本期发生额 150 000		180 000
期末余额		330 000

借方	应付账款		贷方
⑥50 000		期初余额 500 000	
本期发生额 50 000			
期末余额		450 000	

借方	盈余公积		贷方
⑦12 000		期初余额 200 000	
本期发生额 12 000			
期末余额		188 000	

借方	实收资本		贷方
③500 000		期初余额 1 000 000	
⑨30 000		①1 000 000	
		⑦12 000	
		⑧50 000	
本期发生额 530 000		1 062 000	
期末余额		1 532 000	

借方	主营业务收入		贷方
		期末余额 0	
		⑩30 000	
本期发生额		30 000	
期末余额		30 000	

表3-24 各账户本期发生额和余额试算平衡

2022 年 12 月 31 日 单位：元

科目名称	期初余额		本期发生额		期末余额	
	借方	贷方	借方	贷方	借方	贷方
库存现金	1 000		20 000		21 000	
银行存款	1 999 000		1 110 000	620 000	2 489 000	
应收账款			20 000		20 000	
短期借款		300 000	150 000	180 000		330 000
应付账款		500 000	50 000			450 000
盈余公积		200 000	12 000			188 000
实收资本		1 000 000	530 000	1 062 000		1 532 000
主营业务收入				30 000		30 000
合计	2 000 000	2 000 000	1 892 000	1 892 000	2 530 000	2 530 000

3.4 总分类账户与明细分类账户的平行登记

3.4.1 总分类账户与明细分类账户的含义

两者的含义如图3-8所示。

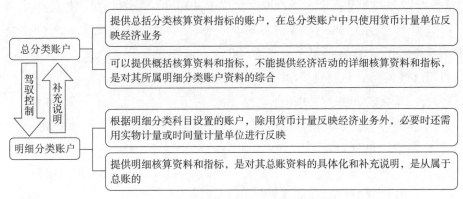

图3-8 总分类账与明细分类账户的含义

3.4.2 总分类账户与明细分类账户的平行登记

平行登记的要求和结果如图3-9所示。

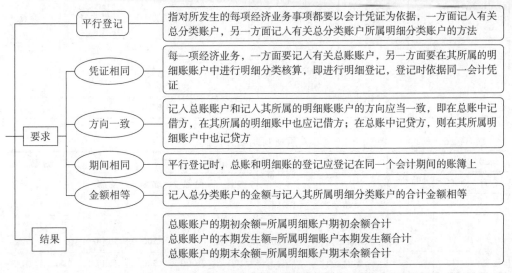

图3-9 平行登记的要求和结果

现以原材料账户为例,说明平行登记的方法。

【例3-2】某企业2019年6月初原材料总分类账户及所属明细分类账户余额如下：原材料总分类账户借方余额为20 000元，所属明细账户借方余额为：

A种材料400公斤，每公斤10元，计4 000元；

B种材料2 000公斤，每公斤8元，计16 000元；

6月发生以下材料采购和收发业务：

1. 6月2日购进A种材料200公斤，每公斤10元，计2 000元；B种材料1 000公斤，每公斤9元，计9 000元，货款11 000元从银行支付。

2. 6月10日从仓库发出A种材料500公斤，每公斤10元，计5 000元；B种材料700公斤，每公斤8元，计5 600元，直接用于生产产品。

根据上述发生的经济业务，编制会计分录如下：

```
1. 借：原材料——A材料              2 000
         ——B材料              9 000
     贷：银行存款                        11 000
2. 借：生产成本                  10 600
     贷：原材料——A材料                  5 000
             ——B材料                  5 600
```

根据上述会计分录登记原材料总分类账和明细分类账，原材料总账和明细账见表3-25、表3-26、表3-27。

表3-25 原材料总分类账

2018年		凭证编号	摘要	借方	贷方	借或贷	余额
6月	日						
	1		月初余额			借	20 000
	2	1	购进原材料	11 000			
	10	2	领用原材料		10 600		
	30		本月合计	11 000	10 600		20 400

表3-26 A原材料明细分类账

2018年		凭证编号	摘要	单价	借方		贷方		余额	
6月	日				数量	金额	数量	金额	数量	金额
	1		月初余额	10					400	4 000
	2	1	购进原材料	10	200	2 000				
	10	2	领用原材料	10			500	5 000		
	30		本月合计		200	2 000	500	5 000	100	1 000

表3-27   B原材料明细分类账

2018年		凭证编号	摘要	单价	借方		贷方		余额	
6月	日				数量	金额	数量	金额	数量	金额
	1		月初余额	8					2 000	16 000
	2	1	购进原材料	9	1 000	9 000				
	10	2	领用原材料	8			700	5 600		
	30		本月合计		1 000	9 000	700	5 600	2 300	19 400

编制原材料总账及明细账本期发生额和余额表，见表3-28。

表3-28   原材料总账及明细账本期发生额和余额表

账户名称	计量单位	月初余额			本期发生额						月末余额		
		数量	单价	金额	收入			发出			数量	单价	金额
					数量	单价	金额	数量	单价	金额			
A材料	公斤	400		4 000	200		2 000	500		5 000	100		1 000
B材料	公斤	2 000		16 000	1 000		9 000	700		5 600	2 300		19 400
合计				20 000			11 000			10 600			20 400

本章实操要点

1. 了解账户的结构，理解性记忆各类账户的借贷方向。

2. 运用试算平衡法从账户的发生额和余额的角度验证记账是否正确。

3. 掌握会计分录的步骤。

4. 总账账户的期初余额＝所属明细账户期初余额合计

总账账户的本期发生额＝所属明细账户本期发生额合计

总账账户的期末余额＝所属明细账户期末余额合计

第四章

会 计 凭 证

——帮你掌握会计核算的第一步

内容概览

　　会计工作最基本的一点是要做到"有凭有据"，在会计工作中会计核算就是依据的会计凭证。

　　在本章的学习中，我们将解决读者的以下的问题：

　　（1）会计凭证是什么？有哪些种类？

　　（2）原始凭证是什么？有哪些种类？原始凭证的基本内容有哪些？如何填制和审核原始凭证？

　　（3）记账凭证是什么？有哪些种类？记账凭证的基本内容有哪些？如何填制和审核记账凭证？

　　（4）如何传递和保管会计凭证？

4.1　会计凭证的含义、意义和种类

4.1.1　会计凭证的含义和作用

会计凭证的意义和作用可以用图4－1来表示。

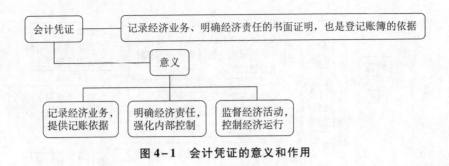

图4-1 会计凭证的意义和作用

4.1.2 会计凭证的种类

会计凭证的分类如图4-2所示。

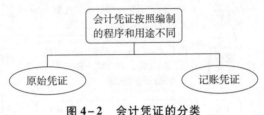

图4-2 会计凭证的分类

4.2 原始凭证

4.2.1 原始凭证是什么

原始凭证又称单据，是指在经济业务发生或完成时取得或填制的，用以记录或证明经济业务的发生或完成情况的文字凭据。它不仅能用来记录经济业务的发生或完成情况，还可以明确经济责任，是进行会计核算工作的原始资料和重要依据，是会计资料中最具有法律效力的一种证明文件。

4.2.2 原始凭证的种类

原始凭证的分类如图4-3所示。

4.2.3 原始凭证的基本内容

由于各种经济业务的内容和经营管理的要求不同，原始凭证的名称、格式和内容也是多种多样的。关于原始凭证的填制如图4-4所示。

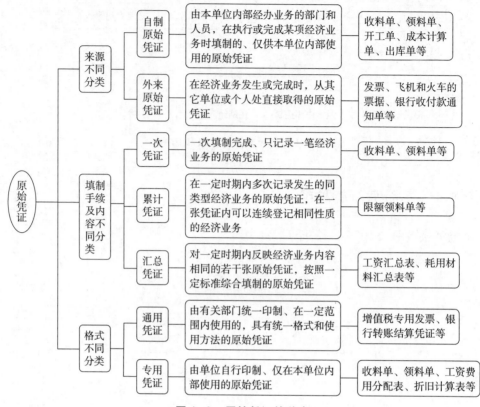

图 4 - 3 原始凭证的种类

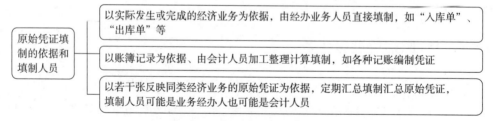

图 4 - 4 原始凭证的填制依据和人员

原始证据，必须具备以下基本内容，如图 4 - 5 所示。

图 4 - 5 原始凭证的基本内容

4.2.4 原始凭证的填制要求

原始凭证的填制要求如图 4-6 所示。

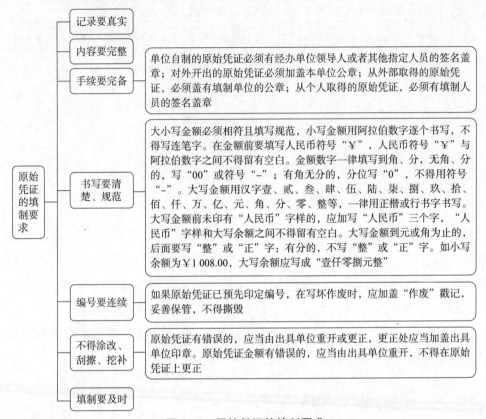

图 4-6 原始凭证的填制要求

4.2.5 原始凭证的审核内容

审核原始凭证是会计核算工作中必不可少的环节，是国家赋予财会人员的监督权限。原始凭证的审核内容如图 4-7 所示。

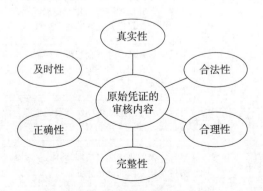

图 4-7 原始凭证的审核内容

经审核的原始凭证应根据不同情况处理，如图4-8所示。

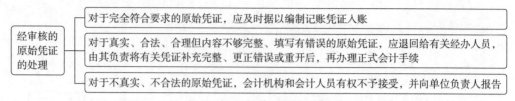

图4-8 经审核的原始凭证的处理

4.3 记账凭证

4.3.1 记账凭证是什么

记账凭证又称记账凭单，是会计人员根据审核无误的原始凭证按照经济业务事项的内容加以归类，并据以确定会计分录后所填制的会计凭证，是登记账簿的直接依据。记账凭证也叫做分录凭证，记账凭证可以根据每一张原始凭证编制，也可以根据同类原始凭证汇总编制或根据原始凭证汇总表编制。

记账凭证和原始凭证同属于会计凭证，但二者在填制人员、填制依据、填制内容、凭证用途等方面都有较大的差别。

4.3.2 记账凭证的种类

记账凭证可以按不同标准分类，如图4-9所示。

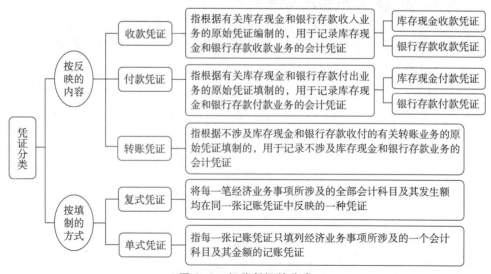

图4-9 记账凭证的分类

4.3.3 记账凭证的基本内容

作为记账凭证必须具备以下一些基本内容，如图4-10所示。

图4-10 记账凭证的基本内容

4.3.4 记账凭证的编制要求

编制记账凭证，是会计核算的一个重要环节，是对原始凭证的整理和归类，并按复式记账的要求，运用会计科目，确定会计分录，作为登记账簿的依据。这不仅便于原始凭证的保管和查阅，也能保证记账工作的质量，简化了记账工作。图4-11概括了记账凭证的编制要求。

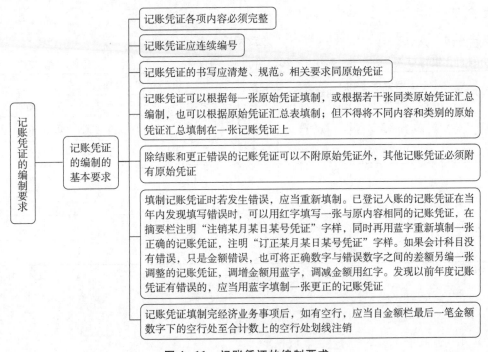

图4-11 记账凭证的编制要求

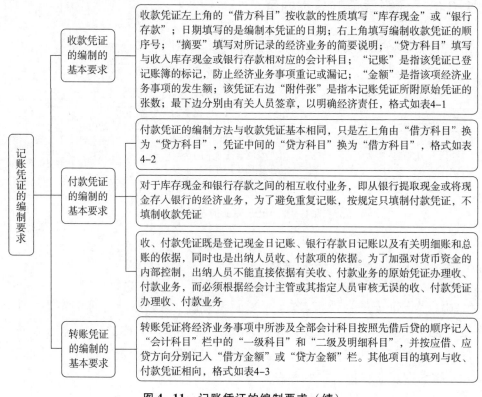

图 4-11　记账凭证的编制要求（续）

表 4-1　　　　　　　　　　　　　　　收款凭证

借方科目：银行存款　　　　　　　　2023 年 5 月 6 日　　　　　　　　银收字第 12 号

摘要	贷方总账科目	明细科目	记账符号	金额									
				千	百	十	万	千	百	十	元	角	分
销售产品 5 件	主营业务收入	乙产品	√				2	4	6	8	0	0	0
	应交税费	应交增值税	√					4	1	9	5	6	0
合计						¥	2	8	8	7	5	6	0

财务主管（印）　　　　　记账（印）　　　　　出纳（印）　　　　　审核（印）　　　　　制单（印）

表4-2   付款凭证

借方科目：银行存款   2023 年 5 月 6 日   银付字第 12 号

摘要	借方总账科目	明细科目	记账符号	金额									
				千	百	十	万	千	百	十	元	角	分
买办公用品	管理费用	办公费	√						6	5	2	0	0
合计							¥		6	5	2	0	0

财务主管（印）   记账（印）   出纳（印）   审核（印）   制单（印）

表4-3   转账凭证

2023 年 6 月 9 日   转字第 18 号

摘要	总账科目	明细科目	√	借方金额										√	贷方金额									
				千	百	十	万	千	百	十	元	角	分		千	百	十	万	千	百	十	元	角	分
计提折旧	制造费用		√				6	0	0	0	0	0	0											
	管理费用		√				5	0	0	0	0	0	0											
	累计折旧													√		1	1	0	0	0	0	0	0	0
合计				¥	1	1	0	0	0	0	0	0	0		¥	1	1	0	0	0	0	0	0	0

财务主管（印）   记账（印）   出纳（印）   审核（印）   制单（印）

4.3.5 记账凭证的审核内容

出纳人员在办理收款或付款业务后，应在凭证上加盖"收讫"或"付讫"的戳记，以避免重收重付。

为了保证账簿记录的正确性，监督款项的收付，记账凭证填制后，必须有专人进行审查。记账凭证的审核内容如图 4-12 所示。

图 4-12 记账凭证的审核内容

需要注意的是，原始凭证和记账凭证间存在以下区别，如图 4-13 所示。

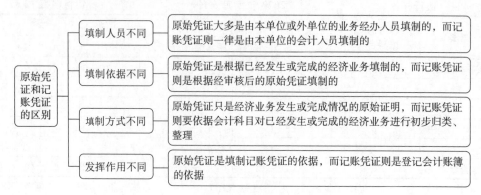

图 4-13 原始凭证和记账凭证的区别

4.4 会计凭证的传递和保管

4.4.1 会计凭证的传递

会计凭证的传递是指从会计凭证的取得或填制时起至归档保管过程中，在单位内部有关部门和人员之间的传送程序。

（一）会计凭证传递的作用

会计凭证传递的具体作用如图 4-14 所示。

图 4-14 会计凭证传递的作用

（二）会计凭证传递的设计原则

会计凭证的传递的关键在于会计凭证传递程序和传递时间的设计，会计凭证的联次和格式的设计合理与否也直接关系到会计凭证传递的质量。在对会计凭证的传递进行设计时，应遵循以下原则，如图 4-15 所示。

4.4.2 会计凭证的保管

会计凭证的保管是指会计凭证记账后的整理、装订、归档和存查工作。会计

会计凭证传递的设计原则 ── 会计凭证的传递要能够满足内部控制制度的要求，使传递程序合理有效，同时尽量节约传递时间，减少传递的工作量

单位应根据具体情况制定每一种凭证的传递程序和方法

图4-15 会计凭证传递的设计原则

凭证的保管要求如图4-16所示。

会计凭证的保管 ── 会计凭证应定期装订成册，防止散失。从外单位取得的原始凭证遗失时，应取得原签发单位盖有公章的证明，并注明原始凭证的号码、金额、内容等，由经办单位会计机构负责人、会计主管人员和单位负责人批准后，才能代作原始凭证。若确实无法取得证明的，如车票丢失，则应由当事人写明详细情况，由经办单位会计机构负责人、会计主管人员和单位负责人批准后，代作原始凭证

会计凭证封面应注明单位名称、凭证种类、凭证张数、起止号数、年度、月份、会计主管人员、装订人员等有关事项，会计主管人员和保管人员应在封面上签章

会计凭证应加贴封条，防止抽换凭证。原始凭证不得外借，其它单位如有特殊原因确实需要使用时，经本单位会计机构负责人、会计主管人员批准，可复制。向外单位提供的原始凭证复制件，应在专设的登记簿上登记，并由提供人员和收取人员共同签名、盖章

原始凭证较多时可单独装订，但应在凭证封面注明所属记账凭证的日期、编号和种类，同时在所属的记账凭证上应注明"附件另订"及原始凭证的名称和编号，以便查阅

严格遵守会计凭证的保管期限要求，期满前不得任意销毁

图4-16 会计凭证的保管

本章实操要点

1. 原始凭证以实际发生或完成的经济业务为依据，由经办业务人员直接填制；以账簿记录为依据，由会计人员加工整理计算填制；以若干张反映同类经济业务的原始凭证为依据，定期汇总填制汇总原始凭证，填制人员可能是业务经办人也可能是会计人员。

2. 出纳人员在办理收款或付款业务后，应在凭证上加盖"收讫"或"付讫"的戳记，以避免重收重付。

3. 原始凭证与记账凭证的区别是：填制人员、填制依据、填制方式和发挥作用不同。

第五章

会计账簿

——帮你明白如何"记账"

 内容概览

对各种会计账簿的登记是会计工作中我们最耳熟能详的内容，也是会计工作中最基本的日常工作。

在本章的学习中，我们将解决读者的以下的问题：

（1）什么是会计账簿？会计账簿与账户是什么关系？会计账簿分几类？

（2）会计账簿有哪些内容？会计账簿的启用与登记有什么规则？

（3）登记会计账簿要遵循什么样的格式？用怎样的登记方法？

（4）对账和结账应掌握的知识有哪些？

（5）如何更换和保管会计账簿？

5.1 会计账簿的含义和分类

5.1.1 会计账簿的含义和意义

（一）会计账簿是什么

会计账簿（简称"账簿"）是指由一定格式账页组成的，以经过审核的会计凭证为依据，全面、系统、连续地记录各项经济业务的簿籍。账簿从外表形式上看，是由具有专门格式而又相互联结在一起的若干账页组成的；从记录的内容上看，是对所有的经济业务，按照账户进行归类并序时的进行记录的簿籍。各单位应当按照规定和业务需要设置会计账簿。

在会计核算工作中，为了把分散在会计凭证上的大量核算资料加以集中和归类整理，为经营管理提供系统、完整的核算资料，就必须运用设置和登记账簿这一会计核算的专门方法。

（二）设置和登记账簿的意义

设置和登记账簿，是加工整理、积累、贮存会计资料的一种重要方法，是会计核算工作的一个重要环节，它对于加强经营管理、提高经济效益具有重要意义。设置和登记账簿的意义如图5-1所示。

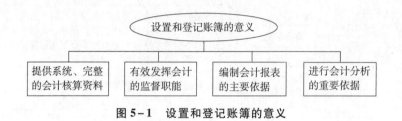

图5-1 设置和登记账簿的意义

设置和登记账簿是编制会计报表的基础，是连接会计凭证与会计报表的中间环节，在会计核算中具有重要意义。通过账簿的设置和登记，可以记载、储存会计信息，分类、汇总会计信息，检查、校正会计信息，编报、输出会计信息。

5.1.2 会计账簿与账户的关系

账户存在于账簿之中，账簿中的每一账页就是账户的存在形式和载体，没有账簿，账户不能独立存在；账簿序时、分类地记载经济业务，是在账户中完成的。因此，账簿只是外在形式，账户才是其内在真实内容，二者的关系是形式和内容的关系。

5.1.3 会计账簿的分类

在实际工作中，由于各个单位的经济业务和经营管理的要求不同，所设置的账簿也有所不同。按照不同的标准对会计账簿进行分类，如图5-2所示。

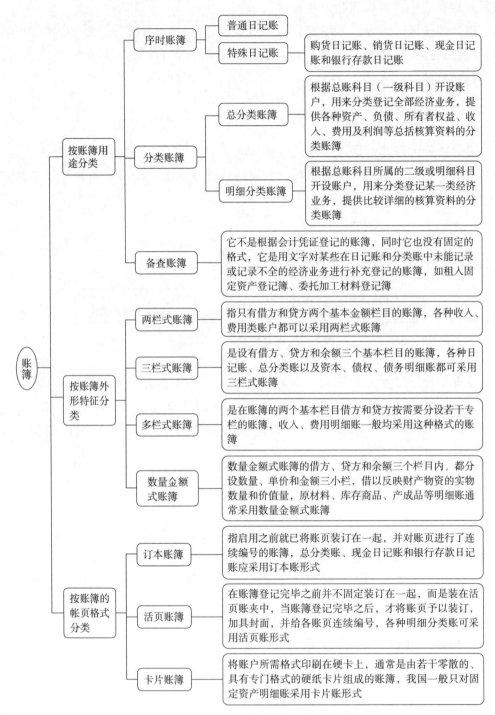

图 5-2　会计账簿的分类

5.2 会计账簿的内容、启用与登记规则

5.2.1 会计账簿的基本内容

各种账簿所记录的经济业务不同，而且账簿的种类和格式也是多种多样的，但各种主要账簿都应具备以下基本内容，如图5-3所示。

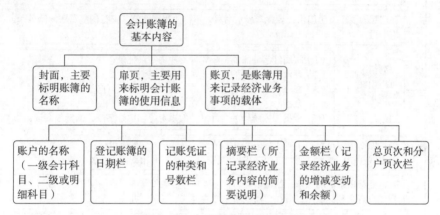

图5-3 会计账簿的基本内容

5.2.2 会计账簿的启用

会计账簿的启用要注意以下问题，如图5-4所示。

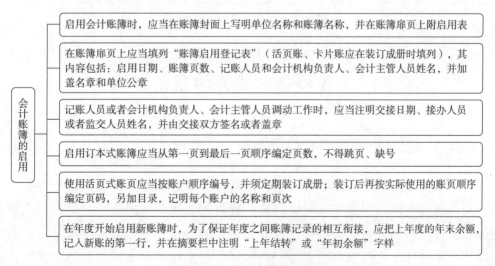

图5-4 会计账簿的启用

5.2.3　会计账簿的记账规则

会计账簿的记账规则如图5-5所示。

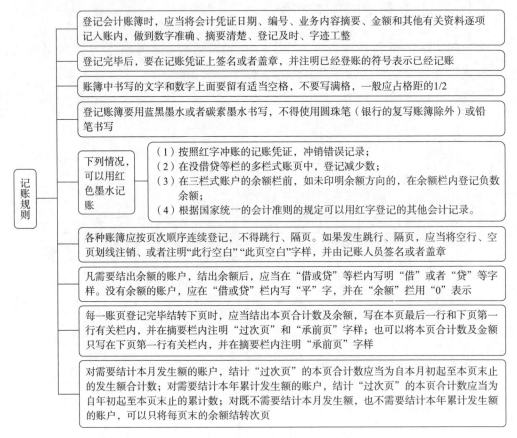

图5-5　会计账簿的记账规则

5.3　各种会计账簿的登记方法

5.3.1　日记账的格式和登记方法

为了加强对货币资金的管理，各单位都应当设置现金日记账和银行存款日记账，用以逐日核算和监督库存现金与银行存款的收入、支出和结存情况。现金日记账和银行存款日记账必须采用订本式账簿，并为每一张账页顺序编号。现金日记账是用来核算和监督库存现金每天的收入、支出和结存情况的账簿，其格式有三栏式和多栏式两种。无论采用三栏式还是多栏式现金日记账，都必须使用订本账。银行存款日记账是用来核算和监督银行存款每日的收入、支出和结余情况的账簿。银行存款日记账应按企业在银行开立的账户和币种分别设置，每个银行账户设置一本日记账。日记账的格式和登记方法如图5-6所示。

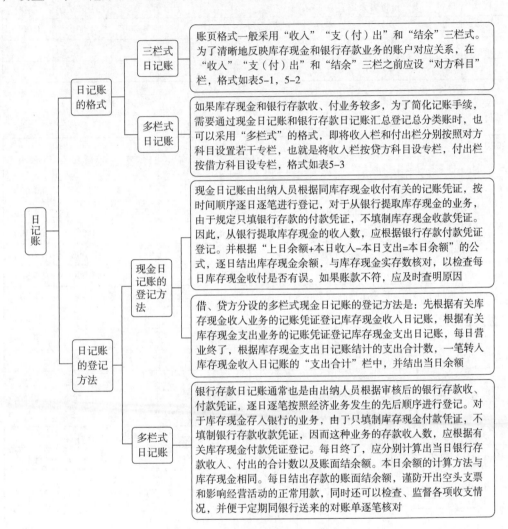

图5-6　日记账的格式和登记方法

表5-1　　　　　　　　　　　　　现金日记账

2023 年		凭证		摘要	对方科目	页数	借方	贷方	余额
月	日	种类	号数						
6	1			承前页					800
	2	银付	1	提取现金	银行存款		3 000		3 800
	2	现付	1	王明借差旅费	其他应收款			1 500	2 300
	2	现付	2	购买办公用品	管理费用			1 000	1 300
	2	现收	1	销售商品	营业收入		1 200		2 500

续表

2023 年		凭证		摘要	对方科目	页数	借方	贷方	余额
月	日	种类	号数						
	2	现付	3	将多余库存现金存银行				1 500	1 000
				本日合计			4 200	4 000	1 000

表 5-2   银行存款日记账

账号：   户名：

2023 年		凭证		摘要	对方科目	支票号	借方	贷方	余额
月	日	种类	号数						
6	1			承前页					80 000
	2	银收	1	销售收入存银行	营业收入		2 800		82 800
	2	银付	1	提取库存现金	库存现金			1 500	81 300
	2	银付	2	支付水电费	管理费用			2 000	79 300
	2	银付	3	购买材料	材料采购			3 000	76 300
	2	现付	3	将多余库存现金存银行			1 500		77 800
				本日合计			4 300	6 500	77 800

表 5-3   现金（银行存款）日记账账号

账号：   户名：

××年		凭证		摘要	收入（对方科目）			付出（对方科目）			余额
月	日	种类	号数				小计			小计	

5.3.2 总分类账的格式和登记方法

总分类账是按照总分类账户分类登记以提供总括会计信息的账簿。总分类账最常用的格式为三栏式，设置借方、贷方和余额三个基本金额栏目。为了总括地、全面地反映经济活动情况，并为编制会计报表提供资料，一切单位都要设置总分类账。总分类账必须采用订本式账簿。总分类账的格式和登记方法如图 5-7。

| | 格式 | 总分类账一般按照会计科目的编码顺序，并为各个账户预留账页。总分类账的账页格式有三栏式和多栏式两种。大多数总分类账一般采用借方、贷方、余额三栏式的订本账。根据实际需要，在总分类账中的借贷两栏内，也可增设对方科目栏。多栏式总分类账是把所有的总账科目合设在一张账页上，这种格式的总分类账，兼有序时账和分类账的作用，实际上多是序时账与分类账相结合的联合账簿，即日记总账。5-4为三栏式的总分类账的格式，5-5为多栏式总分类账的格式 |

总分类账的登记方法：总分类账可以直接根据记账凭证逐笔登记，也可以通过一定的汇总方式，先把各种记账凭证汇总编制成科目汇总表或汇总记账凭证，再据以登记。月终，在全部经济业务登记入账后，结出各账户的本期发生额和期末余额

图5-7　总分类账的格式和登记方法

表5-4 　　　　　　　　　　　　　　　　　总分类账

会计科目：材料

××年		凭证		摘要	借方	贷方	余额
月	日	种类	号数				

表5-5 　　　　　　　　　　　　　　　　　总分类账

××年		凭证		摘要	发生额	__科目		__科目		__科目		__科目		……	__科目	
月	日	种类	号数			借方	贷方	借方	贷方	借方	贷方	借方	贷方		借方	贷方

5.3.3　明细分类账的格式和登记方法

　　明细分类账是根据二级账户或明细账户开设账页，分类、连续地登记经济业务以提供明细核算资料的账簿。它所提供的有关经济活动的详细核算资料，是对总分类账所提供的总括核算资料的必要补充，同时也是编制会计报表的依据之一。因此，各个单位在设置总分类账的基础上，还应根据实际需要，按照总账科目设置必要的明细分类账。明细分类账一般采用活页式账簿，也有的采用卡片式账簿（如固定资产明细账）。根据管理的要求和各种明细分类账所反映的经济内容，明细分类账的格式主要有三栏式、多栏式、数量金额式和横线登记式（或称平行式）等多种。其分类与登记方法如图5-8所示。

三栏式明细分类账是设有借方、贷方和余额三个栏目，其格式与三栏式总账格式相同。这种格式适合于那些只需要进行金额核算，不需要进行数量核算的债权、债务结算科目，如"应收账款""应付账款"等科目的明细分类核算。三栏式明细分类账的格式如表5-6所示

多栏式明细分类账是将属于同一个总账科目的各个明细科目合并在一张账页上进行登记，适用于成本费用类科目的明细核算，如"生产成本""管理费用""营业外收入""利润分配"等科目的明细分类核算。多栏式费用、成本明细分类账的格式如表5-7所示。多栏式收入明细账分类账的格式如表5-8所示

数量金额式明细分类账其借方（收入）、贷方（发出）和余额（结存）都分别设有数量、单价和金额三个专栏，适用于既要进行金额核算又要进行数量核算的账户，如"原材料""产成品"等科目的明细分类核算。数量金额式明细分类账的格式，如表5-9所示

采用横线登记，即将每一相关的业务登记在一行，从而可依据每一行各个栏目的登记是否齐全来判断该项业务的进展情况。该明细分类账适用于登记材料采购业务、应收票据和一次性备用金业务

不同类型经济业务的明细分类账可根据管理需要，依据记账凭证、原始凭证或汇总原始凭证逐日逐笔或定期汇总登记。固定资产、债权、债务等明细账应逐日逐笔登记；库存商品、原材料、产成品收发明细账以及收入、费用明细账可以逐笔登记，也可定期汇总登记

图5-8　明细分类账的格式与登记方法

表5-6　　　　　　　　　　　　　　　账簿名称

××年		凭证		摘要	借方	贷方	借或贷	余额
月	日	种类	号数					

表5-7　　　　　　　　　　　　　　　账簿名称

××年		凭证		摘要	借方（项目）				贷方	余额
月	日	种类	号数					合计		

表5-8　　　　　　　　　　　　　　　账簿名称

××年		凭证		摘要	借方	贷方（项目）				余额
月	日	种类	号数						合计	

表5-9　　　　　　　　　　　　　　账簿名称

××年		凭证		摘要	借方			贷方			余额		
月	日	种类	号数		数量	单价	金额	数量	单价	金额	数量	单价	金额

5.4　对　　账

所谓对账就是核对账目，对账簿记录的正确与否进行核对工作。在会计核算中，记账时会发生各种差错，造成账实不符、账证不符，为了保证账簿记录正确性，必须进行对账工作，通过对账来保证各种账簿记录的真实、正确、完整，以确保账证相符、账账相符、账实相符。对账的内容如图5-9所示。

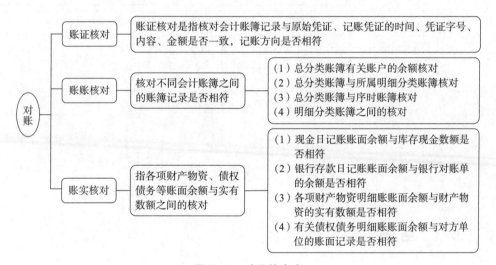

图5-9　对账的内容

5.5　错账更正方法

账簿记录发生错误，不准涂改、挖补、刮擦或者用药水消除字迹，不准重新抄写，必须按图5-10方法更正：

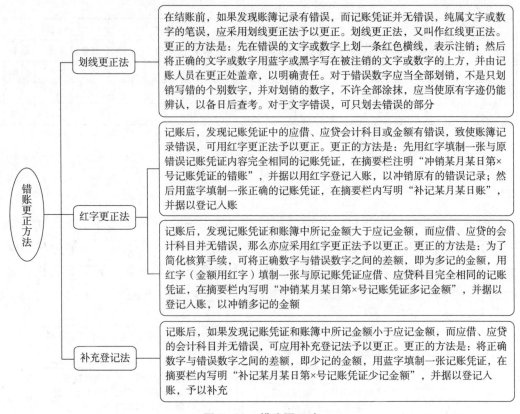

图 5-10　错账更正法

5.6　结　　账

5.6.1　结账的程序

所谓结账就是在会计期末（月末、季末、年末）将本期内所有发生的经济业务全部登记入账以后，计算出本期发生额和期末余额。结账工作是编制会计报表的先决条件，做好结账工作，十分重要。如图 5-11 所示为结账的程序。

5.6.2　结账的种类

结账的种类如图 5-12 所示。

5.6.3　结账的方法

结账的方法如图 5-13 所示。

将本期发生的经济业务事项全部登记入账，并保证其正确性

根据权责发生制的要求，调整有关账项，合理确定本期应计的收入和应计的费用

将损益类科目转入"本年利润"科目，结平所有损益类科目；在本期全部业务登记入账的基础上，结清各项收入和费用账户，计算确定本期的成本、利润或亏损，把经营成果在账上反映出来

结算出资产、负债和所有者权益科目的本期发生额和余额，并结转下期，作为下期的期初余额

图 5-11 结账的程序

结账的种类

月结，即结清一个月的账簿记录。办理月结，可以在各账户本月份最后一笔记录下面划一道红线，在"摘要"栏写明"×月份发生额和余额"或"本月合计"字样，在红线下结算出本月发生额及余额（如无余额，应在"余额"栏内的"元"位写上"平"字或"0"符号），然后在下面再划一条通栏单红线，以便与下月发生额划分清楚。对于本月份未发生经济业务的账户，可以不进行月结，以节省手续

季结，即结清一个季度的账簿记录。办理季结，应在"本月发生额和余额"的下行将三个月的借、贷方本期发生额加算合计数，并结出季度余额，写在月结数下一行内，在摘要栏内写明"第×季度发生额和余额"字样（也可以简写为"第×季度合计"），然后在季结下面也划一通栏单红线，完成季结工作

年结，即结清一个会计年度的账簿记录。办理年结，将本年度四个季度的借、贷方发生额加计全年发生额合计数，记入第四季度季结的下一行内，在摘要栏内写明"年度发生额和余额"或"本年合计"，最后，计算借贷两方总计数，再在总计数下再划两道红线，如不进行季结，年结就是在12月月结之后，结出本年发生额和余额，再划通栏双红线，表示年度封账、本年度记账工作全部结束。对需要更换新账的，应同时在新账中有关账户的第一行"摘要"栏内注明"上年结转"或"年初余额"字样，并将上年余额记入"余额"栏内。新旧账有关账户之间转记余额，不必编制记账凭证

图 5-12 结账的种类

结账的方法

（1）对不需按月结计本期发生额的账户，每次记账后，都要随时结出余额，每月最后一笔余额即为月末余额。月末结账时，只需在最后一笔经济业务事项记录之下通栏划单红线，不需要再结计一次余额

（2）库存现金、银行存款日记账和需要按月结计发生额的收入、费用等明细账，每月结账时，结出本月发生额和余额，在摘要栏内注明"本月合计"字样，并在下面通栏划单红线

（3）需要结计本年累计发生额的某些明细账户，每月结账时，应在"本月合计"行下结出自年初起至本月末止的累计发生额，登记在月份发生额下面，在摘要栏内注明"本年累计"字样，并在下面通栏划单红线。12月末的"本年累计"就是全年累计发生额，全年累计发生额下通栏划双红线

（4）总账账户平时只需结出月末余额。年终结账时，将所有总账账户结出全年发生额和年末余额，在摘要栏内注明"本年合计"字样，并在合计数下通栏划双红线

（5）年度终了结账时，有余额的账户，要将其余额结转下年，并在摘要栏注明"结转下年"字样；在下一会计年度新建有关会计账户的第一行余额栏内填写上年结转的余额，并在摘要栏注明"上年结转"字样

图 5-13 结账的方法

5.7　会计账簿的更换与保管

会计账簿的更换与保管如图5-14所示。

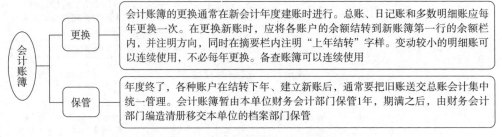

| | | 会计账簿的更换通常在新会计年度建账时进行。总账、日记账和多数明细账应每年更换一次。在更换新账时，应将各账户的余额结转到新账簿第一行的余额栏内，并注明方向，同时在摘要栏内注明"上年结转"字样。变动较小的明细账可以连续使用，不必每年更换。备查账簿可以连续使用 |
| 会计账簿 | 更换、保管 | 年度终了，各种账户在结转下年、建立新账后，通常要把旧账送交总账会计集中统一管理。会计账簿暂由本单位财务会计部门保管1年，期满之后，由财务会计部门编造清册移交本单位的档案部门保管 |

图5-14　会计账簿的更换与保管

本章实操要点

1. 账簿是一个外在形式，账户是其内在真实内容，二者间的关系是形式和内容的关系。

2. 各种账簿应按页次顺序连续登记，不得跳行、隔页。如果发生跳行、隔页，应当将空行、空页划线注销，或者注明"此行空白""此页空白"字样，并由记账人员签名或者盖章。

3. 日记账分为三栏式日记账和多栏式日记账。

4. 一切单位都必须设置总分类账，总分类账必须采用订本式账簿。

5. 总分类账可以直接根据记账凭证逐笔登记，也可以通过一定的汇总方式，先把各种记账凭证汇总编制成科目汇总表或汇总记账凭证，再据以登记。月终，在全部经济业务登记入账后，结出各账户的本期发生额和期末余额。

6. 明细分类账是根据二级账户或明细账户开设账页，分类、连续地登记经济业务以提供明细核算资料的账簿。各个单位应根据实际需要，按照总账科目设置必要的明细分类账。明细分类账一般采用活页式账簿，也有的采用卡片式账簿。

7. 对账包括账证核对、账账核对和账实核对。

8. 注意划线更正法、红字更正法和补充登记法的区别。

第六章

账务处理程序

——帮你成为出色的会计师

 内容概览

　　账务处理程序主要包括对记账凭证账务和科目汇总表账务的处理程序，是在会计凭证、会计账簿基础上所进行的进一步处理。经过账务处理程序后，生成的总分类账和明细分类账等更加简洁和系统，是日后编制财务报表的资料来源。

　　在本章的学习中，我们将解决读者的以下的问题：

　　(1) 账务处理程序的种类有哪些？

　　(2) 记账凭证账务处理程序的程序是什么？有哪些优缺点？适用范围如何？

　　(3) 汇总记账凭证账务处理程序的程序是什么？有哪些优缺点？适用范围如何？

　　(4) 科目汇总表账务处理程序的程序是什么？有哪些优缺点？适用范围如何？

6.1　账务处理程序的种类

　　账务处理程序也称会计核算组织程序或会计核算形式，是指用会计凭证、会计账簿、会计报表相结合的方式，包括会计凭证和账簿的种类、格式，会计凭证与账簿之间的联系方法，由原始凭证到编制记账凭证、登记明细分类账和总分类账、编制会计报表的工作程序和方法等。账务处理程序的种类如图6-1所示。

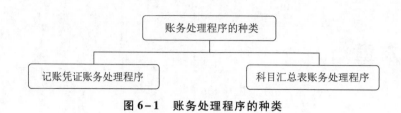

图 6-1 账务处理程序的种类

6.2 账务处理程序的具体内容

6.2.1 记账凭证账务处理程序

记账凭证账务处理程序是指对发生的经济业务事项，都要根据原始凭证或汇总原始凭证编制记账凭证，然后直接根据记账凭证逐笔登记总分类账的一种账务处理程序。在此种账务处理程序下，记账凭证可以采用通用格式，也可分别采用收款凭证、付款凭证、转账凭证三种格式；设置的账簿一般包括现金日记账、银行存款日记账、总分类账和明细分类账。其中，总分类账应按总账科目设置，总分类账和日记账的格式均可采用三栏式；明细分类账可根据管理的需要设置，采用三栏式、数量金额式或多栏式格式。记账凭证账务处理程序的步骤，可用图 6-2 表示。账务处理程序的优缺点和适用范围如图 6-3 所示。

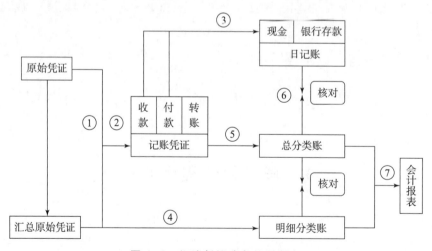

图 6-2 记账凭证账务处理程序

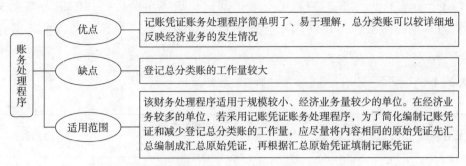

图6-3 记账凭证账务处理程序优缺点及适用范围

6.2.2 科目汇总表账务处理程序

科目汇总表账务处理程序又称记账凭证汇总表账务处理程序，它是根据记账凭证定期编制科目汇总表，再根据科目汇总表登记总分类账的一种账务处理程序。其主要特点在于，定期将所有记账凭证汇总编制成科目汇总表，然后根据科目汇总表汇总登记总分类账。由于总分类账是根据科目汇总表登记的，故被称为科目汇总表账务处理程序。采用科目汇总表账务处理程序，所需设置的账簿的种类和格式与记账凭证账务处理程序下的基本相同。在记账凭证的设置上，一般也应设置收款凭证、付款凭证和转账凭证，但为了便于相同账户的归类汇总，避免差错，要求所有记账凭证中的科目对应关系，只能是一个借方科目与一个贷方科目相对应，即每一张记账凭证中只能编制简单会计分录。对于转账凭证最好复写一式两份，以便分别用来归类汇总借方科目和贷方科目的本期发生额，或者所有记账凭证采用单式记账凭证格式。在这种账务处理程序下，由于科目汇总表不反映各个科目的对应关系，因而总分类账可采用不设立"对方科目"栏的借、贷、余三栏式账页。总分类账可以根据每次汇总编制的科目汇总表，随时进行登记。在采用科目汇总表的情况下，也可以在月末根据科目汇总表的借方发生额和贷方发生额的全月合计数一次登记。

（一）科目汇总表的编制方法

科目汇总表的编制方法是：根据一定时间内的全部记账凭证，按照相同的会计科目归类，定期（如5天或10天）汇总出每一个会计科目的借方本期发生额和贷方本期发生额并填写在科目汇总表的相关栏内。对于科目汇总表中"库存现金""银行存款"科目的借方本期发生额和贷方本期发生额，也可以直接根据现金日记账和银行存款日记账的收入合计与支出合计填列，而不再根据收款凭证和付款凭证归类汇总填列。科目汇总表可以每汇总一次编制一张，也可以按旬汇总一次，每月编制一张。任何格式的科目汇总表，都只反映各个会计科目的借方本期发生额和贷方本期发生额，不反映各个会计科目的对应关系。科目汇总表的一般格式见表6-1、表6-2所示。

表6-1　　　　　　　　　　　　　科目汇总表

年　　月　　日　　　　　　　　　　　　　　　　第　　号

会计科目	记账凭证起讫号数	本期发生额		总账页数
		借方	贷方	
合计				

表6-2　　　　　　　　　　　　　科目汇总表

年　　月　　日　　止

会计科目	总账页数	1至10日		11至20日		21至31日		本月合计	
		借方	贷方	借方	贷方	借方	贷方	借方	贷方
合计									

（二）科目汇总表账务处理程序的一般步骤

科目汇总表账务处理程序的一般步骤如图6-4所示。

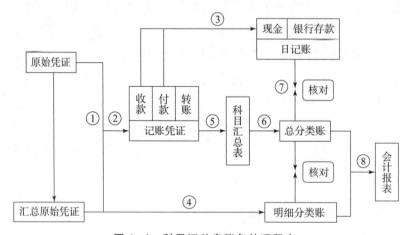

图6-4　科目汇总表账务处理程序

（三）科目汇总表账务处理程序的优缺点与适用范围

科目汇总表账务处理程序的优缺点及适用范围如图6-5所示。

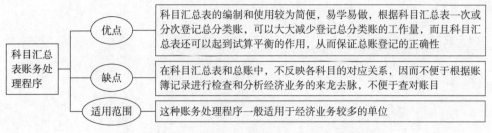

图6-5 科目汇总表账务处理程序的优缺点和适用范围

本章实操要点

1. 记账凭证账务处理程序的适用范围：在经济业务较多的单位，若采用记账凭证账务处理程序，为了简化编制记账凭证和减少登记总分类账的工作量，应尽量将内容相同的原始凭证先汇总编制成汇总原始凭证，再根据汇总原始凭证填制记账凭证。

2. 科目汇总表账务处理程序的适用范围：一般适用于经济业务较多的单位。

第七章

资 产

—— 帮助企业带来最大化的经济利益

 **内容概览**

资产是构成资产负债表的三大会计要素之一，它的一级科目内容繁多，包含货币资金、交易性金融资产、应收及预付款项、存货、固定资产、无形资产和其他资产等。

在本章的学习中，我们将解决读者的以下的问题：

（1）货币现金包含什么？如何核算现金、银行存款和其他货币资金？

（2）交易性金融资产是什么？如何核算？

（2）应收及预付款项是什么？如何核算？

（3）存货有哪些内容？如何核算？

（4）长期股权投资包含什么？如何核算？

（5）固定资产是什么？如何核算？

（6）无形资产有哪些？如何核算？

（7）如何进行应收款项、存货、长期股权投资、固定资产和无形资产减值的核算？

资产是指企业的过去交易或事项形成的、由企业拥有或控制的、预期会给企业带来经济利益的资源。

资产按照不同的标准可以作不同的分类，如图7–1所示。

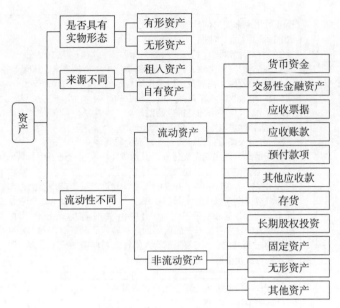

图 7-1　资产的分类

7.1　货币资金

　　货币资金是指企业生产经营过程中处于货币形态的资产，包括库存现金、银行存款和其他货币资金。

7.1.1　库存现全

　　库存现金是指通常存放于企业财会部门、由出纳人员经管的货币。库存现金是企业流动性最强的资产。

　　企业应当严格遵守国家有关现金管理制度，正确进行现金收支的核算，监督现金使用的合法性与合理性。

（一）现金管理制度

　　根据国务院发布的《现金管理暂行条例》的规定，现金管理制度的内容如图 7-2 所示。

（二）现金的核算

　　现金的核算如图 7-3 所示。

企业可用现金支付的款项有：
(1) 职工工资、津贴
(2) 个人劳务报酬
(3) 根据国家规定颁发给个人的科学技术、文化艺术、体育等各种奖金
(4) 各种劳保、福利费用以及国家规定的对个人的其他支出
(5) 向个人收购农副产品和其他物资的款项
(6) 出差人员必需随身携带的差旅费
(7) 结算起点以下的零星支出
(8) 中国人民银行确定需要支付现金的其他支出
除上述情况可以用现金支付外，其他款项的支付应通过银行转账结算

现金的使用范围

指为了保证企业日常零星开支的需要，允许单位留存现金的最高数额。这一限额由开户银行根据单位的实际需要核定，一般按照单位 3~5 天日常零星开支的需要确定，边远地区和交通不便地区开户单位的库存现金限额，可按多于 5 天但不超过 15 天的日常零星开支的需要确定。核定后的现金限额，开户单位必须严格遵守，超过部分应于当日终了前存入银行。需要增加或减少现金限额的单位，应向开户银行提出申请，由开户银行核定

现金的限额

(1) 开户单位收入现金应于当日送存开户银行，当日送存确有困难的，由开户银行确定送存时间
(2) 开户单位支付现金，可以从本单位库存现金中支付或从开户银行提取，不得从本单位的现金收入中直接支付，即不得"坐支"现金，因特殊情况需要坐支现金的单位，应事先报经有关部门审查批准，并在核定的范围和限额内进行，同时，收支的现金必须入账
(3) 开户单位从开户银行提取现金时，应如实写明提取现金的用途，由本单位财会部门负责人签字盖章，并经开户银行审查批准后予以支付
(4) 因采购地点不确定、交通不便、抢险救灾及其他特殊情况必须使用现金的单位，应向开户银行提出书面申请，由本单位财会部门负责人签字盖章，并经开户银行审查批准后予以支付
(5) 不准用不符合国家统一的会计制度的凭证顶替库存现金；不准谎报用途套取现金；不准用银行账户代其他单位和个人存入或支取现金；不准用单位收入的现金以个人名义存入储蓄；不准保留账外公款；不得设置"小金库"等。银行对于违反上述规定的单位，将按照违规金额的一定比例予以处罚

现金收支的规定

现金管理制度

图 7 - 2　现金管理制度

企业应当设置"库存现金"科目，借方登记现金的增加，贷方登记现金的减少，期末余额在借方，反映企业实际持有的库存现金的金额

企业应当设置现金总账和现金日记账，分别进行企业库存现金的总分类核算和明细分类核算

企业内部各部门周转使用的备用金，可以单独设置"备用金"科目进行核算

现金日记账由出纳人员根据收付款凭证，按照业务发生顺序逐笔登记。每日终了，应当在现金日记账上计算出当日的现金收入合计额、现金支出合计额和结余额，并将现金日记账的账面结余额与实际库存现金额进行核对，保证账款相符；月度终了，现金日记账的余额应当与现金总账的余额核对，做到账账相符

现金

图 7 - 3　现金的核算

（三）现金的清查

现金的清查规则如图7-4所示。

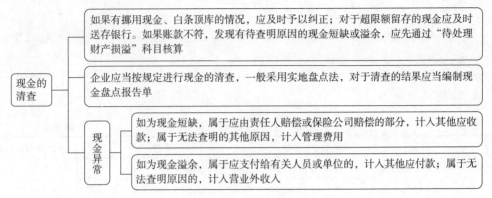

图7-4 现金的清查

7.1.2 银行存款

银行存款是指企业存入银行或其他金融机构的各种款项。银行存款的核算如图7-5所示。

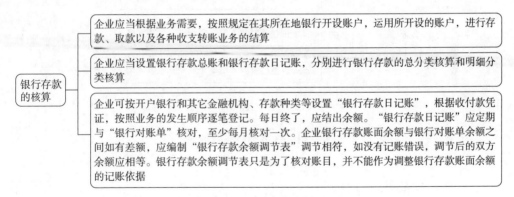

图7-5 银行存款的核算

【例7-1】甲公司2022年12月31日银行存款日记账的余额为5 400 000元，银行转来对账单的余额为8 300 000元。经逐笔核对，发现以下未达账项：

（1）企业送存转账支票6 000 000元，并已登记银行存款增加，但银行尚未记账。

（2）企业开出转账支票 4 500 000 元，但持票单位尚未到银行办理转账，银行尚未记账。

（3）企业委托银行代收某公司购货款 4 800 000 元，银行已收妥并登记入账，但企业尚未收到收款通知，尚未记账。

（4）银行代企业支付电话费 400 000 元，银行已登记企业银行存款减少，但企业未收到银行付款通知，尚未记账。

计算结果见表 7-1：

表 7-1   银行存款余额调节表   金额单位：元

项目	金额	项目	金额
企业银行存款日记账余额	5 400 000	银行对账单余额	8 300 000
加：银行已收、企业未收款	4 800 000	加：企业已收、银行未收	6 000 000
减：银行已付、企业未付款	400 000	减：企业已付、银行未付	4 500 000
调节后的存款余额	9 800 000	调节后的存款余额	9 800 000

本例中，反映了企业银行存款账面余额与银行对账单余额之间不一致的原因，是因为存在未达账项。发生未达账项的具体情况有四种，如图 7-6 所示。

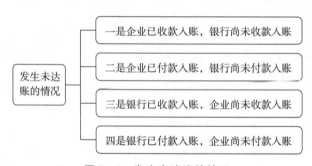

图 7-6　发生未达账的情况

7.1.3　其他货币资金

（一）其他货币资金的内容

其他货币资金是指企业除库存现金，银行存款以外的各种货币资金，主要内容如图 7-7 所示。

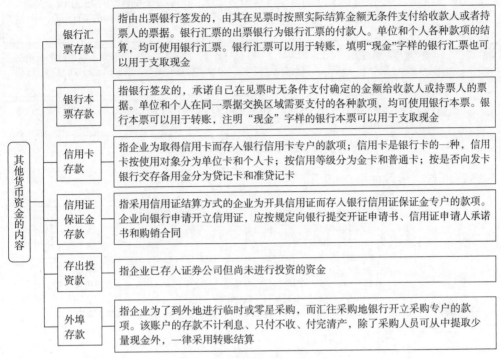

图7-7 其他货币资金的内容

（二）其他货币资金的核算

为了反映和监督其他货币资金的收支和结存情况，企业应当设置"其他货币资金"科目，借方登记其他货币资金的增加数，贷方登记其他货币资金的减少数，期末余额在借方，反映企业实际持有的其他货币资金。本科目应按其他货币资金的种类设置明细科目。

1. 银行汇票存款

银行汇票的使用规则如图7-8所示。

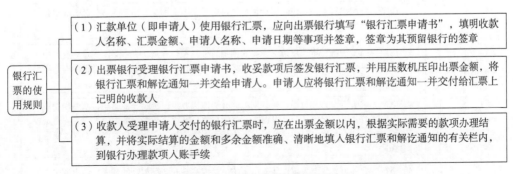

图7-8 银行汇票的使用规则

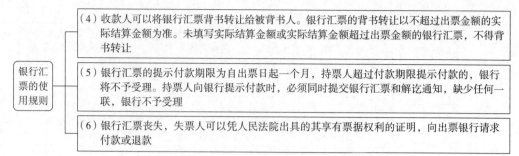

图 7-8　银行汇票的使用规则（续）

银行汇票的核算如图 7-9 所示。

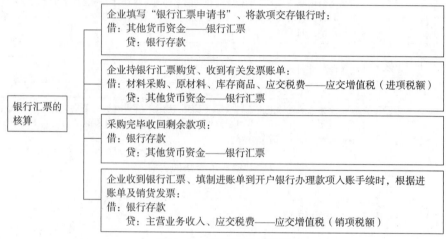

图 7-9　银行汇票的核算

2. 银行本票存款

银行本票分为不定额本票和定额本票两种。定额本票面额为 1 000 元、5 000 元、10 000 元和 50 000 元。银行本票的使用规则如图 7-10 所示。

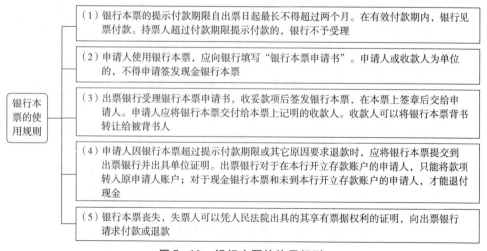

图 7-10　银行本票的使用规则

银行本票的核算如图7－11所示。

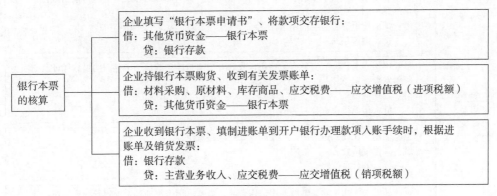

图7－11 银行本票的核算

3. 信用卡存款

信用卡的使用规则如图7－12所示。

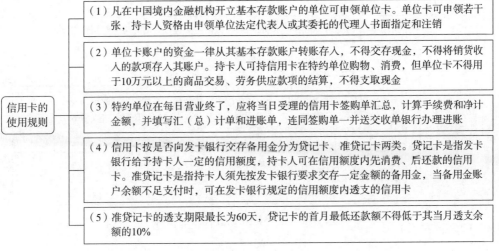

图7－12 信用卡的使用规则

信用卡的核算如图7－13所示。

4. 信用证保证金存款

信用证保证金存款的核算如图7－14所示。

5. 存出投资款

存出投资款的核算如图7－15所示。

6. 外埠存款

外埠存款的使用规则及核算如图7－16所示。

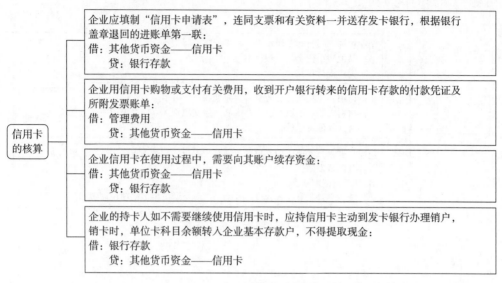

图 7-13　信用卡的核算

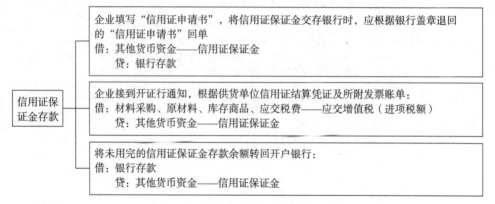

图 7-14　信用证保证金存款的核算

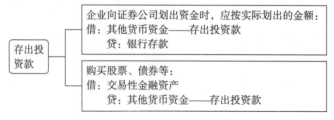

图 7-15　存出投资款的核算

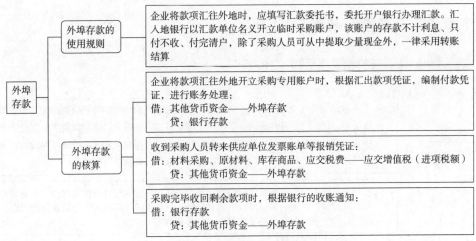

图 7-16　外埠存款的使用规则及核算

7.2　交易性金融资产

7.2.1　交易性金融资产概述

交易性金融资产主要是指企业为了近期内出售而持有的金融资产，例如企业以赚取差价为目的从二级市场购入的股票、债券、基金等。为了核算交易性金融资产的取得、收取现金股利或利息、处置等业务，企业应当设置"交易性金融资产""公允价值变动损益""投资收益"等科目。

各种金融资产的核算如图 7-17 所示。

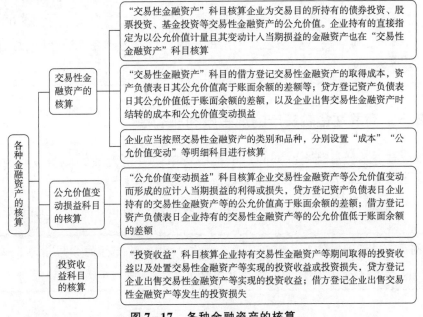

图 7-17　各种金融资产的核算

7.2.2 交易性金融资产的取得

交易性金融资产的核算如图 7-18 所示。

交易性金融
资产的核算
及举例

（1）企业取得交易性金融资产时，应当按照该金融资产取得时的公允价值作为其初始确认金额，记入"交易性金融资产——成本"科目。取得交易性金融资产所支付价款中包含了已宣告但尚未发放的现金股利或已到付息期但尚未领取的债券利息的，应当单独确认为应收项目，记入"应收股利"或"应收利息"科目

（2）取得交易性金融资产所发生的相关交易费用应当在发生时计入投资收益。交易费用是指可直接归属于购买、发行或处置金融工具新增的外部费用，包括支付给代理机构、咨询公司、券商等的手续费和佣金及其他必要支出

图 7-18 交易性金融资产的核算

【例 7-2】2019 年 1 月 20 日，甲公司委托某证券公司从上海证券交易所购入 A 上市公司股票 100 万股，并将其划分为交易性金融资产。该笔股票投资在购买日的公允价值为 1 000 万元。另支付相关交易费用金额为 2.5 万元。

甲公司应作如下会计处理：

（1）2019 年 1 月 20 日，购买 A 上市公司股票时：

借：交易性金融资产——成本   10 000 000

    贷：其他货币资金——存出投资款   10 000 000

（2）支付相关交易费用时：

借：投资收益   25 000

    贷：其他货币资金——存出投资款   25 000

在本例中，取得交易性金融资产所发生的相关交易费用 25 000 元应当在发生时计入投资收益。

7.2.3 交易性金融资产的现金股利和利息

企业持有交易性金融资产期间对于被投资单位宣告发放的现金股利或企业在资产负债表日按分期付息、一次还本债券投资的票面利率计算的利息收入，应当确认为应收项目，记入"应收股利"或"应收利息"科目，并计入投资收益。

【例 7-3】2019 年 1 月 8 日，甲公司购入丙公司发行的公司债券，该笔债券于 2018 年 7 月 1 日发行，面值为 2 500 万元，票面利率为 4%，债券利息按

年支付。甲公司将其划分为交易性金融资产，支付价款为 2 600 万元（其中包含已宣告发放的债券利息 50 万元），另支付交易费用 30 万元。2019 年 2 月 5 日，甲公司收到该笔债券利息 50 万元。2020 年 2 月 10 日，甲公司收到债券利息 100 万元。甲公司应作如下会计处理：

（1）2019 年 1 月 8 日，购入丙公司的公司债券时：

借：交易性金融资产——成本　　　　　　　　　25 500 000

　　应收利息　　　　　　　　　　　　　　　　　　500 000

　　投资收益　　　　　　　　　　　　　　　　　　300 000

　　　贷：银行存款　　　　　　　　　　　　　　　　　26 300 000

（2）2019 年 2 月 5 日，收到购买价款中包含的已宣告发放的债券利息时：

借：银行存款　　　　　　　　　　　　　　　　　500 000

　　　贷：应收利息　　　　　　　　　　　　　　　　　500 000

（3）2019 年 12 月 31 日，确认丙公司的公司债券利息时：

借：应收利息　　　　　　　　　　　　　　　　1 000 000

　　　贷：投资收益　　　　　　　　　　　　　　　　1 000 000

（4）2020 年 2 月 10 日，收到持有丙公司的公司债券利息时：

借：银行存款　　　　　　　　　　　　　　　　1 000 000

　　　贷：应收利息　　　　　　　　　　　　　　　　1 000 000

在本例中，取得交易性金融资产所支付的价款中包含了已宣告但尚未发放的债券利息 500 000 元，应当记入"应收利息"科目，不记入"交易性金融资产"科目。

7.2.4　交易性金融资产的期末计量

资产负债表日，交易性金融资产应当按照公允价值计量，公允价值与账面余额之间的差额计入当期损益。企业应当在资产负债表日按照交易性金融资产公允价值与其账面余额的差额，借记或贷记"交易性金融资产——公允价值变动"科目，贷记或借记"公允价值变动损益"科目。

【例 7-4】承【例 7-3】，假定 2019 年 6 月 30 日，甲公司购买的该笔债券的市价为 2 580 万元；2019 年 12 月 31 日，甲公司购买的该笔债券的市价为 2 560 万元。

甲公司应作如下会计处理：

（1）2019 年 6 月 30 日，确认该笔债券的公允价值变动损益时：

借：交易性金融资产——公允价值变动　　300 000

　　贷：公允价值变动损益　　300 000

（2）2019 年 12 月 31 日，确认该笔债券的公允价值变动损益时：

借：公允价值变动损益　　200 000

　　贷：交易性金融资产——公允价值变动　　200 000

在本例中，2019 年 6 月 30 日，该笔债券的公允价值为 2 580 万元，账面余额为 2 550 万元，公允价值大于账面余额 30 万元，应记入“公允价值变动损益”科目的贷方；2019 年 12 月 31 日，该笔债券的公允价值为 2 560 万元，账面余额为 2 580 万元，公允价值小于账面余额 20 万元，应记入“公允价值变动损益”科目的借方。

7.2.5　交易性金融资产的处置

交易性金融资产的处置如图 7－19 所示。

交易性金融资产的处置

- （1）出售交易性金融资产时，应当将该金融资产出售时的公允价值与其初始入账金额之间的差额确认为投资收益，同时调整公允价值变动损益
- （2）企业应按实际收到的金额，借记“银行存款”等科目，按该金融资产的账面余额，贷记“交易性金融资产”科目，按其差额，贷记或借记“投资收益”科目。同时，将原计入该金融资产的公允价值变动转出，借记或贷记“公允价值变动损益”科目，贷记或借记“投资收益”科目

图 7－19　交易性金融资产的处置

【例 7－5】承【例 7－4】假定 2019 年 1 月 15 日，甲公司出售了所持有的丙公司的公司债券，售价为 2 565 万元，应作如下会计处理：

借：银行存款　　25 650 000

　　贷：交易性金融资产——成本　　25 500 000

　　　　　　　　　　——公允价值变动　　100 000

　　　　投资收益　　50 000

同时，

借：公允价值变动损益　　100 000

　　贷：投资收益　　100 000

在本例中，企业出售交易性金融资产时，还应将原计入该金融资产的公允价值变动转出，即出售交易性金融资产时，应按"公允价值变动"明细科目的贷方余额 100 000 元，借记"公允价值变动损益"科目，贷记"投资收益"科目。

7.3　应收及预付款项

应收及预付款项是指企业在日常生产经营过程中发生的各项债权，包括应收款项和预付款项。应收款项包括应收票据、应收账款和其他应收款等；预付款项则是指企业按照合同规定预付的款项，如预付账款等。

7.3.1　应收票据

（一）应收票据概述

应收票据是指企业因销售商品、提供劳务等而收到的商业汇票。商业汇票是一种由出票人签发的，委托付款人在指定日期无条件支付确定金额给收款人或者持票人的票据。商业汇票的使用如图 7-20 所示。

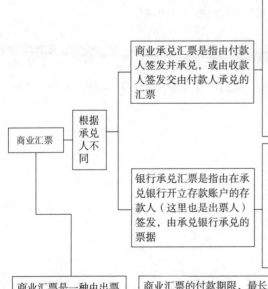

图 7-20　商业汇票的使用

（二）应收票据的核算

为了反映和监督应收票据取得、票款收回等经济业务，企业应当设置"应收票据"科目，借方登记取得的应收票据的面值，贷方登记到期收回票款或到期前向银行贴现的应收票据的票面余额，期末余额在借方，反映企业持有的商业汇票的票面金额。本科目可按照开出承兑商业汇票的单位进行明细核算，并设置"应收票据备查簿"，逐笔登记商业汇票的种类、号数和出票日。票面金额、交易合同号和付款人、承兑人、背书人的姓名或单位名称、到期日、背书转让日、贴现日、贴现率和贴现净额以及收款日和收回金额、退票情况等资料。商业汇票到期结清票款或退票后，在备查簿中应予注销。取得应收票据和收回到期票款的核算如图 7-21 所示。

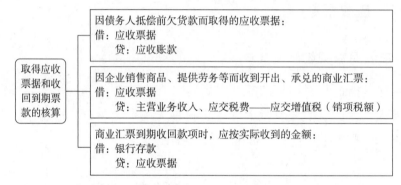

图 7-21　取得应收票据和收回到期票款的核算

【例 7-6】甲公司 2019 年 6 月 1 日向乙公司销售一批产品，货款价税合计为 1 695 000 元，尚未收到，已办理托收手续，适用增值税税率为 13%。则甲公司应作如下会计处理：

　　借：应收账款　　　　　　　　　　　　　　　1 695 000
　　　　贷：主营业务收入　　　　　　　　　　　　　　1 500 000
　　　　　　应交税费——应交增值税（销项税额）　　　 195 000

6 月 15 日，甲公司收到乙公司寄来一张 3 个月期的商业承兑汇票，面值为 1 695 000 元，抵付产品货款。

甲公司应作如下会计处理：

　　借：应收票据　　　　　　　　　　　　　　　1 695 000
　　　　贷：应收账款　　　　　　　　　　　　　　　1 695 000

在本例中，乙公司用商业承兑汇票抵偿前欠的货款 1695 000 元，应借记"应收票据"科目，贷记"应收账款"科目。

> 9 月 15 日，甲公司上述应收票据到期收回票面金额 1 695 000 元存入银行。
>
> 甲公司应作如下会计处理：
>
> 借：银行存款　　　　　　　　　　　　　　　1 695 000
>
> 　　贷：应收票据　　　　　　　　　　　　　　　　1 695 000

转让应收票据的核算如图 7-22 所示。

转让应收票据的核算

- 实务中，企业可以将自己持有的商业汇票背书转让。背书是指在票据背面或者粘单上记载有关事项并签章的票据行为。背书转让的，背书人应当承担票据责任
- 企业将持有的商业汇票背书转让以取得所需物资时，按应计入取得物资成本的金额，
  借：材料采购、原材料、库存商品
  　　应交税费——应交增值税（进项税额）
  　贷：应收票据
  如有差额，借记或贷记"银行存款"等科目

图 7-22　转让应收票据的核算

> **【例 7-7】** 承 **【例 7-6】**，假定甲公司于 7 月 15 日将上述应收票据背书转让，以取得生产经营所需的 A 种材料，该材料金额为 1 500 000 元，适用增值税税率为 13%。应作如下会计处理：
>
> 借：原材料　　　　　　　　　　　　　　　　1 500 000
>
> 　　应交税费——应交增值税（进项税额）　　　195 000
>
> 　　贷：应收票据　　　　　　　　　　　　　　　1 695 000

7.3.2　应收账款

应收账款是指企业因销售商品、提供劳务等经营活动，应向购货单位或接受劳务单位收取的款项，主要包括企业销售商品或提供劳务等应向有关债务人收取的价款及代购货单位垫付的包装费、运杂费等。

为了反映应收账款的增减变动及其结存情况，企业应设置"应收账款"科目，不单独设置"预收账款"科目的企业，预收的账款也在"应收账款"科目核算。"应收账款"科目的借方登记应收账款的增加，贷方登记应收账款的收回及确认的坏账损失，期末余额一般在借方，反映企业尚未收回的应收账款；如果期末余额在贷方，则反映企业预收的账款。

> **【例 7-8】** 甲公司采用托收承付结算方式向乙公司销售商品一批，货款 300 000 元，增值税额 39 000 元，以银行存款代垫运杂费 6 000 元，已办理托收手续。甲公司应作如下会计处理：

借：应收账款   345 000

  贷：主营业务收入   300 000

    应交税费——应交增值税（销项税额） 39 000

    银行存款   6 000

需要说明的是，企业代购货单位垫付包装费、运杂费也应计入应收账款，通过"应收账款"科目核算。

甲公司实际收到款项时，应做如下会计处理：

借：银行存款   345 000

  贷：应收账款   345 000

企业应收账款改用应收票据结算，在收到承兑的商业汇票时，借记"应收票据"科目，贷记"应收账款"科目。

【例7-9】甲公司收到丙公司交来商业汇票一张，面值10 000元，用以偿还其前欠货款。甲公司应作如下会计处理：

借：应收票据   10 000

  贷：应收账款   10 000

7.3.3　预付账款

预付账款是指企业按照合同规定预付的款项。

企业应当设置"预付账款"科目，核算预付账款的增减变动及其结存情况。预付款项情况不多的企业，可以不设置"预付账款"科目，而直接通过"应付账款"科目核算。预付账款的核算如图7-23所示。

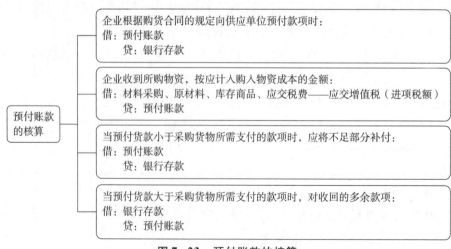

图7-23　预付账款的核算

【例7-10】甲公司向乙公司采购材料5 000吨，单价10元，所需支付的款项总额50 000元。按照合同规定向乙公司预付货款的50%，验收货物后补付其余款项。甲公司应作如下会计处理：

（1）预付50%的货款时：

借：预付账款——乙公司　　　　　　　　　　　　　　25 000

　　贷：银行存款　　　　　　　　　　　　　　　　　　　　25 000

（2）收到乙公司发来的5 000吨材料，验收无误，增值税专用发票记载的货款为50 000元，增值税额为6 500元。甲公司以银行存款补付所欠款项31 500元。

借：原材料　　　　　　　　　　　　　　　　　　　　50 000

　　应交税费——应交增值税（进项税额）　　　　　　　 6 500

　　贷：预付账款——乙公司　　　　　　　　　　　　　　56 500

借：预付账款——乙公司　　　　　　　　　　　　　　31 500

　　贷：银行存款　　　　　　　　　　　　　　　　　　　　31500

7.3.4　其他应收款

其他应收款是指企业除应收票据、应收账款、预付账款等以外的其他各种应收及暂付款项。其主要内容如图7-24所示。

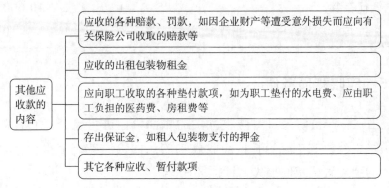

图7-24　其他应收款的主要内容

为了反映其他应收账款的增减变动及其结存情况，企业应当设置"其他应收款"科目进行核算。"其他应收款"科目的借方登记其他应收款的增加，贷方登记其他应收款的收回，期末余额一般在借方，反映企业尚未收回的其他应收款项。

【例7-11】甲公司在采购过程中发生材料毁损，按保险合同规定，应由保险公司赔偿损失30 000元，赔款尚未收到。

借：其他应收款——保险公司　　　　　　　　　　　30 000

　　　贷：材料采购　　　　　　　　　　　　　　　　　　　30 000

【例7-12】承【例7-11】，上述保险公司赔款如数收到。

借：银行存款　　　　　　　　　　　　　　　　　　30 000

　　　贷：其他应收款——保险公司　　　　　　　　　　　30 000

【例7-13】甲公司以银行存款替副总经理垫付应由其个人负担的医疗费 5 000 元，拟从其工资中扣回。

（1）垫支时：

借：其他应收款　　　　　　　　　　　　　　　　　5 000

　　　贷：银行存款　　　　　　　　　　　　　　　　　　　5 000

（2）扣款时：

借：应付职工薪酬　　　　　　　　　　　　　　　　5 000

　　　贷：其他应收款　　　　　　　　　　　　　　　　　　5 000

【例7-14】甲公司租入包装物一批，以银行存款向出租方支付押金 1 000 元。

借：其他应收款——存出保证金　　　　　　　　　　10 000

　　　贷：银行存款　　　　　　　　　　　　　　　　　　　10 000

【例7-15】承【例7-14】，租入包装物按期如数退回，甲公司收到出租方退还的押金 10 000 元，已存入银行。

借：银行存款　　　　　　　　　　　　　　　　　　10 000

　　　贷：其他应收款——存出保证金　　　　　　　　　　　10 000

7.3.5　应收款项减值

企业应当在资产负债表日对应收款项的账面价值进行检查，有客观证据表明该应收款项发生减值的，应当将该应收款项的账面价值减记至预计未来现金流量现值，减记的金额确认减值损失，计提坏账准备。

坏账准备的核算规则如图 7-25 所示。

坏账准备核算说明	企业应当设置"坏账准备"科目，核算应收款项的坏账准备计提、转销等情况。企业当期计提的坏账准备应当计入资产减值损失。"坏账准备"科目的贷方登记当期计提的坏账准备金额，借方登记实际发生的坏账损失金额和冲减的坏账准备金额，期末余额一般在贷方，反映企业已计提但尚未转销的坏账准备
	坏账准备可按以下公式计算：当期应计提的坏账准备=当期按应收款项计算应计提坏账准备金额（或+）贷方（或借方）余额-"坏账准备"科目的坏账准备应提坏账准备金额（或+）贷方（或借方）余额

图 7-25　坏账准备的核算说明

坏账准备的核算如图 7-26 所示。

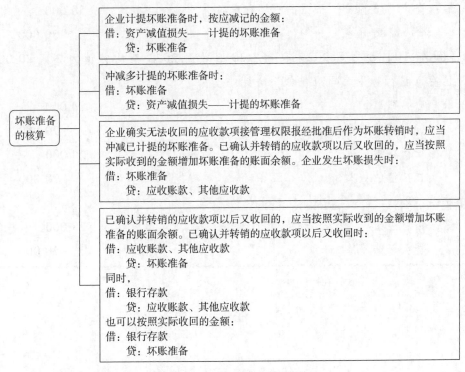

图 7-26　坏账准备的核算

【例 7-16】2022 年 12 月 31 日，甲公司对应收丙公司的账款进行减值测试。应收账款余额合计为 1 000 000 元，甲公司根据丙公司的资信情况确定按 10% 计提坏账准备。2022 年末计提坏账准备的会计分录为：

借：信用减值损失——计提的坏账准备　　　　　　　　100 000

　　贷：坏账准备　　　　　　　　　　　　　　　　　　　100 000

【例 7-17】甲公司 2023 年对丙公司的应收账款实际发生坏账损失 30 000 元。确认坏账损失时，应作如下会计处理：

借：坏账准备　　　　　　　　　　　　　　　　　　　30 000

　　贷：应收账款　　　　　　　　　　　　　　　　　　　30 000

【例-18】承【例 7-16】和【例 7-17】，甲公司 2023 年本应收丙公司的账款余额为 1 200 000 元，经减值测试，甲公司决定仍按 10% 计提坏账准备。

根据甲公司坏账核算方法，其"坏账准备"科目应保持的贷方余额为 120 000 元（1 200 000 × 10%）；计提坏账准备前，"坏账准备"科目的实际余额为贷方 70 000（100 000-30 000）元，因此本年末应计提的坏账准备金额为

50 000 元（120 000 - 70 000）。甲公司应作如下会计处理：

  借：资产减值损失——计提的坏账准备   50 000

    贷：坏账准备   50 000

【例 7 - 19】甲公司 2024 年 4 月 20 日收到 2022 年已转销的坏账 20 000
元，已存入银行。甲公司应作如下会计处理：

  借：应收账款   20 000

    贷：坏账准备   20 000

  借：银行存款   20 000

    贷：应收账款   20 000

或：

  借：银行存款   20 000

    贷：坏账准备   20 000

7.4 存 货

7.4.1 存货概述

（一）存货的概念

  存货是指企业在日常活动中持有以备出售的产成品或商品、处在生产过程中的
在产品、在生产过程或提供劳务过程中耗用的材料或物料等，包括的内容如图 7 - 27
所示。

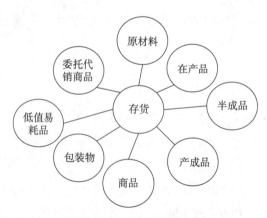

图 7 - 27　存货的内容

（二）存货成本的确定

存货应当按照成本进行初始计量。存货成本包括的内容如图 7-28 所示。

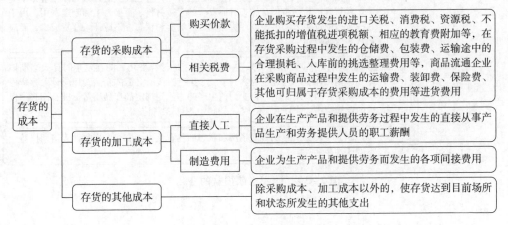

图 7-28　存货成本的内容

对于已售商品的进货费用，计入当期损益；对于未售商品的进货费用，计入期末存货成本。企业采购商品的进货费用金额较小的，可以在发生时直接计入当期损益。

企业设计产品发生的设计费用通常应计入当期损益，但是为特定客户设计产品所发生的、可直接确定的设计费用应计入存货的成本。

存货的来源不同，其成本的构成内容也不同。原材料、商品、低值易耗品等通过购买而取得的存货的成本由采购成本构成；产成品、在产品、半成品等自制或需委托外单位加工完成的存货的成本由采购成本、加工成本以及使存货达到目前场所和状态所发生的其他支出构成。实务中具体按以下原则确定，如图 7-29 所示。

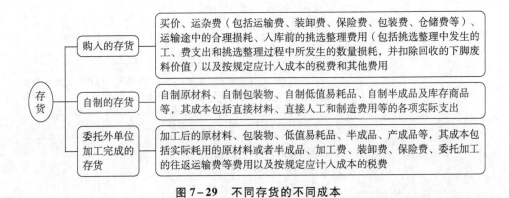

图 7-29　不同存货的不同成本

但是，下列费用不应计入存货成本，而应在其发生时计入当期损益，如图 7 - 30 所示。

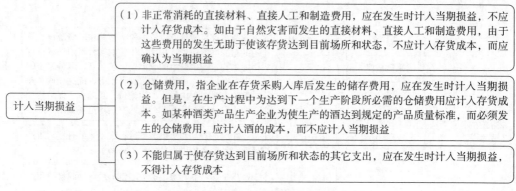

图 7 - 30 计入当期损益的费用

（三）发出存货的计价方法

日常工作中，企业发出的存货，可以按实际成本核算，也可以按计划成本核算。如采用计划成本核算，会计期末应调整为实际成本。

企业应当根据各类存货的实物流转方式、企业管理的要求、存货的性质等实际情况，合理地确定发出存货成本的计算方法，以及当期发出存货的实际成本。在实际成本核算方式下，企业可以采用的发出存货成本的计价方法包括个别计价法、先进先出法、月末一次加权平均法和移动加权平均法等。

对个别计价法的描述如图 7 - 31 所示。

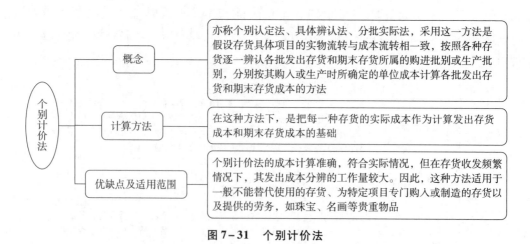

图 7 - 31 个别计价法

对先进先出法的描述如图 7 - 32 所示。

对月末一次加权平均法的描述如图 7 - 33 所示。

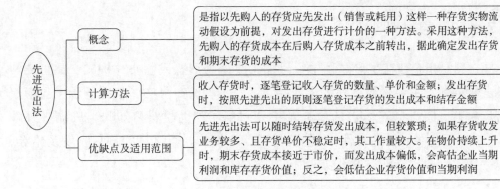

图7-32　先进先出法

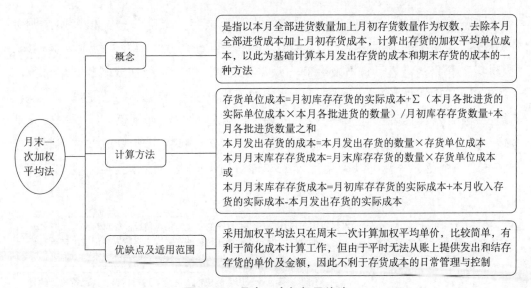

图7-33　月末一次加权平均法

对移动加权平均法的描述如图7-34所示。

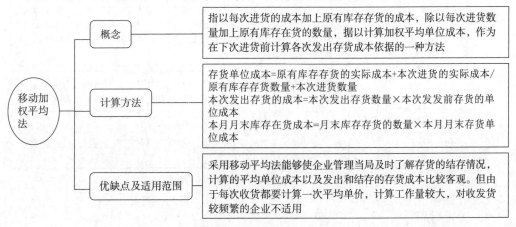

图7-34　移动加权平均法

7.4.2　原材料

原材料是指企业在生产过程中经过加工改变其形态或性质并构成产品主要实体的各种原料、主要材料和外购半成品，以及不构成产品实体但有助于产品形成的辅助材料。原材料具体包括原料及主要材料、辅助材料、外购半成品（外购件）、修理用备件（备品备件）、包装材料、燃料等。原材料的日常收发及结存，可以采用实际成本核算，也可以采用计划成本核算。

（一）采用实际成本核算

材料按实际成本计价核算时，材料的收发及结存，无论总分类核算还是明细分类核算，均按照实际成本计价。使用的会计科目有"原材料""在途物资"等，"原材料"科目的借方、贷方及余额均以实际成本计价，不存在成本差异的计算与结转问题。但采用实际成本核算，日常反映不出材料成本是节约还是超支，从而不能反映和考核物资采购业务的经营成果。因此这种方法通常适用于材料收发业务较少的企业。在实务工作中，对于材料收发业务较多并且计划成本资料较为健全、准确的企业，一般可以采用计划成本进行材料收发的核算。实际成本核算的科目如图 7 – 35 所示。

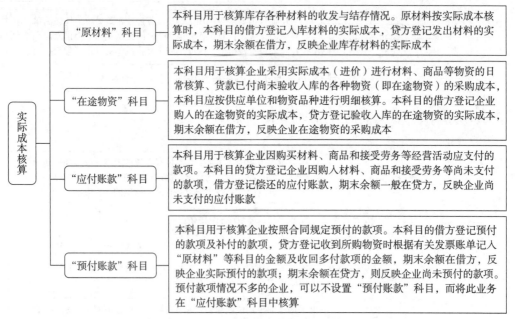

图 7 – 35　实际成本核算的科目

1. 购入材料

由于支付方式不同，原材料入库的时间与付款的时间可能一致，也可能不一致，在会计处理上也有所不同。

（1）货款已经支付或开出承兑商业汇票，同时材料已验收入库。

【例7-20】甲公司购入 C 材料一批，增值税专用发票上记载的货款为 500 000
元，增值税额 65 000 元，另对方代垫包装费 1 000 元（不考虑增值税），全部
款项已用转账支票付讫，材料已验收入库。

> 借：原材料——C 材料　　　　　　　　　　　　　501 000
> 　　应交税费——应交增值税（进项税额）　　　　 65 000
> 　　贷：银行存款　　　　　　　　　　　　　　　　　 566 000

本例属于发票账单与材料同时到达的采购业务，企业材料已验收入库，因此
应通过"原材料"科目核算，对于增值税专用发票上注明的可抵扣的进项税额，
应借记"应交税费——应交增值税（进项税额）"科目。

【例7-21】甲公司持银行汇票 1 810 000 元购入 D 材料一批，增值税专用
发票上记载的货款为 1 600 000 元，增值税额 208 000 元，对方代垫包装费
2 000 元（不考虑增值税），材料已验收入库。

> 借：原材料——D 材料　　　　　　　　　　　　 1 602 000
> 　　应交税费——应交增值税（进项税额）　　　　 208 000
> 　　贷：其他货币资金——银行汇票　　　　　　　　 1 810 000

【例7-22】甲公司采用托收承付结算方式购入 E 材料一批，货款 40 000
元，增值税 5 200 元，对方代垫包装费 5 000 元（不考虑增值税），款项在承付
期内以银行存款支付，材料已验收入库。

> 借：原材料——E 材料　　　　　　　　　　　　　 45 000
> 　　应交税费——应交增值税（进项税额）　　　　　5 200
> 　　贷：银行存款　　　　　　　　　　　　　　　　　 50 200

（2）货款已经支付或已开出承兑商业汇票，材料尚未到达或尚未验收入库。

【例7-23】甲公司采用汇兑结算方式购入 F 材料一批，发票及账单已收
到，增值税专用发票上记载的货款为 20 000 元，增值税额 2 600 元。支付保险
费 1 000 元（不考虑增值税），材料尚未到达。

> 借：在途物资　　　　　　　　　　　　　　　　　 21 000
> 　　应交税费——应交增值税（进项税额）　　　　　2 600
> 　　贷：银行存款　　　　　　　　　　　　　　　　　 23 600

本例属于已经付款或已开出、承兑商业汇票，但材料尚未到达或尚未验收入库的采购业务，应通过"在途物资"科目核算；待材料到达、入库后，再根据收料单，由"在途物资"科目转入"原材料"科目核算。

【例7-24】承【例2-23】，上述购入的F材料已收到，并验收入库。

借：原材料　　　　　　　　　　　　　　　　　23 600

　　贷：在途物资　　　　　　　　　　　　　　　　23 600

（3）货款尚未支付，材料已经验收入库。

【例7-25】甲公司采用托收承付结算方式购入C材料一批，增值税专用发票上记载的货款为50 000元，增值税额6 500元，对方代垫包装费1 000元（不考虑增值税），银行转来的结算凭证已到，款项尚未支付，材料已验收入库。

借：原材料——G材料　　　　　　　　　　　　51 000

　　应交税费——应交增值税（进项税额）　　　　6 500

　　贷：应付账款　　　　　　　　　　　　　　　57 500

【例7-26】甲公司采用委托收款结算方式购入H材料一批，材料已验收入库，月末发票账单尚未收到也无法确定其实际成本，暂估价值为30 000元。

借：原材料　　　　　　　　　　　　　　　　　30 000

　　贷：应付账款——暂估应付账款　　　　　　　30 000

下月初作相反的会计分录予以冲回：

借：应付账款——暂估应付账款　　　　　　　　30 000

　　贷：原材料　　　　　　　　　　　　　　　　30 000

在这种情况下，发票账单未到也无法确定实际成本，期末应按照暂估价值先入账，但是，下月期初作应做相反的会计分录予以冲回，收到发票账单后再按照实际金额记账，即如图7-36所示。

对于材料已到达并已验收入库，但发票账单等结算凭证未到，货款尚未支付的采购业务，应于期末，按材料的暂估价值入账：
借：原材料
　　贷：应付账款——暂估应付账款

下期初作相反的会计分录予以冲回，以便下月付款或开出承兑商业汇票后，按正常程序入账：
借：原材料、应交税费——应交增值税（进项税额）
　　贷：银行存款、应付票据

图7-36　相关核算

【例7-27】承【例2-26】，上述购入的H材料于次月收到发票账单，增值税专用发票上记载的货款为31 000元，增值税额4 030元，对方代垫保险费2 000元（不考虑增值税），已用银行存款付讫。

借：原材料——H材料   33 000

  应交税费——应交增值税（进项税额） 4 030

   贷：银行存款   37 030

（4）货款已经预付，材料尚未验收入库。

【例7-28】根据与某钢厂的购销合同规定，甲公司为购买J材料向该钢厂预付100 000元货款的80%，计80 000元，已通过汇兑方式汇出。

借：预付账款   80 000

   贷：银行存款   80 000

【例7-29】承【例7-28】，甲公司收到该钢厂发运来的J材料，已验收入库。有关发票账单记载，该批货物的货款100 000元，增值税额13 000元，对方代垫包装费3 000元（不考虑增值税），所欠款项以银行存款付讫。

（1）材料入库时：

借：原材料——J材料   103 000

  应交税费——应交增值税（进项税额） 13 000

   贷：预付账款   116 000

（2）补付货款时：

借：预付账款   40 000

   贷：银行存款   40 000

2. 发出材料

【例7-30】丁公司2023年3月1日结存B材料3 000公斤，每公斤实际成本为10元；3月5日和3月20日分别购入该材料9 000公斤和6 000公斤，每公斤实际成本分别为11元和12元；3月10日和3月25日分别发出该材料10 500公斤和6 000公斤。按先进先出法核算时，发出和结存材料的成本如表7-2所示。

表 7-2

2019 年		凭证号	摘要	收入			发出			结存		
月	日			数量	单价	金额	数量	单价	金额	数量	单价	金额
3	1	略	期初结存							3 000	10	30 000
	5		购入	9 000	11	99 000				3 000 9 000	10 11	30 000 99 000
	10		发出				3 000 7 500	10 11	30 000 82 500	1 500	11	16 500
	20		购入	6 000	12	72 000				1 500 6 000	11 12	16 500 72 000
	25		发出				1 500 4 500	11 12	16 500 54 000	1 500	12	18 000
	31		合计	15 000		171 000	16 500		183 000	1 500	12	18 000

【例 7-31】承【例 7-30】，采用月末一次加权平均法计算 B 材料的成本如下：

B 材料平均单位成本 = (30 000 + 171 000)/(3 000 + 15 000) = 11.17（元）

本月发出存货的成本 = 16 500 × 11.17 = 184 305（元）

月末库存存货的成本 = 30 000 + 171 000 - 184 305 = 16 695（元）

【例 7-32】承【例 7-30】，采用移动加权平均法计算 B 材料的成本如下：

第一批收货后的平均单位成本 = (30 000 + 99 000)/(3 000 + 9 000) = 10.75（元）

第一批发货的存货成本 = 10 500 × 10.75 = 112 875（元）

当时结存的存货成本 = 1 500 × 10.75 = 16 125（元）

第二批收货后的平均单位成本 = (16 125 + 72 000)/(1 500 + 6 000) = 11.75（元）

第二批发货的存货成本 = 6 000 × 11.75 = 70 500（元）

当时结存的存货成本 = 1 500 × 11.75 = 17 625（元）

B 材料月末结存 1 500 公斤，月末库存存货成本为 17 625 元；本月发出存货成本合计为 183 375（112 875 + 70 500）元。

企业各生产单位及有关部门领用的材料具有种类多、业务频繁等特点。为了简化核算，可以在月末根据"领料单"或"限额领料单"中有关领料的单位、部门等加以归类，编制"发料凭证汇总表"，据以编制记账凭证、登记入账。发出材料实际成本的确定，可以由企业从上述个别计价法、先进先出法、月末一次加权平均法、移动加权平均法等方法中选择。计价方法一经确定，不得随意变更。如需变更，应在附注中予以说明。

【例7-33】甲公司根据"发料凭证汇总表"的记录，1月份基本生产车间领用K材料500 000元，辅助生产车间领用K材料40 000元，车间管理部门领用K材料5 000元，企业行政管理部门领用K材料4 000元，计549 000元。

借：生产成本——基本生产成本		500 000
——辅助生产成本		40 000
制造费用		5 000
管理费用		4 000
贷：原材料——K材料		549 000

（二）采用计划成本核算

材料采用计划成本核算时，材料的收发及结存，无论总分类核算还是明细分类核算，均按照计划成本计价。使用的会计科目有"原材料""材料采购""材料成本差异"等。材料实际成本与计划成本的差异，通过"材料成本差异"科目核算。月末，计算本月发出材料应负担的成本差异并进行分摊，根据领用材料的用途计入相关资产的成本或者当期损益，从而将发出材料的计划成本调整为实际成本。计划成本核算如图7-37所示。

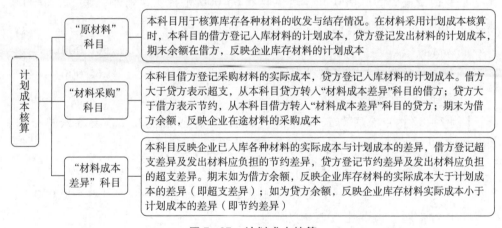

图7-37 计划成本核算

1．购入材料

（1）货款已经支付，同时材料验收入库。

【例7-34】甲公司购入L材料一批，专用发票上记载的货款为3 000 000元，增值税额390 000元，发票账单已收到，计划成本为3 200 000元，已验收入库，全部款项以银行存款支付。

借：材料采购   3 000 000

  应交税费——应交增值税（进项税额）   390 000

  贷：银行存款   3 390 000

在计划成本法下，取得的材料先要通过"材料采购"科目进行核算，企业支付材料价款和运杂费等构成存货实际成本的，记入"材料采购"科目。

（2）货款已经支付，材料尚未验收入库。

【例7-35】甲公司采用汇兑结算方式购入 MI 材料一批，专用发票上记载的货款为 200 000 元，增值税额 26 000 元，发票账单已收到，计划成本 180 000 元，材料尚未入库。

借：材料采购   200 000

  应交税费——应交增值税（进项税额）   26 000

  贷：银行存款   226 000

（3）货款尚未支付，材料已经验收入库。

【例7-36】甲公司采用商业承兑汇票支付方式购入 M2 材料一批，专用发票上记载的货款为 500 000 元，增值税额 65 000 元，发票账单已收到，计划成本 520 000 元，材料已验收入库。

借：材料采购   500 000

  应交税费——应交增值税（进项税额）   65 000

  贷：应付票据   565 000

【例7-37】甲公司购入 M3 材料一批，材料已验收入库，发票账单未到，月末按照计划成本 600 000 元估价入账。

借：原材料   600 000

  贷：应付账款——暂估应付账款   600 000

下月初作相反的会计分录予以冲回：

借：应付账款——暂估应付账款   600 000

  贷：原材料   600 000

在这种情况下，对于尚未收到发票账单的收料凭证，月末应按计划成本暂估入账，如图7-38 所示。

企业购入验收入库的材料核算如图 7-39 所示。

借：原材料
  贷：应付账款——暂估应付账款
下期初做相反分录予以冲回：
借：应付账款——暂估应付账款
  贷：原材料

图7-38　相关核算

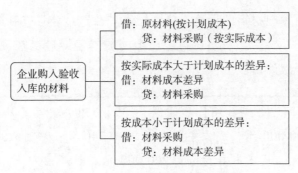

图7-39 企业购入验收入库的材料

【例7-38】承【例7-34】和【例7-36】，月末，甲公司汇总本月已付款或已开出并承兑商业汇票的入库材料的计划成本3 720 000元（即3 200 000+520 000）。

借：原材料——L材料 3 200 000

　　　　——M2材料 520 000

　贷：材料采购 3 720 000

上述入库材料的实际成本为3 500 000元（即3 000 000+500 000），入库材料的成本差异为节约220 000元（即3 500 000-3 720 000）

借：材料采购 220 000

　贷：材料成本差异——L材料 200 000

　　　　　　　　——M2材料 20 000

2. 发出材料

月末，企业根据领料单等编制"发料凭证汇总表"结转发出材料的计划成本，应当根据所发出材料的用途，按计划成本分别记入"生产成本""制造费用""销售费用""管理费用"等科目。

【例7-39】甲公司根据"发料凭证汇总表"的记录，某月L材料的消耗（计划成本）为：基本生产车间领用2 000 000元，辅助生产车间领用600 000元，车间管理部门领用250 000元，企业行政管理部门领用50 000元。

借：生产成本——基本生产成本 2 000 000

　　　　——辅助生产成本 600 000

　制造费用 250 000

　管理费用 50 000

　贷：原材料——L材料 2 900 000

根据《企业会计准则第1号——存货》的规定，企业日常采用计划成本核算的，发出的材料成本应由计划成本调整为实际成本，通过"材料成本差异"科目进行结转，按照所发出材料的用途，分别记入"生产成本""制造费用""销售费用""管理费用"等科目。发出材料应负担的成本差异应当按期（月）分摊，不得在季末或年末一次计算。

【例7-40】承【例7-38】和【例7-39】，甲公司某月月初结存L材料的计划成本为1 000 000元，成本差异为超支30 740元；当月入库L材料的计划成本3 200 000元，成本差异为节约200 000元。则：

材料成本差异率 = (30 740 - 200 000)/(1 000 000 + 3 200 000) × 100% = -4.03%

结转发出材料的成本差异的分录为：

借：材料成本差异——L材料　　　　　　　　　　116 870
　　贷：生产成本——基本生产成本　　　　　　　　80 600
　　　　　　　　——辅助生产成本　　　　　　　　24 180
　　　　制造费用　　　　　　　　　　　　　　　　10 075
　　　　管理费用　　　　　　　　　　　　　　　　 2 015

7.4.3 包装物

包装物是指为了包装本企业商品而储备的各种包装容器，如桶、箱、瓶、坛、袋等。

为了反映和监督包装物的增减变化及其价值损耗、结存等情况，企业应当设置"周转材料——包装物"科目进行核算。对于生产领用包装物，应根据领用包装物的实际成本或计划成本，借记"生产成本"科目，贷记"周转材料——包装物""材料成本差异"等科目。随同商品出售而不单独计价的包装物，应于包装物发出时，按其实际成本计入销售费用。随同商品出售且单独计价的包装物，一方面应反映其销售收入，计入其他业务收入；另一方面应反映其实际销售成本，计入其他业务成本。包装物的摊销方法有一次转销法和五五摊销法，有关五五摊销法的举例参见【例7-45】。

包装物的核算如图7-40所示。

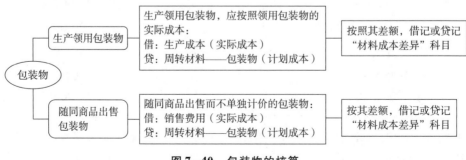

图7-40　包装物的核算

【例7-41】甲公司对包装物采用计划成本核算，某月生产产品领用包装物的计划成本为100 000元，材料成本差异率为-3%。

借：生产成本　　　　　　　　　　　　　　　　　97 000
　　材料成本差异　　　　　　　　　　　　　　　 3 000
　　　贷：周转材料——包装物　　　　　　　　　　　　　100 000

【例7-42】甲公司某月销售商品领用不单独计价包装物的计划成本为50 000元，材料成本差异率为-3%。

借：销售费用　　　　　　　　　　　　　　　　　48 500
　　材料成本差异　　　　　　　　　　　　　　　 1 500
　　　贷：周转材料——包装物　　　　　　　　　　　　　 50 000

随同商品出售且单独计价的包装物，一方面应反映其销售收入，计入其他业务收入；另一方面应反映其实际销售成本，计入其他业务成本。

【例7-43】甲公司某月销售商品领用单独计价包装物的计划成本为80 000元，销售收入为100 000元，增值税额为17 000元，款项已存入银行。该包装物的材料成本差异率为3%。

（1）出售单独计价包装物：

借：银行存款　　　　　　　　　　　　　　　　 117 000
　　　贷：其他业务收入　　　　　　　　　　　　　　　 100 000
　　　　　应交税费——应交增值税（销项税额）　　　　　 17 000

（2）结转所售单独计价包装物的成本：

借：其他业务成本　　　　　　　　　　　　　　　82 400
　　　贷：周转材料——包装物　　　　　　　　　　　　　 80 000
　　　　　材料成本差异　　　　　　　　　　　　　　　　2 400

7.4.4 低值易耗品

低值易耗品通常被视同存货，作为流动资产进行核算和管理，一般划分为一般工具、专用工具、替换设备、管理用具、劳动保护用品、其他用具等。

为了反映和监督低值易耗品的增减变化及其结存情况，企业应当设置"周转材料——低值易耗品"科目，借方登记低值易耗品的增加，贷方登记低值易耗品的减少，期末余额在借方，通常反映企业期末结存低值易耗品的金额。

低值易耗品的摊销方法有一次转销法和五五摊销法。

（一）一次转销法

采用一次转销法摊销低值易耗品，在领用低值易耗品时，将其价值一次、全部计入有关资产成本或者当期损益，主要适用于价值较低或极易损坏的低值易耗品的摊销。

> 【例 7 - 44】甲公司某基本生产车间领用一般工具一批，实际成本为 30 000 元，全部计入当期制造费用。应作如下会计处理：
>
> 　　借：制造费用　　　　　　　　　　　　　　　　　3 000
> 　　　　贷：周转材料——低值易耗品　　　　　　　　　　3 000

（二）五五摊销法

采用五五摊销法摊销低值易耗品，低值易耗品在领用时先摊销其账面价值的一半，在报废时再摊销其账面价值的另一半。即低值易耗品分两次各按 50% 进行摊销。五五摊销法通常既适用于价值较低、使用期限较短的低值易耗品，也适用于每期领用数量和报废数量大致相等的低值易耗品。在采用五五摊销法的情况下，需要单独设置"周转材料——低值易耗品——在用""周转材料——低值易耗品——在库"和"周转材料——低值易耗品——摊销"明细科目。

> 【例 7 - 45】甲公司的基本生产车间领用专用工具一批，实际成本为 100 000 元，采用五五摊销法进行摊销。应作如下会计处理：
>
> （1）领用专用工具：
>
> 　　借：周转材料——低值易耗品——在用　　　　　　100 000
> 　　　　贷：周转材料——低值易耗品——在库　　　　　　100 000
>
> （2）领用时摊销其价值的一半：
>
> 　　借：制造费用　　　　　　　　　　　　　　　　　50 000
> 　　　　贷：周转材料——低值易耗品——摊销　　　　　　50 000
>
> （3）报废时摊销其价值的一半：
>
> 　　借：制造费用　　　　　　　　　　　　　　　　　50 000
> 　　　　贷：周转材料——低值易耗品——摊销　　　　　　50 000

同时，

借：周转材料——低值易耗品——摊销　　　　　　100 000

　　贷：周转材料——低值易耗品——在用　　　　　　100 000

7.4.5 委托加工物资

委托加工物资是指企业委托外单位加工的各种材料、商品等物资。

企业委托外单位加工物资的成本包括加工中实际耗用物资的成本、支付的加工费用及应负担的运杂费等，支付的税金，包括委托加工物资所应负担的消费税（指属于消费税应税范围的加工物资）等。

为了反映和监督委托加工物资增减变动及其结存情况，企业应当设置"委托加工物资"科目，借方登记委托加工物资的实际成本，贷方登记加工完成验收入库的物资的实际成本和剩余物资的实际成本，期末余额在借方，反映企业尚未完工的委托加工物资的实际成本和发出加工物资的运杂费等。委托加工物资也可以采用计划成本或售价进行核算，其方法与库存商品相似。

（一）发出物资

【例7-46】甲公司委托某量具厂加工一批量具，发出材料一批，计划成本70 000元，材料成本差异率4%，以现金支付运杂费2 200元。

（1）发出材料时：

借：委托加工物资　　　　　　　　　　　　　　　72 800

　　贷：原材料　　　　　　　　　　　　　　　　　　70 000

　　　　材料成本差异　　　　　　　　　　　　　　　2 800

（2）支付运杂费时：

借：委托加工物资　　　　　　　　　　　　　　　2 200

　　贷：银行存款　　　　　　　　　　　　　　　　　2 200

需要说明的是，企业发给外单位加工物资时，如果采用计划成本或售价核算的，还应同时结转材料成本差异或商品进销差价，贷记或借记"材料成本差异"科目，或借记"商品进销差价"科目。

（二）支付加工费、运杂费等

【例7-47】承【例7-46】甲公司以银行存款支付上述量具的加工费用20 000元。

借：委托加工物资   20 000
 贷：银行存款   20 000

（三）加工完成验收入库

【例7-48】承【例7-46】和【例7-47】甲公司收回由某量具厂代加工的量具，以银行存款支付运杂费2500元。该量具已验收入库，其计划成本为110 000元。应作如下会计处理：

（1）支付运杂费时：

借：委托加工物资   2 500
 贷：银行存款   2 500

（2）量具入库时：

借：周转材料——低值易耗品   110 000
 贷：委托加工物资   975 000
  材料成本差异   125 000

【例7-49】甲公司委托丁公司加工商品一批（属于应税消费品）100 000件，有关经济业务如下：

（1）1月20日，发出材料一批，计划成本为6 000 000元，材料成本差异率为-3%。应作如下会计处理：

①发出委托加工材料时：

借：委托加工物资   6 000 000
 贷：原材料   6 000 000

②结转发出材料应分摊的材料成本差异时：

借：材料成本差异   180 000
 贷：委托加工物资   180 000

（2）2月20日，支付商品工费120 000元，支付应当交纳的消费税660 000元，该商品收回后用于连续生产，消费税可抵扣，甲公司和丁公司均为一般纳税人，适用增值税税率为13%。应作如下会计处理：

借：委托加工物资   120 000
 应交税费——应交消费税   660 000
    ——应交增值税（进项税额） 15 600
 贷：银行存款   795 600

（3）3月4日，用银行存款支付往返运杂费10 000元。

借：委托加工物资　　　　　　　　　　　　　　　　10 000

　　贷：银行存款　　　　　　　　　　　　　　　　　　10 000

（4）3月5日，上述商品100 000件（每件计划成本为65元）加工完毕，公司已办理验收入库手续。

借：库存商品　　　　　　　　　　　　　　　　　6 500 000

　　贷：委托加工物资　　　　　　　　　　　　　　5 950 000

　　　　商品进销差价　　　　　　　　　　　　　　　550 000

需要注意的是，需要交纳消费税的委托加工物资，由受托方代收代交的消费税，收回后用于直接销售的，记入"委托加工物资"科目；收回后用于继续加工的，记入"应交税费——应交消费税"科目。

7.4.6 库存商品

（一）库存商品的内容

库存商品具体包括库存产成品、外购商品、存放在门市部准备出售的商品、发出展览的商品、寄存在外的商品、接受来料加工制造的代制品和为外单位加工修理的代修品等。已完成销售手续、但购买单位在月末未提取的产品，不应作为企业的库存商品，而应作为代管商品处理，单独设置代管商品备查簿进行登记。库存商品可以采用实际成本核算，也可以采用计划成本核算，其方法与原材料相似。采用计划成本核算时，库存商品实际成本与计划成本的差异，可单独设置"产品成本差异"科目核算。

为了反映和监督库存商品的增减变化及其结存情况，企业应当设置"库存商品"科目，借方登记验收入库的库存商品成本，贷方登记发出的库存商品成本，期末余额在借方，反映各种库存商品的实际成本或计划成本。

（二）库存商品的核算

库存商品的核算如图7-41所示。

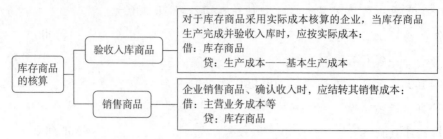

图7-41　库存商品的核算

【例7-50】甲公司"商品入库汇总表"记载，某月已验收入库Y产品1 000台，实际单位成本5 000元，计5 000 000元；Z产品2 000台，实际单位成本1 000元，计2 000 000元。甲公司应作如下会计处理：

借：库存商品——Y产品　　　　　　　　　　　5 000 000

　　　　　　——Z产品　　　　　　　　　　　2 000 000

　　贷：生产成本——基本生产成本（Y产品）　　　　5 000 000

　　　　基本生产成本（Z产品）　　　　　　　　　2 000 000

【例7-51】甲公司月末汇总的发出商品中，当月已实现销售的Y产品有500台，Z产品有1500台。该月Y产品实际单位成本5 000元，Z产品实际单位成本1 000元。在结转其销售成本时，应作如下会计处理：

借：主营业务成本　　　　　　　　　　　　　　4 000 000

　　贷：库存商品——Y产品　　　　　　　　　　2 500 000

　　　　　　　　——Z产品　　　　　　　　　　1 500 000

企业购入的商品可以采用进价或售价核算。采用售价核算的，商品售价和进价的差额，可通过"商品进销差价"科自核算。月末，应分摊已销商品的进销差价，将已销商品的销售成本调整为实际成本，借记"商品进销差价"科目，贷记"主营业务成本"科目。

商品流通企业的库存商品还可以采用毛利率法和售价金额核算法进行日常核算。

毛利率法的核算如图7-42所示。

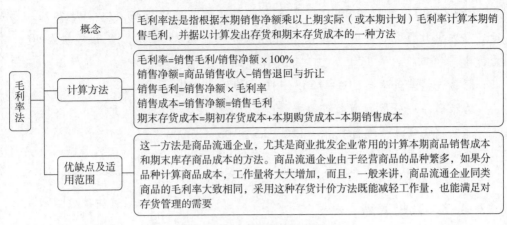

图 7-42 库存商品的核算

【例 7-52】某商场 2020 年 4 月 1 日针织品存货 1 800 万元，本月购进 3 000 万元，本月销售收入 3 400 万元，上季度该类商品毛利率为 25%。本月已销商品和月末库存商品的成本计算如下：

本月销售收入 = 3 400（万元）

销售毛利 = 3 400 × 25% = 850（万元）

本月销售成本 = 3 400 - 850 = 2 550（万元）

库存商品成本 = 1 800 + 3 000 - 2 550 = 2 250（万元）

（2）售价金额核算法

售价金额核算法如图 7-43 所示。

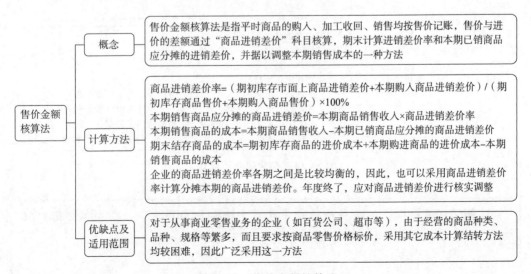

图 7-43 售价金额核算法

【**例7-53**】某商场2020年7月期初库存商品的进价成本为100万元，售价总额为110万元，本月购进该商品的进价成本为75万元，售价总额为90万元，本月销售收入为120万元。有关计算如下：

商品进销差价率 = (10 + 15)/(110 + 90) × 100% = 12.5%

已销商品应分摊的商品进销差价 = 120 × 12.5% = 15（万元）

本期销售商品的实际成本 = 120 - 15 = 105（万元）

期末结存商品的实际成本 = 100 + 75 - 105 = 70（万元）

7.4.7　存货清查

存货清查是指通过对存货的实地盘点，确定存货的实有数量，并与账面结存数核对，从而确定存货实存数与账面结存数是否相符的一种专门方法。

为了反映企业在财产清查中查明的各种存货的盘盈、盘亏和毁损情况，企业应当设置"待处理财产损溢"科目，借方登记存货的盘亏、毁损金额及盘盈的转销金额，贷方登记存货的盘盈金额及盘亏的转销金额。企业清查的各种存货损溢，应在期末结账前处理完毕，期末处理后，本科目应无余额。

存货清查的核算如图7-44所示。

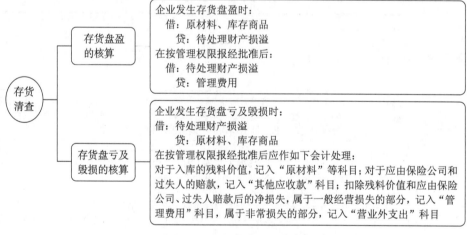

图7-44　存货清查的核算

【**例7-54**】甲公司在财产清查中盘盈J材料1 000公斤，实际单位成本60元，经查属于材料收发计量方面的错误。应作如下会计处理：

（1）批准处理前：

借：原材料	60 000	
贷：待处理财产损溢		60 000

（2）批准处理后：

借：待处理财产损溢	60 000	
贷：管理费用		60 000

【例 7-55】 甲公司在财产清查中发现盘亏 K 材料 500 公斤，实际单位成本 200 元，经查属于一般经营损失。应作如下会计处理：

（1）批准处理前：

借：待处理财产损溢	100 000	
贷：原材料		100 000

（2）批准处理后：

借：管理费用	100 000	
贷：待处理财产损溢		100 000

【例 7-56】 甲公司在财产清查中发现毁损 L 材料 300 公斤，实际单位成本 100 元，经查属于材料保管员的过失造成的，按规定由其个人赔偿 20 000 元，残料已办理入库手续，价值 2 000 元。应作如下会计处理：

（1）批准处理前：

借：待处理财产损溢	30 000	
贷：原材料		30 000

（2）批准处理后：

①由过失人赔款部分：

借：其他应收款	20 000	
贷：待处理财产损溢		20 000

②残料入库：

借：原材料	2 000	
贷：待处理财产损溢		2 000

③材料毁损净损失：

借：管理费用	8 000	
贷：待处理财产损溢		8 000

【例 7-57】 甲公司因台风造成一批库存材料毁损，实际成本 70 000 元，根据保险责任范围及保险合同规定，应由保险公司赔偿 50 000 元。应作如下会计处理：

（1）批准处理前：

借：待处理财产损溢　　　　　　　　　　　　　　　70 000

　　　贷：原材料　　　　　　　　　　　　　　　　　　　　70 000

（2）批准处理后：

借：其他应收款　　　　　　　　　　　　　　　　　50 000

　　营业外支出——非常损失　　　　　　　　　　　20 000

　　　贷：待处理财产损溢　　　　　　　　　　　　　　　70 000

7.4.8　存货减值

（一）存货跌价准备的计提和转回

资产负债表日，存货应当按照成本与可变现净值孰低计量。其中，成本是指期末存货的实际成本，如企业在存货成本的日常核算中采用计划成本法、售价金额核算法等简化核算方法，则成本为经调整后的实际成本。可变现净值是指在日常活动中，存货的估计售价减去至完工时估计将要发生的成本、估计的销售费用以及相关税费后的金额。可变现净值的特征表现为存货的预计未来净现金流量，而不是存货的售价或合同价。

存货成本高于其可变现净值的，应当计提存货跌价准备，计入当期损益。以前减记存货价值的影响因素已经消失的，减记的金额应当予以恢复，并在原已计提的存货跌价准备金额内转回，转回的金额计入当期损益。

（二）存货跌价准备的会计处理

存货跌价准备的会计处理如图 7-45 所示。

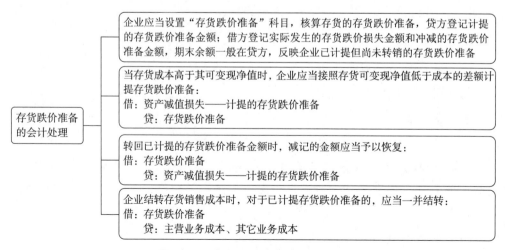

图 7-45　存货跌价准备的会计处理

【例7-58】2014 年 12 月 31 日，甲公司 X 材料的账面金额为 100 000 元，由于市场价格下跌，预计可变现净值为 80 000 元，由此应计提的存货跌价准备为 20 000 元。应作如下会计处理：

借：资产减值损失——计提的存货跌价准备　　　　　　　20 000
　　贷：存货跌价准备　　　　　　　　　　　　　　　　　　　20 000

假设 2020 年 6 月 30 日，X 材料的账面金额为 100 000 元，由于市场价格有所上升，使得 X 材料的预计可变现净值为 95 000 元，应转回的存货跌价准备为 15 000 元。应作如下会计处理：

借：存货跌价准备　　　　　　　　　　　　　　　　　　　15 000
　　贷：资产减值损失——计提的存货跌价准备　　　　　　　15 000

7.5　长期股权投资

7.5.1　长期股权投资概述

（一）长期股权投资的概念

长期股权投资包括企业持有的对其子公司、合营企业及联营企业的权益性投等以及企业持有的对被投资单位不具有控制、共同控制或重大影响，且在活跃市场中没有报价、公允价值不能可靠计量的权益性投资。

企业能够对被投资单位实施控制的，被投资单位为本企业的子公司。企业与其他方对被投资单位实施共同控制的，被投资单位为本企业的合营企业。企业能够对被投资单位施加重大影响的，被投资单位为本企业的联营企业。

（二）长期股权投资的核算方法

长期股权投资的核算方法如图 7-46 所示。

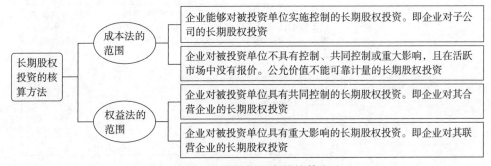

图 7-46　长期股权投资的核算方法

　　为了核算企业的长期股权投资，企业应当设置"长期股权投资""投资收益"等科目。

　　"长期股权投资"科目核算企业持有的采用成本法和权益法核算的长期股权投资，借方登记长期股权投资取得时的成本以及采用权益法核算时按被投资企业实现的净利润计算的应享有的份额，贷方登记收回长期股权投资的价值或采用权益法核算时被投资单位宣告分派现金股利或利润时企业按持股比例计算应享有的份额，以及按被投资单位发生的净亏损计算的应分担的份额，期末借方余额，反映企业持有的长期股权投资的价值。

7.5.2　采用成本法核算的长期股权投资

　　除企业合并形成的长期股权投资以外，以支付现金取得的长期股权投资，应当按照实际支付的购买价款作为初始投资成本。企业所发生的与取得长期股权投资直接相关的费用、税金及其他必要支出应计入长期股权投资的初始投资成本。

　　此外，企业取得长期股权投资，实际支付的价款或对价中包含的已宣告但尚未发放的现金股利或利润，作为应收项目处理，不构成长期股权投资的成本。

　　采用成本法核算的长期股权投资核算方法如图7-47所示。

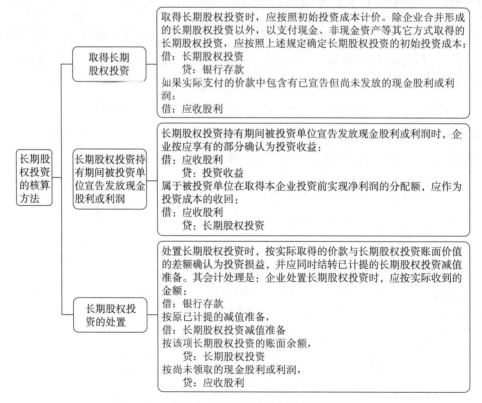

图7-47　采用成本法的长期股权投资的核算方法

7.5.3 采用权益法核算的长期股权投资

采用权益法的长期股权投资的核算方法如图 7-48 所示。

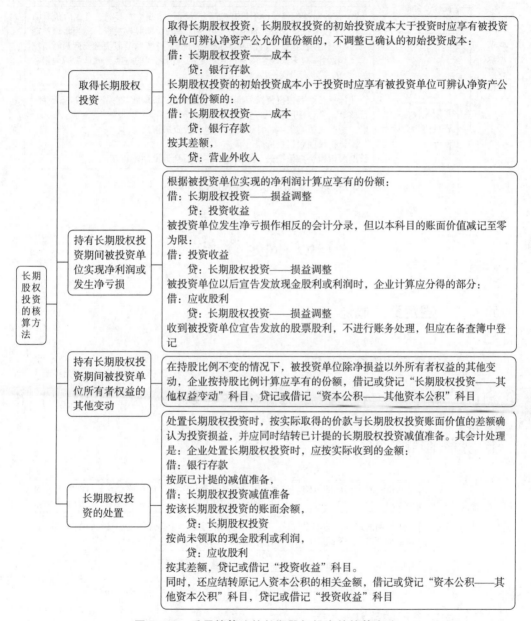

图 7-48 采用核算法的长期股权投资的核算方法

7.5.4 长期股权投资减值

长期股权投资减值的核算如图 7-49 所示。

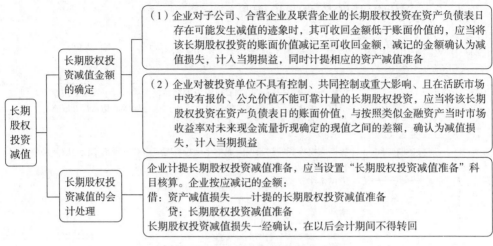

图 7-49　长期股权投资减值的核算

7.6　固定资产

7.6.1　固定资产概述

（一）固定资产的概念和特征

固定资产是指同时具有以下特征的有形资产：①为生产商品、提供劳务、出租或经营管理而持有的；②使用寿命超过一个会计年度。

固定资产的特征如图 7-50 所示。

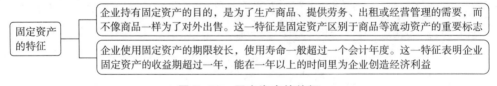

图 7-50　固定资产的特征

（二）固定资产的确认

固定资产的确认如图 7-51 所示。

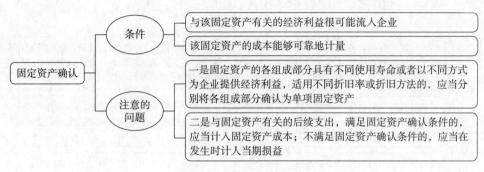

图7-51　固定资产的确认

（三）固定资产的分类

企业的固定资产种类繁多、规格不一，为加强管理，便于组织会计核算，有必要对其进行科学、合理的分类。固定资产的分类如图7-52所示。

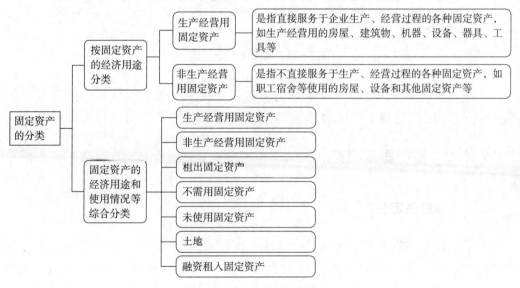

图7-52　固定资产的分类

由于企业的经营性质不同，经营规模各异，对固定资产的分类不可能完全一致。但实际工作中，企业大多采用综合分类的方法作为编制固定资产目录，进行固定资产核算的依据。

（四）固定资产的核算

为了核算固定资产，企业一般需要设置"固定资产""累计折旧""在建工程""工程物资""固定资产清理"等科目，核算固定资产取得、计提折旧、处置等情况。固定资产的核算如图 7 - 53 所示。

固定资产的核算

"固定资产"科目核算企业固定资产的原价，借方登记企业增加的固定资产原价，贷方登记企业减少的固定资产原价，期末借方余额，反映企业期末固定资产的账面原价。企业应当设置"固定资产登记簿"和"固定资产卡片"，按固定资产类别、使用部门和每项固定资产进行明细核算

"累计折旧"科目属于"固定资产"的调整科目，核算企业固定资产的累计折旧，贷方登记企业计提的固定资产折旧，借方登记处置固定资产转出的累计折旧，期末贷方余额，反映企业固定资产的累计折旧额

"在建工程"科目核算企业基建、更新改造等在建工程发生的支出，借方登记企业各项在建工程的实际支出，贷方登记完工工程转出的成本，期末借方余额反映企业尚未达到预定可使用状态的在建工程的成本

"工程物资"科目核算企业为在建工程而准备的各种物资的实际成本。该科目借方登记企业购入工程物资的成本，贷方登记领用工程物资的成本，期末借方余额，反映企业为在建工程准备的各种物资的成本

"固定资产清理"科目核算企业因出售、报废、毁损、对外投资、非货币性资产交换、债务重组等原因转出的固定资产价值以及在清理过程中发生的费用等，借方登记转出的固定资产价值、清理过程中应支付的相关税费及其他费用，贷方登记固定资产清理完成的处理，期末借方余额，反映企业尚未清理完毕固定资产清理净损失。该科目应按被清理的固定资产项目设置明细账，进行明细核算

图 7 - 53　固定资产的核算

此外，企业固定资产、在建工程、工程物资发生减值的，还应当设置"固定资产减值准备""在建工程减值准备""工程物资减值准备"等科目进行核算。

7.6.2　取得固定资产

（一）外购固定资产

企业外购的固定资产，应按实际支付的购买价款、相关税费、使固定资产达到预定可使用状态前所发生的可归属于该项资产的运输费、装卸费、安装费和专业人员服务费等，作为固定资产的取得成本。

外购固定资产的核算如图 7 - 54 所示。

企业基于产品价格等因素的考虑，可能以一笔款项购入多项没有单独标价的固定资产。如果这些资产均符合固定资产的定义，并满足固定资产的确认条件，则应将各项资产单独确认为固定资产，并按各项固定资产公允价值的比例对总成本进行分配，分别确定各项固定资产的成本。

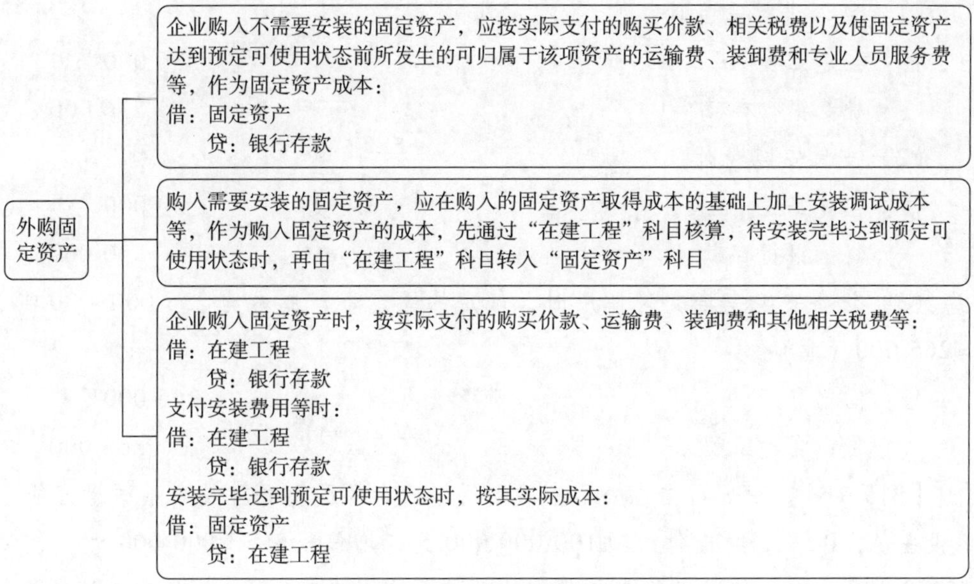

企业购入不需要安装的固定资产，应按实际支付的购买价款、相关税费以及使固定资产达到预定可使用状态前所发生的可归属于该项资产的运输费、装卸费和专业人员服务费等，作为固定资产成本：
借：固定资产
　　贷：银行存款

购入需要安装的固定资产，应在购入的固定资产取得成本的基础上加上安装调试成本等，作为购入固定资产的成本，先通过"在建工程"科目核算，待安装完毕达到预定可使用状态时，再由"在建工程"科目转入"固定资产"科目

企业购入固定资产时，按实际支付的购买价款、运输费、装卸费和其他相关税费等：
借：在建工程
　　贷：银行存款
支付安装费用等时：
借：在建工程
　　贷：银行存款
安装完毕达到预定可使用状态时，按其实际成本：
借：固定资产
　　贷：在建工程

外购固定资产

图7－54　外购固定资产的核算

【例7－59】甲公司购入一台不需要安装即可投入使用的设备，取得的增值税专用发票上注明的设备价款为30 000元，增值税额为3 900元，另支付运输费300元，包装费400元，款项以银行存款支付。假设甲公司不属于实行增值税转型的企业。

甲公司应作如下会计处理：

（1）计算固定资产的成本：

固定资产买价　　30 000

加：增值税　　　3 900

运输费　　　　　300

包装费　　　　　400

共计　　　　　　34 600

（2）编制购入固定资产的会计分录：

借：固定资产　　　　　　　　　　　　　　　　　　34 600

　　贷：银行存款　　　　　　　　　　　　　　　　　34 600

【例7－60】甲公司用银行存款购入一台需要安装的设备，增值税专用发票上注明的设备买价为200 000元，增值税额为26 000元，支付运输费10 000元，支付安装费30 000元。甲公司应作如下会计处理：

（1）购入进行安装时：

借：在建工程　　　　　　　　　　　　　　　236 000

　　贷：银行存款　　　　　　　　　　　　　　　　　236 000

（2）支付安装费时：

借：在建工程　　　　　　　　　　　　　　　30 000

　　贷：银行存款　　　　　　　　　　　　　　　　　30 000

（3）设备安装完毕交付使用时，确定的固定资产成本为 236 000 + 30 000 = 266 000（元）：

借：固定资产　　　　　　　　　　　　　　　266 000

　　贷：在建工程　　　　　　　　　　　　　　　　　266 000

【例 7-61】甲公司向乙公司一次购进了三台不同型号且具有不同生产能力的设备 A、B、C，共支付款项 100 000 000 元，增值税额 13 000 000 元，包装费 750 000 元，全部以银行存款转账支付；假定设备 A、B、C 均满足固定资产的定义及确认条件，公允价值分别为 45 000 000 元、38 500 000 元、16 500 000 元；不考虑其他相关税费。甲公司的账务处理如下：

（1）确定应计入固定资产成本的金额，包括购买价款、包装费及增值税额，即：

100 000 000 + 13 000 000 + 750 000 = 113 750 000（元）

（2）确定设备 A、B、C 的价值分配比例。A 设备应分配的固定资产价值比例为：

45 000 000/（45 000 000 + 38 500 000 + 16 500 000）× 100% = 45%

B 设备应分配的固定资产价值比例为：

38 500 000/45 000 000 + 38 500 000 + 16 500 000 × 100% = 38.5%

C 设备应分配的固定资产价值比例为：

16 500 000/45 000 000 + 38 500 000 + 16 500 000 × 100% = 16.5%

（3）确定 A、B、C 设备各自的成本：

A 设备的成本为：113 750 000 × 45% = 51 187 500（元）

B 设备的成本为：113 750 000 × 38.5% = 43 793 750（元）

C 设备的成本为：113 750 000 × 16.5% = 18 768 750（元）

（4）甲公司应作如下会计处理：

借：固定资产——A 设备　　　　　　　　　　51 187 500

　　　　　　　——B 设备　　　　　　　　　　43 793 750

　　　　　　　——C 设备　　　　　　　　　　18 768 750

　　贷：银行存款　　　　　　　　　　　　　　　　113 750 000

（二）建造固定资产

企业自行建造固定资产，应按建造该项资产达到预定可使用状态前所发生的必要支出，作为固定资产的成本。

自建固定资产应先通过"在建工程"科目核算，工程达到预定可使用状态时，再从"在建工程"科目转入"固定资产"科目。企业自建固定资产，主要有自营和出包两种方式，由于采用的建设方式不同，其会计处理也不同。

1. 自营工程

自营工程是指企业自行组织工程物资采购、自行组织施工人员施工的建筑工程和安装工程。

自营工程的核算如图 7-55 所示。

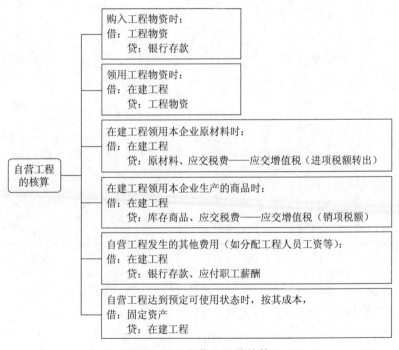

图 7-55 自营工程的核算

【例 7-62】某企业自建厂房一幢，购入为工程准备的各种物资 500 000 元，支付的增值税额为 65 000 元，全部用于工程建设。领用本企业生产的水泥一批，实际成本为 80 000 元，税务部门确定的计税价格为 100 000 元，增值税税率 13%；工程人员应计工资 100 000 元，支付的其他费用 30 000 元。工程完工并达到预定可使用状态。该企业应作如下会计处理：

（1）购入工程物资时：

借：工程物资　　　　　　　　　　　　　565 000

　　贷：银行存款　　　　　　　　　　　　　　565 000

（2）工程领用工程物资时：

借：在建工程　　　　　　　　　　　　　565 000

　　贷：工程物资　　　　　　　　　　　　　　565 000

（3）工程领用本企业生产的水泥，确定应计入在建工程成本的金额为：

80 000 + 100 000 × 13% = 93 000（元）

借：在建工程　　　　　　　　　　　　　93 000

　　贷：库存商品　　　　　　　　　　　　　　80 000

　　　　应交税费——应交增值税（销项税额）　13 000

（4）分配工程人员工资时：

借：在建工程　　　　　　　　　　　　　100 000

　　贷：应付职工薪酬　　　　　　　　　　　　100 000

（5）支付工程发生的其他费用时：

借：在建工程　　　　　　　　　　　　　30 000

　　贷：银行存款等　　　　　　　　　　　　　30 000

（6）工程完工转入固定资产成本为：565 000 + 93 000 + 100 000 + 30 000 = 788 000（元）

借：固定资产　　　　　　　　　　　　　788 000

　　贷：在建工程　　　　　　　　　　　　　　788 000

2. 出包工程

出包工程是指企业通过招标等方式将工程项目发包给建造承包商，由建造承包商组织施工的建筑工程和安装工程。企业采用出包方式进行的固定资产工程，其工程的具体支出主要由建造承包商核算；在这种方式下，"在建工程"科目主要是企业与建造承包商办理工程价款的结算科目，企业支付给建造承包商的工程价款作为工程成本，通过"在建工程"科目核算。出包工程的核算如图7-56所示。

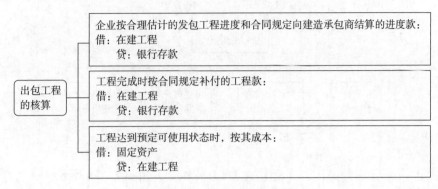

图 7-56　出包工程的核算

【例 7-63】某企业将一幢厂房的建造工程出包给丙公司承建，按合理估计的发包工程进度和合同规定向丙公司结算进度款 600 000 元，工程完工后，收到丙公司有关工程结算单据，补付工程款 400 000 元，工程完工并达到预定可使用状态。该企业应作如下会计处理：

（1）按合理估计的发包工程进度和合同规定向丙公司结算进度款时：

借：在建工程　　　　　　　　　　　　　　　　　600 000

　　贷：银行存款　　　　　　　　　　　　　　　　　600 000

（2）补付工程款时：

借：在建工程　　　　　　　　　　　　　　　　　400 000

　　贷：银行存款　　　　　　　　　　　　　　　　　400 000

（3）工程完工并达到预定可使用状态时：

借：固定资产　　　　　　　　　　　　　　　　1 000 000

　　贷：在建工程　　　　　　　　　　　　　　　　1 000 000

7.6.3　固定资产的折旧

（一）固定资产折旧概述

企业应当在固定资产的使用寿命内，按照确定的方法计提折旧并进行系统分摊，根据固定资产的性质和使用情况，合理确定固定资产的使用寿命和预计净残值。影响固定资产折旧的因素如图 7-57 所示。

除以下情况外，企业应当对所有固定资产计提折旧：

1. 已提足折旧仍继续使用的固定资产；

2. 单独计价入账的土地。

图 7-57 固定资产折旧的影响因素

在确定计提折旧的范围时，还应注意以下事项，如图 7-58 所示。

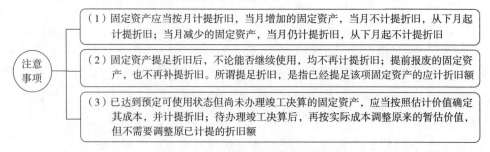

图 7-58 确定计提折旧的注意事项

企业至少应当于每年年度终了，对固定资产的使用寿命、预计净残值和折旧方法进行复核。使用寿命预计数与原先估计数有差异的，应当调整固定资产使用寿命。预计净残值预计数与原先估计数有差异的，应当调整预计净残值。与固定资产有关的经济利益预期实现方式有重大改变的，应当改变固定资产折旧方法。固定资产使用寿命、预计净残值和折旧方法的改变应当作为会计估计变更。

（二）固定资产的折旧方法

企业应当根据与固定资产有关的经济利益的预期实现方式，合理选择固定资产折旧方法。可选用的折旧方法包括年限平均法、工作量法、双倍余额递减法和年数总和法等，如图 7-59 所示。

（三）固定资产折旧的核算

固定资产应当按月计提折旧，计提的折旧应当记入"累计折旧"科目，并根据用途计入相关资产的成本或者当期损益。固定资产折旧的核算如图 7-60 所示。

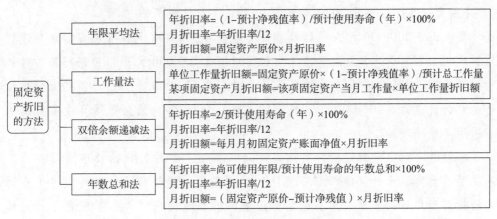

图 7-59 固定资产折旧的方法

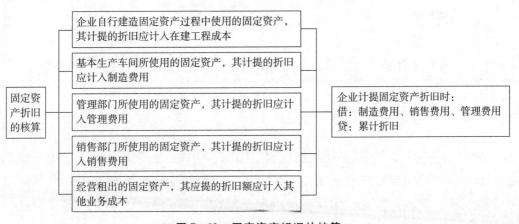

图 7-60 固定资产折旧的核算

【例 7-64】某企业采用年限平均法对固定资产计提折旧。2020 年 1 月份根据"固定资产折旧计算表",确定各车间及厂部管理部门应分配的折旧额为:一车间 1 500 000 元,二车间 2 400 000 元,三车间 3 000 000 元,厂管理部门 600 000 元。该企业应作如下会计处理:

借:制造费用——一车间　　　　　　　　　　　1 500 000

　　　　　——二车间　　　　　　　　　　　2 400 000

　　　　　——三车间　　　　　　　　　　　3 000 000

　　管理费用　　　　　　　　　　　　　　　　600 000

　　贷:累计折旧　　　　　　　　　　　　　　7 500 000

【例7-65】 乙公司2020年6月份固定资产计提折旧情况如下：一车间厂房计提折旧3 800 000元，机器设备计提折旧4 500 000元；管理部门房屋建筑物计提折旧6 500 000元，运输工具计提折旧2 400 000元；销售部门房屋建筑物计提折旧3 200 000元，运输工具计提折旧2 630 000元。当月新购置机器设备一台，价值为5 400 000元，预计使用寿命为10年，该企业同类设备计提折旧采用年限平均法。

本例中，新购置的机器设备本月不计提折旧。本月计提的折旧费用中，车间使用的固定资产计提的折旧费用计入制造费用，管理部门使用的固定资产计提的折旧费用计入管理费用，销售部门使用的固定资产计提的折旧费用计入销售费用。乙公司应作如下会计处理：

借：制造费用——一车间   8 300 000
　　管理费用   8 900 000
　　销售费用   5 830 000
　　贷：累计折旧   23 030 000

7.6.4　固定资产的后续支出

固定资产的后续支出是指固定资产在使用过程中发生的更新改造支出、修理费用等。企业的固定资产投入使用后，由于各个组成部分耐用程度不同或者使用的条件不同，因而往往发生固定资产的局部损坏。为了保持固定资产的正常运转和使用，充分发挥其使用效能，就必须对其进行必要的后续支出。

固定资产后续支出的核算如图7-61所示。

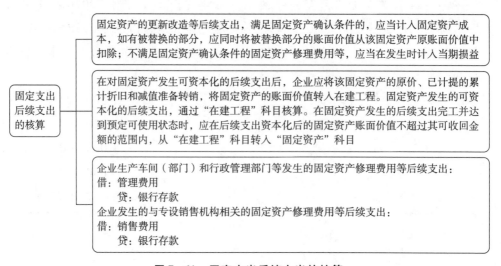

固定支出后续支出的核算

固定资产的更新改造等后续支出，满足固定资产确认条件的，应当计入固定资产成本，如有被替换的部分，应同时将被替换部分的账面价值从该固定资产原账面价值中扣除；不满足固定资产确认条件的固定资产修理费用等，应当在发生时计入当期损益

在对固定资产发生可资本化的后续支出后，企业应将该固定资产的原价、已计提的累计折旧和减值准备转销，将固定资产的账面价值转入在建工程。固定资产发生的可资本化的后续支出，通过"在建工程"科目核算。在固定资产发生的后续支出完工并达到预定可使用状态时，应在后续支出资本化后的固定资产账面价值不超过其可收回金额的范围内，从"在建工程"科目转入"固定资产"科目

企业生产车间（部门）和行政管理部门等发生的固定资产修理费用等后续支出：
借：管理费用
　　贷：银行存款
企业发生的与专设销售机构相关的固定资产修理费用等后续支出：
借：销售费用
　　贷：银行存款

图7-61　固定支出后续支出的核算

【例7-66】2020年6月1日，甲公司对现有的一台生产机器设备进行日常修理，修理过程中发生的材料费100 000元，应支付的维修人员工资为20 000元。

本例中，对机器设备的日常修理没有满足固定资产的确认条件，因此，应将该项固定资产后续支出在其发生时计入当期损益，属于生产车间（部门）发生的固定资产修理费用等后续支出，应记入"管理费用"科目，甲公司应作如下会计处理：

借：管理费用　　　　　　　　　　　　　　120 000
　　贷：原材料　　　　　　　　　　　　　　　　100 000
　　　　应付职工薪酬　　　　　　　　　　　　　 20 000

【例7-67】2020年8月1日，乙公司对其现有的一台管理部门使用的设备进行修理，修理过程中发生支付维修人员工资为5 000元。

本例中，乙公司对管理用设备的维修没有满足固定资产的确认条件，因此，应将该项固定资产后续支出在其发生时计入当期损益，由于属于管理部门发生的固定资产修理费用等后续支出，应记入"管理费用"科目。乙公司应作如下会计处理：

借：管理费用　　　　　　　　　　　　　　　5 000
　　贷：应付职工薪酬　　　　　　　　　　　　　　5 000

7.6.5　固定资产的处置

企业在生产经营过程中，可能将不适用或不需用的固定资产对外出售转让，或因磨损、技术进步等原因对固定资产进行报废，或因遭受自然灾害而对毁损的固定资产进行处理。对于上述事项在进行会计核算时，应按规定程序办理有关手续，结转固定资产的账面价值，计算有关的清理收入、清理费用及残料价值等。

固定资产处置包括固定资产的出售、报废、毁损、对外投资、非货币性资产交换、债务重组等。处置固定资产应通过"固定资产清理"科目核算。具体环节如图7-62所示。

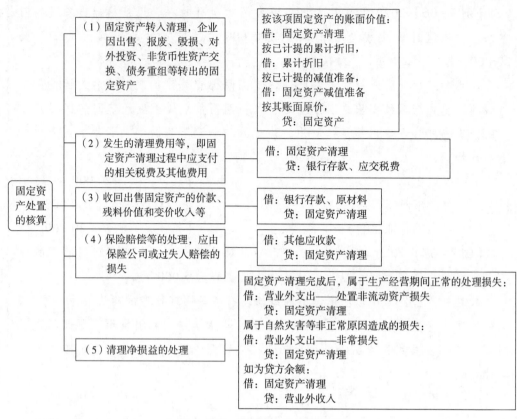

图 7-62　固定资产处置的核算

【例7-68】甲公司出售一座建筑物，原价为 2 000 000 元，已计提折旧 1 000 000 元，未计提减值准备，实际出售价格为 1 200 000 元，已通过银行收回价款。甲公司应作如下会计处理：

（1）将出售固定资产转入清理时：

借：固定资产清理　　　　　　　　　　　　　　　　1 000 000

　　累计折旧　　　　　　　　　　　　　　　　　　1 000 000

　　　贷：固定资产　　　　　　　　　　　　　　　　　　2 000 000

（2）收回出售固定资产的价款时：

借：银行存款　　　　　　　　　　　　　　　　　　1 200 000

　　　贷：固定资产清理　　　　　　　　　　　　　　　　1 200 000

（3）结转出售固定资产实现的利得时：

借：固定资产清理　　　　　　　　　　　　　　　　　　20 000

　　　贷：营业外收入——非流动资产处置利得　　　　　　　　20 000

【例7-69】乙公司现有一台设备由于性能等原因决定提前报废，原价为500 000元，已计提折旧450 000元，未计提减值准备。报废时的残值变价收入为20 000元，报废清理过程中发生清理费用3 500元。有关收入、支出均通过银行办理结算。乙公司应作如下会计处理：

（1）将报废固定资产转入清理时：

借：固定资产清理　　　　　　　　　　　　　　　　　　　50 000

　　累计折旧　　　　　　　　　　　　　　　　　　　　　450 000

　　　贷：固定资产　　　　　　　　　　　　　　　　　　　　　500 000

（2）收回残料变价收入时：

借：银行存款　　　　　　　　　　　　　　　　　　　　　20 000

　　　贷：固定资产清理　　　　　　　　　　　　　　　　　　　　20 000

（3）支付清理费用时：

借：固定资产清理　　　　　　　　　　　　　　　　　　　3 500

　　　贷：银行存款　　　　　　　　　　　　　　　　　　　　　3 500

（4）结转报废固定资产发生的净损失时：

借：营业外支出——非流动资产处置损失　　　　　　　　33 500

　　　贷：固定资产清理　　　　　　　　　　　　　　　　　　　33 500

【例7-70】丙公司因遭受水灾而毁损一座仓库，该仓库原价4 000 000元，已计提折旧1 000 000元，未计提减值准备。其残料估计价值50 000元，残料已办理入库。发生的清理费用20 000元，以现金支付。经保险公司核定应赔偿损失1 500 000元，尚未收到赔款。丙公司应如下会计处理：

（1）将毁损的仓库转入清理时：

借：固定资产清理　　　　　　　　　　　　　　　　　3 000 000

　　累计折旧　　　　　　　　　　　　　　　　　　　1 000 000

　　　贷：固定资产　　　　　　　　　　　　　　　　　　　4 000 000

（2）残料入库时：

借：原材料　　　　　　　　　　　　　　　　　　　　　50 000

　　　贷：固定资产清理　　　　　　　　　　　　　　　　　　　50 000

（3）支付清理费用时：

借：固定资产清理　　　　　　　　　　　　　　　　　　　20 000

　　　贷：库存现金　　　　　　　　　　　　　　　　　　　　　20 000

（4）确定应由保险公司理赔的损失时：

借：其他应收款　　　　　　　　　　　　　　　　　　1 500 000

　　贷：固定资产清理　　　　　　　　　　　　　　　　　　　1 500 000

（5）结转毁损固定资产发生的损失时：

借：营业外支出——非常损失　　　　　　　　　　　　　　　1 470 000

　　贷：固定资产清理　　　　　　　　　　　　　　　　　　　1 470 000

7.6.6　固定资产清查

　　企业应定期或者至少于每年年末对固定资产进行清查盘点，以保证固定资产核算的真实性，充分挖掘企业现有固定资产的潜力。在固定资产清查过程中，如果发现盘盈、盘亏的固定资产，应填制固定资产盘盈盘亏报告表。清查固定资产的损益，应及时查明原因，并按照规定程序报批处理。

（一）固定资产盘盈

　　企业在财产清查中盘盈的固定资产，作为前期差错处理。企业在财产清查中盘盈的固定资产，在按管理权限报经批准处理前应先通过"以前年度损益调整"科目核算。盘盈的固定资产，应按以下规定确定其入账价值，如图7-63所示。

图7-63　固定资产盘盈的处理

　　【例7-71】乙公司在财产清查过程中，发现一台未入账的设备，按同类或类似商品市场价格，减去按该项资产的新旧程度估计的价值损耗后的余额为30 000元（假定与其计税基础不存在差异）。根据《企业会计准则第28号——会计政策、会计估计变更和差错更正》规定，该盘盈固定资产作为前期差错进行处理。假定丁公司适用的所得税税率为33%，按净利润的10%计提法定盈余公积。丁公司应作如下会计处理：

（1）盘盈固定资产时：

借：固定资产　　　　　　　　　　　　　　　　　　　　　　30 000

　　贷：以前年度损益调整　　　　　　　　　　　　　　　　　30 000

（2）确定应交纳的所得税时：

借：以前年度损益调整　　　　　　　　　　　　　　　9 900

　　贷：应交税费——应交所得税　　　　　　　　　　　　　9 900

（3）结转为留存收益时：

借：以前年度损益调整　　　　　　　　　　　　　　　20 100

　　贷：盈余公积——法定盈余公积　　　　　　　　　　　　2 010

　　　　利润分配——未分配利润　　　　　　　　　　　　18 090

（二）固定资产盘亏

固定资产盘亏的处理如图 7－64 所示。

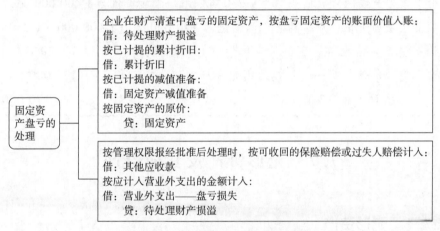

图7－64　固定资产盘亏的处理

【例 7－72】　乙公司进行财产清查时发现短缺一台笔记本电脑，原价为 10 000 元，已计提折旧 7 000 元。乙公司应作如下会计处理：

（1）盘亏固定资产时：

借：待处理财产损溢　　　　　　　　　　　　　　　3 000

　　累计折旧　　　　　　　　　　　　　　　　　　7 000

　　贷：固定资产　　　　　　　　　　　　　　　　　10 000

（2）报经批准转销时：

借：营业外支出——盘亏损失　　　　　　　　　　　　3 000

　　贷：待处理财产损溢　　　　　　　　　　　　　　　3 000

7.6.7 固定资产减值

固定资产在资产负债表日存在可能发生减值的迹象时，其可收回金额低于账面价值的，企业应当将该固定资产的账面价值减记至可收回金额，减记的金额确认为减值损失，计入当期损益，同时计提相应的资产减值准备，借记"资产减值损失——计提的固定资产减值准备"科目，贷记"固定资产减值准备"科目。固定资产减值损失一经确认，在以后会计期间不得转回。

【例7-73】2014年12月31日，丁公司的某生产线存在可能发生减值的迹象。经计算，该机器的可收回金额合计为1 230 000元，账面价值为1 400 000元，以前年度未对该生产线计提过减值准备。

由于该生产线的可收回金额为1 230 000元，账面价值为1 400 000元，可收回金额低于账面价值，应按两者之间的差额170 000元（1 400 000 - 1 230 000）计提固定资产减值准备。丁公司应作如下会计处理：

借：资产减值损失——计提的固定资产减值准备　　　170 000
　　贷：固定资产减值准备　　　　　　　　　　　　　　　　170 000

7.7　无形资产及其他资产

7.7.1　无形资产

（一）无形资产的概念和特征

无形资产是指企业拥有或者控制的没有实物形态的可辨认非货币性资产。无形资产具有三个主要特征，如图7-65所示。

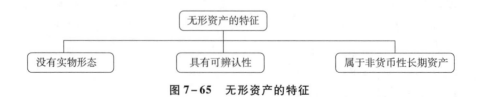

图7-65　无形资产的特征

（二）无形资产的确认

无形资产确认的条件如图7-66所示。

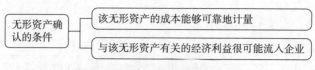

图 7-66 无形资产确认的条件

（三）无形资产的构成

无形资产主要包括专利权、非专利技术、商标权、著作权、土地使用权、特许权等，如图 7-67 所示。

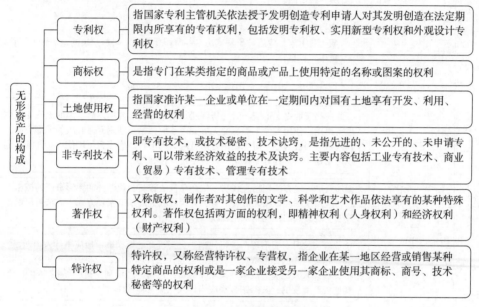

图 7-67 无形资产的构成

（四）无形资产的核算

为了核算无形资产的取得、摊销和处置等情况，企业应当设置"无形资产""累计摊销"等科目。

"无形资产"科目核算企业持有的无形资产成本，借方登记取得无形资产的成本，贷方登记出售无形资产转出的无形资产账面余额，期末借方余额，反映企业无形资产的成本。本科目应按无形资产项目设置明细账，进行明细核算。

"累计摊销"科目属于"无形资产"的调整科目，核算企业对使用寿命有限的无形资产计提的累计摊销，贷方登记企业计提的无形资产摊销，借方登记处置无形资产转出的累计摊销，期末贷方余额，反映企业无形资产的累计摊销额。

此外，企业无形资产发生减值的，还应当设置"无形资产减值准备"科目进行核算。

无形资产的核算如图 7 - 68 所示。

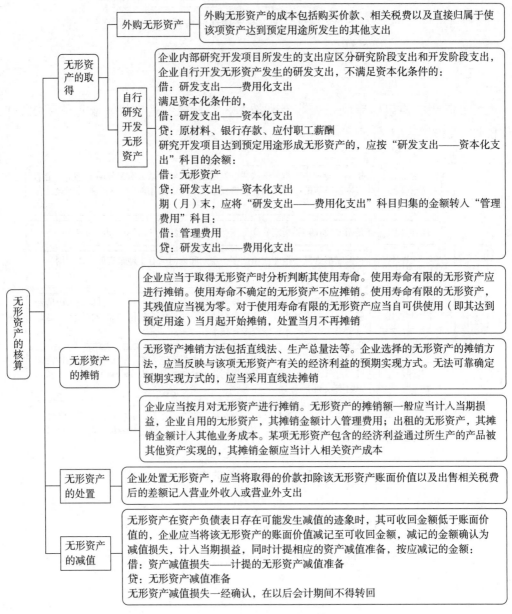

图 7 - 68 无形资产的核算

7.7.2 其他资产

其他资产是指除货币资金、交易性金融资产、应收及预付款项、存货、长期股权投资、固定资产、无形资产等以外的资产，如长期待摊费用等。

长期待摊费用是指企业已经发生但应由本期和以后各期负担的，分摊期限在一年以上的各项费用，如以经营租赁方式租入的固定资产发生的改良支出等。

【例7-74】2014年4月1日，丙公司对其以经营租赁方式新租入的办公楼进行装修，发生以下有关支出：须用生产用材料500 000元，购进该批原材料时支付的增值税进项税额为65 000元；辅助生产车间为该装修工程提供的劳务支出为180 000元；有关人员工资等职工薪酬435 000元。2014年12月1日，该办公楼装修完工，达到预定可使用状态并交付使用，并按租赁期10年开始进行摊销。假定不考虑其他因素，丙公司应作如下会计处理：

（1）装修领用原材料时：

借：长期待摊费用 565 000

　　贷：原材料 500 000

　　　　应交税费——应交增值税（进项税额转出） 65 000

（2）辅助生产车间为装修工程提供劳务时：

借：长期待摊费用 180 000

　　贷：生产成本——辅助生产成本 180 000

（3）确认工程人员职工薪酬时：

借：长期待摊费用 435 000

　　贷：应付职工薪酬 435 000

（4）2015年摊销装修支出时：

借：管理费用 11 800

　　贷：长期待摊费用 11 800

本章实操要点

1. 库存现金是企业流动性最强的资产。

2. 企业银行存款账面余额与银行对账单余额之间不一致的原因是存在未达账项，掌握未达账项的四种情况，会编制银行存款余额调节表。

3. 掌握交易性金融资产的初始计量和后续计量，以公允价值计入初始成本，交易费用计入当期损益。

4. 当期应计提的坏账准备 = 当期按应收款项计算应提坏账准备金额（或＋）贷方（或借方）余额 -"坏账准备"科目的坏账准备应提坏账准备金额（或＋）贷方（或借方）余额。

5. 存货成本的计价方法包括个别计价法、先进先出法、月末一次加权平均法和移动加权平均法等。

6. 长期股权投资是重点，掌握成本法、权益法的适用条件和账务处理。

7. 固定资产应当按月计提折旧，当月增加的固定资产，当月不计提折旧，从下月起计提折旧；当月减少的固定资产，当月仍计提折旧，从下月起不计提折旧。

8. 无形资产减值损失一经确认，在以后会计期间不得转回。

第八章

负 债

——帮助企业在负债融资中防范财务风险

 **内容概览**

　　负债是资产负债表的一个重要组成部分，企业在融资的过程中不免要依靠负债，在日常经营中也总是会产生一系列的应付款项。企业对于负债的管理好坏和清偿能力，决定着企业财务风险的规避，对企业健康、持续的经营起着至关重要的作用。

　　本章主要介绍流动负债和非流动负债的会计处理，在本章的学习中，我们将解决读者的以下的问题：

　　（1）短期借款利息、短期借款取得和偿还、应付票据、附有现金折扣的应付账款、企业冲销确实无法支付的应付账款、预收账款的会计处理分别是怎样的？

　　（2）应付职工薪酬的核算内容是什么？各项职工薪酬主要包含什么内容？确认应付职工薪酬和发放职工薪酬的会计处理是怎样的？应付职工薪酬计量中应注意的问题有哪些？

　　（3）应交税费的核算内容有哪些？一般纳税企业和小规模纳税企业的增值税、增值税进项税额转出、视同销售行为与购进货物改变用途时增值税、应交消费税的会计处理分别是怎样的？增值税、消费税等主要税费的内容是什么？其他应交税费的内容及主要会计处理是怎样的？

　　（4）应付利息和应付股利如何进行会计处理？应当注意哪些问题？其他应付款的会计处理是怎样的？

　　（5）怎样对长期借款进行会计处理？应付债券的发行价格如何确定？应付债券如何进行会计处理？

　　负债是指企业过去的交易或者事项形成的、预期会导致经济利益流出企业的现时义务。负债通常具有以下几个基本特征：①负债是基于企业过去的交易或事项而产生的。也就是说，导致负债的交易或事项必须已经发生，例如，企业向供应商购买货物会产生应付款（已经预付或是在交货时支付的款项除外），从银行借入款项则会产生偿还借款的义务等。企业正在筹划的未来交易或事项，如借款计划等，并不会产生负债。②负债是企业承担的现时义务，一般是由具有约束力的合同或因法定要求等而产生的。所谓现时义务，是指企业在现行条件下已承担的义务。未来发生的交易或者事项形成的义务不属于现时义务，因此也不属于负债。③负债的发生往往伴随着资产或劳务的取得，或者费用或损失的发生；并且负债通常需要在未来某一特定时日用资产或劳务来偿付。

　　负债按流动性分类，可分为流动负债和非流动负债。

8.1　流动负债

　　流动负债是指预计在一个正常营业周期中清偿，或者主要为交易目的而持有，或者自资产负债表日起一年内（含一年）到期应予以清偿，或者企业无权自主地将清偿推迟至资产负债表日后一年以上的负债。流动负债主要包括短期借款、应付票据、应付账款、预收账款、应付职工薪酬、应交税费、应付利息、应付股利、其他应付款等。

8.1.1　短期借款

　　短期借款是指企业向银行或其他金融机构等借入的期限在一年以下（含一年）的各种借款，通常是为了满足正常生产经营的需要。无论借入款项的来源如何，企业均需要向债权人按期偿还借款的本金及利息。在会计核算上，企业要及时如实地反映短期借款的借入、利息的发生和本金及利息的偿还情况。

　　企业应通过"短期借款"科目，核算短期借款的取得及偿还情况。如图 8 - 1 所示。

短期借款的核算

- 企业从银行或其他金融机构取得短期借款时：
  借：银行存款
  　　贷：短期借款
- 在实际工作中，银行一般于每季度末收取短期借款利息，为此，企业的短期借款利息一般采用月末预提的方式进行核算。短期借款利息属于筹资费用，应记入“财务费用”科目。
  企业应当在资产负债表日按照计算确定的短期借款利息费用：
  借：财务费用
  　　贷：应付利息
  实际支付利息时，根据已预提的利息：
  借：应付利息
  根据应计利息：
  借：财务费用
  根据应付利息总额：
  　　贷：银行存款
- 企业短期借款到期偿还本金时：
  借：短期借款
  　　贷：银行存款
- 该科目贷方登记取得借款的本金数额，借方登记偿还借款的本金数额，余额在贷方，表示尚未偿还的短期借款。本科目可按借款种类、贷款人和币种进行明细核算

图 8－1　当期借款的核算

【例 8－1】 A 股份有限公司于 2020 年 1 月 1 日向银行借入一笔生产经营用短期借款，共计 120 000 元，期限为 9 个月，年利率为 8%。根据与银行签署的借款协议，该项借款的本金到期后一次归还；利息分月预提，按季支付。A 股份有限公司的有关会计处理如下：

（1）1 月 1 日借入短期借款时：

借：银行存款	120 000	
贷：短期借款		120 000

（2）1 月末，计提 1 月份应计利息时：

借：财务费用	800	
贷：应付利息		800

本月应计提的利息金额 = 120 000 × 8% ÷ 12 = 800（元）

本例中，短期借款利息 800 无属于企业的筹资费用，应记入“财务费用”科目。

2 月末计提 2 月份利息费用的处理与 1 月份相同。

（3）3 月末支付第一季度银行借款利息时：

借：财务费用	800	
应付利息	1 600	
贷：银行存款		2 400

本例中，1 月至 2 月已经计提的利息为 1 600 元，应借记"应付利息"科目，3 月份应当计提的利息为 800 元，应借记"财务费用"科目；实际支付利息 2 400 元，贷记"银行存款"科目。

第二、三季度的会计处理同上。

（4）10 月 1 日偿还银行借款本金时：

借：短期借款　　　　　　　　　　　　　　　　　　120 000
　　贷：银行存款　　　　　　　　　　　　　　　　　　120 000

如果上述借款期限是 8 个月，则到期日为 9 月 1 日，8 月末之前的会计处理与上述相同。9 月 1 日偿还银行借款本金，同时支付 7 月和 8 月已提未付利息：

借：短期借款　　　　　　　　　　　　　　　　　　120 000
　　应付利息　　　　　　　　　　　　　　　　　　　　1 600
　　贷：银行存款　　　　　　　　　　　　　　　　　　121 600

8.1.2　应付票据

应付票据是指企业因购买材料、商品和接受劳务供应等而开出承兑的商业汇票，包括商业承兑汇票和银行承兑汇票。企业应当设置"应付票据备查簿"，详细登记商业汇票的种类、号数和出票日期、到期日、票面余额、交易合同号和收款人姓名或单位名称以及付款日期和金额等资料。应付票据到期结清时，应当在备查簿内予以注销。

企业应通过"应付票据"科目，核算应付票据的发生、偿付等情况。该科目贷方登记开出承兑汇票的面值及带息票据的预提利息，借方登记支付票据的金额，余额在贷方，表示企业尚未到期的商业汇票的票面金额。

通常而言，商业汇票的付款期限不超过六个月，因此在会计上应作为流动负债管理和核算。同时，由于应付票据的偿付时间较短，在会计实务中，一般均按照开出承兑的应付票据的面值入账。应付票据的核算如图 8-2 所示。

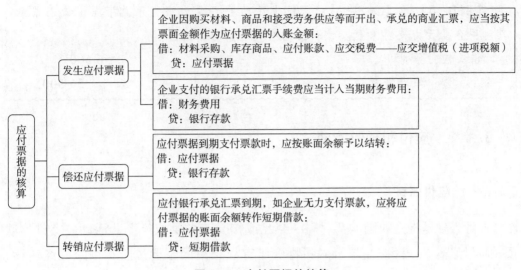

图8-2 应付票据的核算

【例8-2】甲企业为增值税一般纳税人。该企业于2020年2月6日开出一张面值为56 500元、期限5个月的不带息商业汇票,用以采购一批材料。增值税专用发票上注明的材料价款为50 000元,增值税额为6 500元。该企业的有关会计分录如下:

借:材料采购　　　　　　　　　　　　　　　　　　　50 000

　　应交税费——应交增值税(进项税额)　　　　　　6 500

　　贷:应付票据　　　　　　　　　　　　　　　　　　　56 500

企业因购买材料、商品和接受劳务供应等而开出承兑商业汇票时,所支付的银行承兑汇票手续费应当计入财务费用。

【例8-3】承【例8-2】,假设上例中的商业汇票为银行承兑汇票,甲企业已交纳承兑手续费29.25元。该企业的有关会计分录如下:

借:财务费用　　　　　　　　　　　　　　　　　　　29.25

　　贷:银行存款　　　　　　　　　　　　　　　　　　　29.25

【例8-4】承【例8-2】,2020年7月6日,甲企业于2月6日开出的商业汇票到期。甲企业通知其开户银行以银行存款支付票款。该企业的有关会计分录如下:

借:应付票据　　　　　　　　　　　　　　　　　　　56 500

　　贷:银行存款　　　　　　　　　　　　　　　　　　　56 500

【例8-5】承【例8-2】，假设上述商业汇票为银行承兑汇票，该汇票到期时甲企业无力支付票款。该企业的有关会计分录如下：

借：应付票据   56 500

　　贷：短期借款   56 500

8.1.3 应付和预收款项

（一）应付账款

应付账款是指企业因购买材料、商品或接受劳务供应等经营活动应支付的款项。应付账款，一般应在与所购买物资所有权相关的主要风险和报酬已经转移，或者所购买的劳务已经接受时确认。

企业应通过"应付账款"科目，核算应付账款的发生、偿还、转销等情况。该科目贷方登记企业购买材料、商品和接受劳务等而发生的应付账款，借方登记偿还的应付账款，或开出商业汇票抵付应付账款的款项，或已冲销的无法支付的应付账款，余额一般在贷方，表示企业尚未支付的应付账款余额。本科目一般应按照债权人设置明细科目进行明细核算。应付账款的核算如图8-3所示。

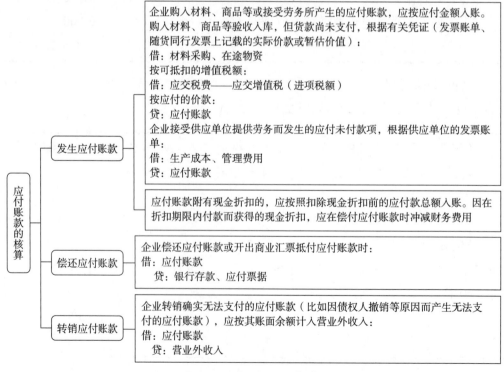

图8-3　应付账款的核算

【例8－6】甲企业为增值税一般纳税人。2020年3月1日，甲企业从A公司购入一批材料，货款100 000元，增值税13 000元，对方代垫运杂费1 000元。材料已运到并验收入库（该企业材料按实际成本计价核算），款项尚未支付。甲企业的有关会计分录如下：

借：材料采购　　　　　　　　　　　　　　　　　　101 000

应交税费——应交增值税（进项税额）　　　　　 13 000

　　贷：应付账款——A公司　　　　　　　　　　　　　 114 000

【例8－7】乙百货商场于2020年4月2日，从A公司购入一批家电产品并已验收入库。增值税专用发票上列明，该批家电的价款为100万元，增值税为13万元。按照购货协议的规定，乙百货商场如在15天内付清货款，将获得1%的现金折扣（假定计算现金折扣时需考虑增值税）。乙百货商场的有关会计分录如下：

借：库存商品　　　　　　　　　　　　　　　　　1 000 000

应交税费——应交增值税（进项税额）　　　　　130 000

　　贷：应付账款——A公司　　　　　　　　　　　　 1 130 000

本例中，乙百货商场对A公司的应付账款附有现金折扣，应按照扣除现金折扣前的应付款总额1 130 000元记入"应付账款"科目。

【例8－8】根据供电部门通知，丙企业本月应支付电费48 000元。其中生产车间电费32 000元，企业行政管理部门电费16 000元，款项尚未支付。丙企业的有关会计分录如下：

借：制造费用　　　　　　　　　　　　　　　　　　32 000

管理费用　　　　　　　　　　　　　　　　　　16 000

　　贷：应付账款——××电力公司　　　　　　　　　　 48 000

【例8－9】承【例8－6】，3月31日，甲企业用银行存款支付上述应付账款。该企业的有关会计分录如下：

借：应付账款——A公司　　　　　　　　　　　　　114 000

　　贷：银行存款　　　　　　　　　　　　　　　　　 114 000

【例8－10】承【例8－7】，乙百货商场于2020年4月10日，按照扣除现金折扣后的金额，用银行存款付清了所欠A公司货款。乙百货商场的有关会计分录如下：

借：应付账款——A公司　　　　　　　　　　　　1130 000
　　贷：银行存款　　　　　　　　　　　　　　　　1 118 700
　　　　财务费用　　　　　　　　　　　　　　　　　　11 300

本例中，乙百货商场在4月10日（即购货后的第8天）付清所欠A公司的货款，按照购货协议可以获得现金折扣。乙百货商场获得的现金折扣 = 1 130 000 × 1% = 11 300（元），实际支付的货款 = 1 130 000 − 1130 000 × 1% = 1 118 700（元）。

因此，乙百货商场应付账款总额1 130 000元，应借记"应付账款"科目；获得的现金折扣11 300元，应冲减财务费用，贷记"财务费用"科目，实际支付的货款1 118 700元，应贷记"银行存款"科目。

【例8-11】2020年12月31日，丁企业确定一笔应付账款4 000元为无法支付的款项，应予转销。该企业的有关会计分录如下：

借：应付账款　　　　　　　　　　　　　　　　　　4 000
　　贷：营业外收入——其他　　　　　　　　　　　　4 000

本例中，丁企业转销确实无法支付的应付账款4 000元，应按其账面余额计入"营业外收入——其他"科目。

（二）预收账款

预收账款是指企业按照合同规定向购货单位预收的款项。与应付账款不同，预收账款所形成的负债不是以货币偿付，而是以货物偿付。有些购销合同规定，销货企业可向购货企业预先收取一部分货款，待向对方发货后再收取其余货款。企业在发货前收取的货款，表明了企业承担了会在未来导致经济利益流出企业的应履行的义务，就成为企业的一项负债。

企业应通过"预收账款"科目，核算预收账款的取得、偿付等情况。该科目贷方登记发生的预收账款的数额和购货单位补付账款的数额，借方登记企业向购货方发货后冲销的预收账款数额和退回购货方多付账款的数额。核算如图8-4所示。

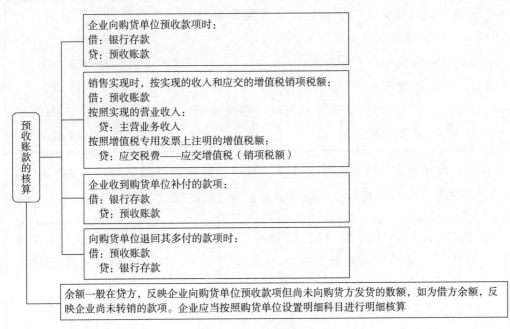

图 8-4 预收账款的核算

【例 8-12】D 公司为增值税一般纳税人。2020 年 6 月 3 日，D 公司与甲企业签订供货合同，向其出售一批设备，货款金额共计 100 000 元，应交纳增值税 13 000 元。根据购货合同规定，甲企业在购货合同签订一周内，应当向 D 公司预付货款 60 000 元，剩余货款在交货后付清。2020 年 6 月 8 日，D 公司收到甲企业交来的预付款 60 000 元并存入银行，6 月 18 日 D 公司将货物发到甲企业并开出增值税发票，甲企业验收合格后付清了剩余货款。D 公司的有关会计处理如下：

（1）6 月 8 日收到甲企业交来预付款 60 000 元：

借：银行存款   60 000

　　贷：预收账款——甲企业   60 000

（2）6 月 18 日 D 公司发货后收到甲企业剩余货款：

借：预收账款——甲企业   113 000

　　贷：主营业务收入   100 000

　　　　应交税费——应交增值税（销项税额）   13 000

借：银行存款   53 000

　　贷：预收账款——甲企业   53 000

甲企业补付的货款 = 113 000 - 60 000 = 53 000（元）

　　本例中，假若 D 公司只能向甲企业供货 40 000 元，则 D 公司应退回预收款 14 800 元，有关会计分录如下：

借：预收账款——甲企业　　　　　　　　　　　　　　 60 000
　　贷：主营业务收入　　　　　　　　　　　　　　　　 40 000
　　　　应交税费——应交增值税（销项税额）　　　　　 5200
　　　　银行存款　　　　　　　　　　　　　　　　　　 14 800

　　此外，在预收账款核算中值得注意的是，企业预收账款情况不多的，也可不设"预收账款"科目，将预收的款项直接记入"应收账款"科目的贷方。

　　【例 8-13】 以【例 8-12】的资料为例，假设 D 公司不设置"预收账款"科目，通过"应收账款"科目核算有关业务。D 公司的有关会计处理如下：

（1）6 月 8 日收到甲企业交来预付款 60 000 元：

借：银行存款　　　　　　　　　　　　　　　　　　　 60 000
　　贷：应收账款——甲企业　　　　　　　　　　　　　 60 000

（2）6 月 18 日 D 公司发货后收到甲企业剩余货款：

借：应收账款——甲企业　　　　　　　　　　　　　　 113 000
　　贷：主营业务收入　　　　　　　　　　　　　　　　 100 000
　　　　应交税费——应交增值税（销项税额）　　　　　 13 000
借：银行存款　　　　　　　　　　　　　　　　　　　 53 000
　　贷：应收账款——甲企业　　　　　　　　　　　　　 53 000

8.1.4　应付职工薪酬

（一）应付职工薪酬核算的内容

　　应付职工薪酬是指企业根据有关规定应付给职工的各种薪酬，包括职工工资、奖金、津贴和补贴，职工福利费，医疗、养老、失业、工伤、生育等社会保险费，住房公积金，工会经费，职工教育经费，非货币性福利等因职工提供服务而产生的义务。从广义上讲，职工薪酬是企业必须付出的人力成本，是吸引和激励职工的重要手段，也就是说，职工薪酬既是职工对企业投入劳动获得的报酬，也是企业的成本费用。具体而言，职工薪酬主要内容如图 8-5 所示。

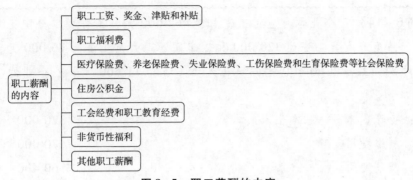

图 8-5 职工薪酬的内容

（二）应付职工薪酬的核算

企业应当通过"应付职工薪酬"科目，核算应付职工薪酬的提取、结算、使用等情况。该科目贷方登记已分配计入有关成本费用项目的职工薪酬的数额，借方登记实际发放职工薪酬的数额；该科目期末贷方余额，反映企业应付未付的职工薪酬。"应付职工薪酬"科目应当按照"工资""职工福利""社会保险费""住房公积金""工会经费""职工教育经费""非货币性福利"等应付职工薪酬项目设置明细科目，进行明细核算。外商投资企业按规定从净利润中提取的职工奖励及福利基金，也在本科目核算。

1. 确认应付职工薪酬

（1）货币性职工薪酬。企业应当在职工为其提供服务的会计期间，根据职工提供服务的受益对象，将应确认的职工薪酬（包括货币性薪酬和非货币性福利）计入相关资产成本或当期损益，同时确认为应付职工薪酬。具体分别以下情况进行处理，如图 8-6 所示。

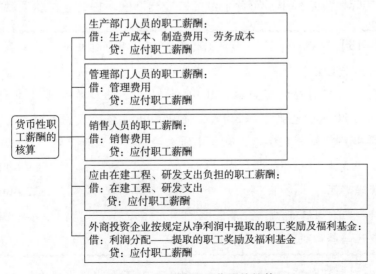

图 8-6 货币性职工薪酬的核算

【例8-14】 乙企业本月应付工资总额462 000元，工资费用分配汇总表中列示的产品生产人员工资为320 000元，车间管理人员工资为70 000元，企业行政管理人员工资为60 400元，销售人员工资为11 600元。乙企业的有关会计分录如下：

借：生产成本——基本生产成本　　　　　　　　　　320 000
　　制造费用　　　　　　　　　　　　　　　　　　70 000
　　管理费用　　　　　　　　　　　　　　　　　　60 400
　　销售费用　　　　　　　　　　　　　　　　　　11 600
　　贷：应付职工薪酬——工资　　　　　　　　　　　　462 000

本例中，根据不同职工提供服务的受益对象不同，产品生产人员工资320 000元应记入"生产成本——基本生产成本"科目，车间管理人员工资70 000元应记入"制造费用"科目，行政管理人员工资60 400元应记入"管理费用"科目，销售人员工资11 600元应记入"销售费用"科目。

企业在计量应付职工薪酬时，应当注意是否国家有相关的明确计提标准加以区别处理：一般而言，企业应向社会保险经办机构（或企业年金基金账户管理人）缴纳的医疗保险费、养老保险费、失业保险费、工伤保险费、生育保险费等社会保险费，应向住房公积金管理中心缴存的住房公积金，以及应向工会部门缴纳的工会经费等，国家（或企业年金计划）统一规定了计提基础和计提比例，应当按照国家规定的标准计提；而职工福利费等职工薪酬，国家（或企业年金计划）没有明确规定计提基础和计提比例，企业应当根据历史经验数据和实际情况，合理预计当期应付职工薪酬。当期实际发生金额大于预计金额的，应当补提应付职工薪酬；当期实际发生金额小于预计金额的，应当冲回多提的应付职工薪酬。

【例8-15】 丙企业下设一所职工食堂，每月根据在岗职工数量及岗位分布情况、相关历史经验数据等计算需要补贴食堂的金额，从而确定企业每期因职工食堂而需要承担的福利费金额。2014年11月，企业在岗职工共计100人，其中管理部门20人，生产车间80人，企业的历史经验数据表明，对于每个职工企业每月需补贴食堂120元。丙企业的有关会计分录如下：

借：生产成本　　　　　　　　　　　　　　　　　9 600
　　管理费用　　　　　　　　　　　　　　　　　2 400
　　贷：应付职工薪酬——职工福利　　　　　　　　　12 000

丙企业应当提取的职工福利 = 120 × 100 = 12 000（元）

其中，生产车间职工相应的福利费9 600元应记入"生产成本"科目，管理部门职工相应的福利费2 400元应记入"管理费用"科目。

【例8-16】根据国家规定的计提标准计算，甲企业本月应向社会保险经办机构缴纳职工基本养老保险费共计64 680元，其中，应计入基本生产车间生产成本的金额为44 800元，应计入制造费用的金额为9 800元，应计入管理费用的金额为10 080元。甲企业的有关会计处理如下：

借：生产成本——基本生产成本   44 800
  制造费用   9 800
  管理费用   10 080
  贷：应付职工薪酬——社会保险费（基本养老保险） 64 680

（2）非货币性职工薪酬

非货币性职工薪酬的核算如图8-7所示。

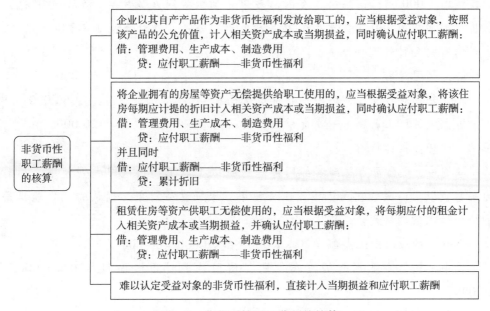

图8-7 非货币性职工薪酬的核算

【例8-17】B公司为小家电生产企业，共有职工200名，其中170名为直接参加生产的职工，30名为总部管理人员。2019年2月，B公司以其生产的每台成本为900元的电暖器作为春节福利发放给公司每名职工。该型号的电暖器市场售价为每台1 000元，B公司适用的增值税税率为13%。B公司的有关会计处理如下：

借：生产成本　　　　　　　　　　　　　　　　192 100

　　管理费用　　　　　　　　　　　　　　　　 33 900

　　贷：应付职工薪酬——非货币性福利　　　　　　 226 000

本例中，应确认的应付职工薪酬 = 200 × 1 000 × 13% + 200 × 1 000 = 226 000（元）

其中：应记入"生产成本"科目的金额 = 170 × 1 000 × 13% + 170 × 1 000 = 192 100（元）

总记入"管理费用"科目的金额 = 30 × 1 000 × 13% + 30 × 1 000 = 33 900（元）

【例8-18】C公司为总部各部门经理级别以上职工提供汽车免费使用，同时为副总裁以上高级管理人员每人租赁一套住房。C公司总部共有部门经理以上职工20名，每人提供一辆桑塔纳汽车免费使用，假定每辆桑塔纳汽车每月计提折旧1 000元；该公司共有副总裁以上高级管理人员5名，公司为其每人租赁一套面积为200平方米带有家具和电器的公寓，月租金为每套8 000元。C公司的有关会计处理如下：

借：管理费用　　　　　　　　　　　　　　　　 60 000

　　贷：应付职工薪酬——非货币性福利　　　　　　 60 000

借：应付职工薪酬——非货币性福利　　　　　　 20 000

　　贷：累计折旧　　　　　　　　　　　　　　　 20 000

本例中，C公司为总部各部门经理级别以上职工提供汽车免费使用，同时为副总裁以上高级管理人员租赁住房使用，根据受益对象，确认的应付职工薪酬应当计入管理费用。

应确认的应付职工薪酬 = 20 × 1 000 + 5 × 8 000 = 60 000（元）

其中，提供企业拥有的汽车供职工使用的非货币性福利 = 20 × 1 000 = 20 000（元）

租赁住房供职工使用的非货币性福利 = 5 × 8 000 = 40 000（元）

此外，C公司将其拥有的汽车无偿提供给职工使用的，还应当按照该部分非货币性福利20 000元，借记"应付职工薪酬——非货币性福利"科目，贷记"累计折旧"科目。

发放职工薪酬

发放职工薪酬的核算如图8-8所示。

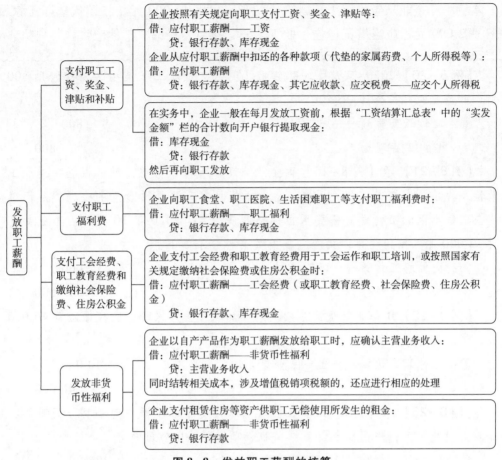

图 8-8 发放职工薪酬的核算

【例 8-19】 A 企业根据"工资结算汇总表"结算本月应付职工工资总额 462 000 元，代扣职工房租 40 000 元，企业代垫职工家属医药费 2 000 元，实发工资 420 000 元。A 企业的有关会计处理如下：

（1）向银行提取现金：

借：库存现金   420 000

    贷：银行存款   420 000

（2）发放工资，支付现金：

借：应付职工薪酬——工资   420 000

    贷：库存现金   420 000

（3）代扣款项：

借：应付职工薪酬——工资   42 000

    贷：其他应收款——职工房租   40 000

           ——代垫医药费   2 000

本例中，企业从应付职工薪酬中代扣职工房租 40 000 元、扣还代垫职工家属医药费 2 000 元，应当借记"应付职工薪酬"科目，贷记"其他应收款"科目。

【例 8-20】2020 年 9 月，甲企业以现金支付职工张某生活困难补助 800 元。甲企业的有关会计分录如下：

借：应付职工薪酬——职工福利   800

    贷：库存现金   800

【例 8-21】承【例 8-15】丙企业下设一所职工食堂，每月根据在岗职工数量及岗位分布情况、相关历史经验数据等计算需要补贴食堂的金额，从而确定企业每期因职工食堂而需要承担的福利费金额。2020 年 10 月，丙企业共支付 12 000 元补贴给食堂。丙企业的有关会计分录如下：

借：应付职工薪酬——职工福利   12 000

    贷：库存现金   12 000

【例 8-22】B 企业以银行存款缴纳参加职工医疗保险的医疗保险费 40 000 元，B 企业的有关会计分录如下：

借：应付职工薪酬——社会保险费   40 000

    贷：银行存款   40 000

【例 8-23】承【例 8-17】B 公司向职工发放电暖器作为福利，同时要根据相关税收规定，视同销售计算增值税销项税额。B 公司的有关会计处理如下：

借：应付职工薪酬——非货币性福利   226 000

    贷：主营业务收入   200 000

        应交税费——应交增值税（销项税额）   26 000

借：主营业务成本   180 000

    贷：库存商品——电暖器   180 000

B 公司应确认的主营业务收入 = 200 × 1 000 = 200 000（元）

B 公司应确认的增值税销项税额 = 200 × 1 000 × 13% = 26 000（元）

B 公司应结转的销售成本 = 200 × 900 = 180 000（元）

【例 8-24】承【例 8-18】C 公司每月支付副总裁以上高级管理人员住房租金时，应进行如下会计处理：

借：应付职工薪酬——非货币性福利   40 000

    贷：银行存款   40 000

企业支付租赁住房供职工无偿使用所发生的租金 40 000 元，应借记"应付职工薪酬——非货币性福利"科目，贷记"银行存款"等科目。

8.1.5　应交税费

企业根据税法规定应交纳的各种税费包括：增值税、消费税、城市维护建设税、资源税、所得税、土地增值税、房产税、车船使用税、土地使用税、教育费附加、矿产资源补偿费、印花税、耕地占用税等。

企业应通过"应交税费"科目，总括反映各种税费的交纳情况，并按照应交税费项目进行明细核算。该科目贷方登记应交纳的各种税费等，借方登记实际交纳的税费；期末余额一般在贷方，反映企业尚未交纳的税费，期末余额如在借方，反映企业多交或尚未抵扣的税费。企业交纳的印花税、耕地占用税等不需要预计应交数的税金，不通过"应交税费"科目核算。

（一）应交增值税

1. 增值税概述

增值税是指对我国境内销售货物、进口货物，或提供加工、修理修配劳务的增值额征收的一种流转税。增值税的纳税人是在我国境内销售货物、进口货物，或提供加工、修理修配劳务的单位和个人。按照纳税人的经营规模及会计核算的健全程度，增值税纳税人分为一般纳税人和小规模纳税人。一般纳税人应纳增值税额，根据当期销项税额减去当期进项税额计算确定；小规模纳税人应纳增值税额，按照销售额和规定的征收率计算确定。

按照《中华人民共和国增值税暂行条例》规定，企业购入货物或接受应税劳务支付的增值税（即进项税额），可从销售货物或提供劳务按规定收取的增值税（即销项税额）中抵扣。准予从销项税额中抵扣的进项税额通常包括：①从销售方取得的增值税专用发票上注明的增值税额；②从海关取得的完税凭证上注明的增值税额。

2. 一般纳税企业的核算

为了核算企业应交增值税的发生、抵扣、交纳、退税及转出等情况，应在"应交税费"科目下设置"应交增值税"明细科目，并在"应交增值税"明细账内设置"进项税额""已交税金""销项税额""出口退税""进项税额转出"等专栏。一般纳税企业的核算如图8-9所示。

采购物资和接受应税劳务
: 企业从国内采购物资或接受应税劳务等，根据增值税专用发票上记载的应计入采购成本或应计入加工、修理修配等物资成本的金额：
借：材料采购、在途物资、原材料、库存商品或生产成本、制造费用、委托加工物资、管理费用
根据增值税专用发票上注明的可抵扣的增值税税额：
借：应交税费——应交增值税（进项税额）
按照应付或实际支付的总额：
　　贷：应付账款、应付票据、银行存款
购入货物发生的退货，作相反的会计分录

按照增值税暂行条例，企业购入免征增值税货物，一般不能够抵扣增值税销项税额。但是对于购入的免税农产品，可以按照买价和规定的扣除率计算进项税额，并准予从企业的销项税额中抵扣。企业购入免税农产品，按照买价和规定的扣除率计算进项税额：
借：应交税费——应交增值税（进项税额）
按买价扣除按规定计算的进项税额后的差额：
借：材料采购、原材料、库存商品
按照应付或实际支付的价款：
　　贷：应付账款、银行存款

进项税额转出
: 企业购进的货物发生非常损失，以及将购进货物改变用途（如用于非应税项目、集体福利或个人消费等），其进项税额应通过"应交税费——应交增值税（进项税额转出）"科目转入有关科目：
借：待处理财产损溢、在建工程、应付职工薪酬
　　贷：应交税费——应交增值税（进项税额转出）
属于转作待处理财产损失的进项税额，应与遭受非常损失的购进货物、在产品或库存商品的成本一并处理

销售物资或者提供应税劳务
: 企业销售货物或者提供应税劳务，按照营业收入和应收取的增值税税额：
借：应收账款、应收票据、银行存款
按专用发票上注明的增值税税额：
　　贷：应交税费——应交增值税（销项税额）
按照实现的营业收入：
　　贷：主营业务收入、其他业务收入
发生的销售退回，作相反的会计分录

视同销售行为
: 企业的有些交易和事项从会计角度看不属于销售行为，不能确认销售收入，但是按照税法规定，应视同对外销售处理，计算应交增值税。视同销售需要交纳增值税的事项如企业将自产或委托加工的货物用于非应税项目、集体福利或个人消费，将自产、委托加工或购买的货物作为投资、分配给股东或投资者、无偿赠送他人等。在这些情况下，企业应当：
借：在建工程、长期股权投资、营业外支出
　　贷：应交税费——应交增值税（销项税额）

出口退税
: 企业出口产品按规定退税的，按应收的出口退税额：
借：其他应收款
　　贷：应交税费——应交增值税（出口退税）

交纳增值税
: 企业交纳的增值税：
借：应交税费——应交增值税（已交税金）
　　贷：银行存款
"应交税费——应交增值税"科目的贷方余额，表示企业应纳的增值税

图 8-9　一般纳税企业的核算

【例8-25】甲企业购入原材料一批,增值税专用发票上注明货款60 000元,增值税额7 800元,货物尚未到达,货款和进项税款已用银行存款支付。该企业采用计划成本对原材料进行核算。甲企业的有关会计分录如下:

借:材料采购   60 000
　　应交税费——应交增值税(进项税额)   7 800
　　贷:银行存款   67 800

【例8-26】A商场购入免税农产品一批,价款100 000元,规定的扣除率为9%,货物尚未到达,货款已用银行存款支付。A企业的有关会计分录如下:

借:材料采购   91 000
　　应交税费——应交增值税(进项税额)   9 000
　　贷:银行存款   100 000

进项税额 = 购买价款 × 扣除率 = 100 000 × 9% = 9 000(元)

企业购进固定资产所支付的不可抵扣的增值税额,应计入固定资产的成本;企业购进的货物用于非应税项目,其所支付的增值税额应计入购入货物的成本。

【例8-27】B企业购入不需要安装设备一台,价款及运输保险等费用合计300 000元,增值税专用发票上注明的增值税额39 000元,款项尚未支付。B企业的有关会计分录如下:

借:固定资产   339 000
　　贷:应付账款   339 000

本例中,企业购进固定资产所支付的增值税额39 000元,应计入固定资产的成本。

【例8-28】C企业购入基建工程所用物资一批,价款及运输保险等费用合计100 000元,增值税专用发票上注明的增值税额13 000元,物资已验收入库,款项尚未支付。C企业的有关会计分录如下:

借:工程物资   113 000
　　贷:应付账款   113 000

本例中,企业购进的货物用于非应税项目所支付的增值税额13 000元,应计入购入货物的成本。

【例 8-29】D 企业生产车间委托外单位修理机器设备，对方开来的专用发票上注明修理费用 10 000 元，增值税额 1 300 元，款项已用银行存款支付。D 企业的有关会计分录如下：

借：制造费用　　　　　　　　　　　　　　　　　　　10 000
　　应交税费——应交增值税（进项税额）　　　　　　　 1 300
　　贷：银行存款　　　　　　　　　　　　　　　　　　　　11 300

【例 8-30】E 企业库存材料因意外火灾毁损一批，有关增值税专用发票确认的成本为 10 000 元，增值税额 1 300 元。E 企业的有关会计分录如下：

借：待处理财产损溢——待处理流动资产损溢　　　　　11 300
　　贷：原材料　　　　　　　　　　　　　　　　　　　　10 000
　　　　应交税费——应交增值税（进项税额转出）　　　　 1 300

【例 8-31】F 企业因火灾毁损库存商品一批，其实际成本 80 000 元，经确认损失外购材料的增值税 10 400 元。F 企业的有关会计分录如下：

借：待处理财产损溢——待处理流动资产损溢　　　　　90 400
　　贷：库存商品　　　　　　　　　　　　　　　　　　　80 000
　　　　应交税费——应交增值税（进项税额转出）　　　　10 400

【例 8-32】G 企业建造厂房领用生产用原材料 50 000 元，原材料购入时支付的增值税为 6 500 元。G 企业的有关会计分录如下：

借：在建工程　　　　　　　　　　　　　　　　　　　56 500
　　贷：原材料　　　　　　　　　　　　　　　　　　　　50 000
　　　　应交税费——应交增值税（进项税额转出）　　　　 6 500

【例 8-33】H 企业所属的职工医院维修领用原材料 5 000 元，其购入时支付的增值税为 650 元。H 企业的有关会计分录如下：

借：应付职工薪酬——职工福利　　　　　　　　　　　 5 650
　　贷：原材料　　　　　　　　　　　　　　　　　　　　 5 000
　　　　应交税费——应交增值税（进项税额转出）　　　　　 650

【例 8-34】K 企业销售产品一批，价款 500 000 元，按规定应收取增值税额 65 000 元，提货单和增值税专用发票已交给买方，款项尚未收到。K 企业的有关会计分录如下：

借：应收账款　　　　　　　　　　　　　　　　　　　565 000
　　贷：主营业务收入　　　　　　　　　　　　　　　　　500 000
　　　　应交税费——应交增值税（销项税额）　　　　　　65 000

【例 8-35】 M 企业为外单位代加工电脑桌 400 个，每个收取加工费 100元，适用的增值税税率为 13%，加工完成，款项已收到并存入银行。M 企业的有关会计分录如下：

借：银行存款　　　　　　　　　　　　　　　　　45 200
　　贷：主营业务收入　　　　　　　　　　　　　　40 000
　　　　应交税费——应交增值税（销项税额）　　　5 200

此外，企业将自产、委托加工或购买的货物分配给股东，应当参照企业销售物资或者提供应税劳务进行会计处理。

【例 8-36】 N 企业将自己生产的产品用于自行建造职工俱乐部。该批产品的成本为 200 000 元，计税价格为 300 000 元。增值税税率为 13%。N 企业的有关会计分录如下：

借：在建工程　　　　　　　　　　　　　　　　226 000
　　贷：库存商品　　　　　　　　　　　　　　　200 000
　　　　应交税费——应交增值税（销项税额）　　26 000

企业在建工程领用自己生产的产品的销项税额 = 300 000 × 13% = 39 000（元）

【例 8-37】 某企业以银行存款交纳本月增值税 100 000 元。该企业的有关会计分录如下：

借：应交税费——应交增值税（已交税金）　　　100 000
　　贷：银行存款　　　　　　　　　　　　　　　100 000

【例 8-38】 某企业本月发生销项税额合计 84 770 元，进项税额转出24 578 元，进项税额 20 440 元，已交增值税 60 000 元。

该企业本月"应交税费——应交增值税"科目的余额为：

84 770 + 24 578 - 20 440 - 60 000 = 28 908（元）

该金额在贷方，表示企业尚未交纳增值税 28 908 元。

3. 小规模纳税企业的核算

小规模纳税企业应当按照不含税销售额和规定的增值税征收率计算交纳增值税，销售货物或提供应税劳务时只能开具普通发票，不能开具增值税专用发票。小规模纳税企业不享有进项税额的抵扣权，其购进货物或接受应税劳务支付的增值税直接计入有关货物或劳务的成本，小规模纳税企业的核算如图 8-10 所示。

小规模纳税企业的核算

小规模纳税企业只需在"应交税费"科目下设置"应交增值税"明细科目，不需要在"应交增值税"明细科目中设置专栏，"应交税费——应交增值税"科目贷方登记应交纳的增值税，借方登记已交纳的增值税；期末贷方余额为尚未交纳的增值税，借方余额为多交纳的增值税

小规模纳税企业购进货物和接受应税劳务时支付的增值税，直接计入有关货物和劳务的成本：
借：材料采购、在途物资
　　贷：应交税费——应交增值税

图 8-10　小规模纳税企业的核算

【例 8-39】某小规模纳税企业购入材料一批，取得的专用发票中注明货款 20 000 元，增值税 2 600 元，款项以银行存款支付，材料已验收入库（该企业按实际成本计价核算）。该企业的有关会计分录如下：

借：原材料　　　　　　　　　　　　　　　　　　　　22 600
　　贷：银行存款　　　　　　　　　　　　　　　　　　　22 600

本例中，小规模纳税企业购进货物时支付的增值税 2 600 元，直接计入有关货物和劳务的成本。

【例 8-40】某小规模纳税企业销售产品一批，所开出的普通发票中注明的货款（含税）为 20 600 元，增值税征收率为 3%，款项已存入银行。该企业的有关会计分录如下：

借：银行存款　　　　　　　　　　　　　　　　　　　　20 600
　　贷：主营业务收入　　　　　　　　　　　　　　　　　20 000
　　　　应交税费——应交增值税　　　　　　　　　　　　　600

不含税销售额 = 含税销售额 ÷（1 + 征收率）= 20 600 ÷（1 + 3%）= 20 000（元）

应纳增值税 = 不含税销售额 × 征收率 = 20 000 × 3% = 600（元）

【例 8-41】承【例 8-40】该小规模纳税企业月末以银行存款上交增值税 600 元。有关会计处理如下：

借：应交税费——应交增值税　　　　　　　　　　　　　600
　　贷：银行存款　　　　　　　　　　　　　　　　　　　600

此外，企业购入材料不能取得增值税专用发票的，比照小规模纳税企业进行处理，发生的增值税计入材料采购成本，借记"材料采购""在途物资"等科目，贷记"应交税费——应交增值税"科目。

（二）应交消费税

消费税是指在我国境内生产、委托加工和进口应税消费品的单位和个人，按其流转额交纳的一种税。消费税有从价定率和从量定额两种征收方法。采取从价定率方法征收的消费税，以不含增值税的销售额为税基，按照税法规定的税率计算。企业的销售收入包含增值税的，应将其换算为不含增值税的销售额。采取从量定额计征的消费税，根据按税法确定的企业应税消费品的数量和单位应税消费品应缴纳的消费税计算确定。应交消费税的核算如图 8-11 所示。

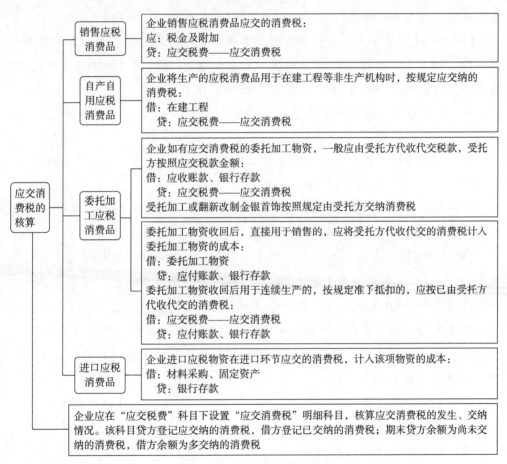

图 8-11　应交消费税的核算

【例 8-42】某企业销售所生产的化妆品，价款 2 000 000 元（不含增值税），适用的消费税税率为 30%。甲企业的有关会计分录如下：

借：税金及附加　　　　　　　　　　　　　　　　　　600 000

　　贷：应交税费——应交消费税　　　　　　　　　　　　600 000

应交消费税额 = 2 000 000 × 30% = 600 000（元）

【例8-43】 某企业在建工程领用自产柴油 50 000 元，应纳增值税 6 500 元，应纳消费税 6 000 元。该企业的有关会计分录如下：

借：在建工程   62 500

  贷：库存商品   50 000

    应交税费——应交增值税（销项税额） 6 500

        ——应交消费税   6 000

本例中，企业将生产的应税消费品用于在建工程等非生产机构时，按规定应交纳的消费税 6 000 元应记入"在建工程"科目。

【例8-44】 某企业下设的职工食堂享受企业提供的补贴，本月领用自产产品一批，该产品的账面价值 40 000 元，市场价格 60 000 元（不含增值税），适用的消费税税率为 10%，增值税税率为 13%。该企业的有关会计分录如下：

借：应付职工薪酬——职工福利   53 800

  贷：库存商品   40 000

    应交税费——应交增值税（销项税额） 7 800

        ——应交消费税   6 000

应计入"应付职工薪酬——职工福利"科目的金额 = 40 000 + 60 000 × 13% + 60 000 × 10% = 53 800（元）。

【例8-45】 甲企业委托乙企业代为加工一批应交消费税的材料（非金银首饰）。甲企业的材料成本为 1 000 000 元，加工费为 200 000 元，由乙企业代收代交的消费税为 80 000 元（不考虑增值税）。材料已经加工完成，并由甲企业收回验收入库，加工费尚未支付。甲企业采用实际成本法进行原材料的核算。

（1）如果甲企业收回的委托加工物资用于继续生产应税消费品，甲企业的有关会计分录如下：

借：委托加工物资   1 000 000

  贷：原材料   1 000 000

借：委托加工物资   200 000

  应交税费——应交消费税   80 000

  贷：应付账款   280 000

借：原材料   1200 000

  贷：委托加工物资   1200 000

（2）如果甲企业收回的委托加工物资直接用于对外销售，甲企业的有关会计处理如下：

借：委托加工物资   1 000 000

  贷：原材料   1 000 000

借：委托加工物资   280 000

  贷：应付账款   280 000

借：原材料   1 280 000

  贷：委托加工物资   1 280 000

（3）乙企业对应收取的受托加工代收代交消费税的会计处理如下：

借：应收账款   80 000

  贷：应交税费——应交消费税   80 000

【例8-46】甲企业从国外进口一批需要交纳消费税的商品，商品价值2 000 000元，进口环节需要交纳的消费税为400 000元（不考虑增值税），采购的商品已经验收入库，货款尚未支付，税款已经用银行存款支付。甲企业的有关会计分录如下：

借：库存商品   2 400 000

  贷：应付账款   2 000 000

    银行存款   400 000

本例中，企业进口应税物资在进口环节应交的消费税400 000元，应计入该项物资的成本。

（三）其他应交税费

其他应交税费是指除上述应交税费以外的应交税费，包括应交资源税、应交城市维护建设税、应交土地增值税、应交所得税、应交房产税、应交土地使用税、应交车船使用税、应交教育费附加、应交矿产资源补偿费、应交个人所得税等。企业应当在"应交税费"科目下设置相应的明细科目进行核算，贷方登记应交纳的有关税费，借方登记已交纳的有关税费，期末贷方余额表示尚未交纳的有关税费。其他应交税费的核算如图8-13所示。

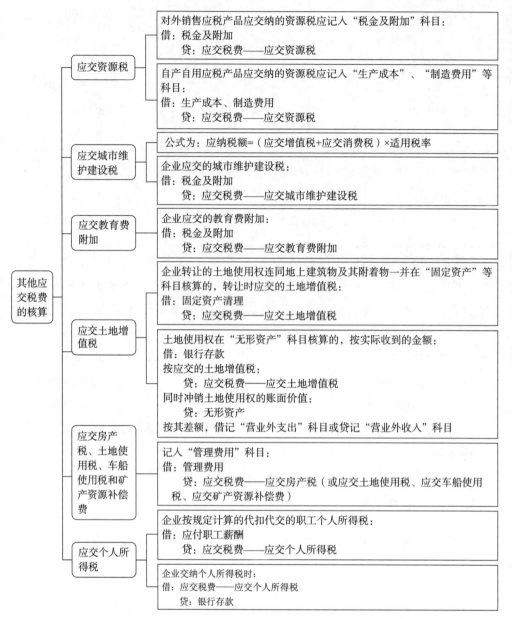

图 8-13　其他应交税费的核算

【例 8-49】某企业对外销售某种资源税应税矿产品 2 000 吨，每吨应交资源税 5 元。该企业的有关会计分录如下：

借：税金及附加　　　　　　　　　　　　　　　　　　　　10 000

　　贷：应交税费——应交资源税　　　　　　　　　　　　　　10 000

企业对外销售应税产品而应交的资源税 = 2 000 × 5 = 10 000（元）

【例 8-50】某企业将自产的资源税应税矿产品 500 吨用于企业的产品生产，每吨应交资源税 5 元。该企业的有关会计分录如下：

借：生产成本　　　　　　　　　　　　　　　　　　2 500
　　贷：应交税费——应交资源税　　　　　　　　　　　　2 500

企业自产自用应税矿产品而应交纳的资源税 = 500 × 5 = 2 500（元）

【例 8-51】某企业本期实际应上交增值税 400 000 元，消费税 241 000 元。该企业适用的城市维护建设税税率为 7%。该企业的有关会计处理如下：

（1）计算应交的城市维护建设税：

借：税金及附加　　　　　　　　　　　　　　　　　44 870
　　贷：应交税费——应交城市维护建设税　　　　　　　　44 870

应交的城市维护建设税 =（400 000 + 241 000）× 7% = 44 870（元）

（2）用银行存款上交城市维护建设税时：

借：应交税费——应交城市维护建设税　　　　　　　　44 870
　　贷：银行存款　　　　　　　　　　　　　　　　　　448 70

【例 8-52】某企业按税法规定计算，2014 年度第 4 季度应交纳教育费附加 300 000 元。款项已经用银行存款支付。该企业的有关会计处理如下：

借：税金及附加　　　　　　　　　　　　　　　　　300 000
　　贷：应交税费——应交教育费附加　　　　　　　　　300 000
借：应交税费——应交教育费附加　　　　　　　　　300 000
　　贷：银行存款　　　　　　　　　　　　　　　　　3 000 000

【例 8-53】某企业对外转让一炼厂房，根据税法规定计算的应交土地增值税为 27 000 元。有关会计处理如下：

（1）计算应交纳的土地增值税：

借：固定资产清理　　　　　　　　　　　　　　　　27 000
　　贷：应交税费——应交土地增值税　　　　　　　　　27 000

（2）企业用银行存款交纳应交土地增值税税款

借：应交税费——应交土地增值税　　　　　　　　　27 000
　　贷：银行存款　　　　　　　　　　　　　　　　　27 000

【例 8-54】某企业结算本月应付职工工资总额 200 000 元，代扣职工个人所得税共计 2 000 元，实发工资 198 000 元。该企业与应交个人所得税有关的会计分录如下：

借：应付职工薪酬——工资　　　　　　　　　　　　2 000
　　贷：应交税费——应交个人所得税　　　　　　　　　2 000

本例中，企业按规定计算的代扣代交的职工个人所得税 2 000 元，应记入"应付职工薪酬"科目。

8.1.6　应付利息

应付利息核算企业按照合同约定应支付的利息，包括分期付息到期还本的长期借款、企业债券等应支付的利息。应付利息的核算如图 8 - 14 所示。

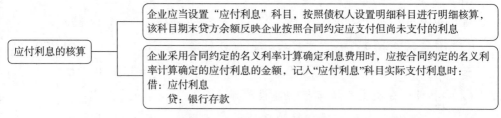

应付利息的核算

企业应当设置"应付利息"科目，按照债权人设置明细科目进行明细核算，该科目期末贷方余额反映企业按照合同约定应支付但尚未支付的利息

企业采用合同约定的名义利率计算确定利息费用时，应按合同约定的名义利率计算确定的应付利息的金额，记入"应付利息"科目实际支付利息时：
借：应付利息
　　贷：银行存款

图 8 - 14　应付利息的核算

【例 8 - 55】企业借入 5 年期到期还本每年付息的长期借款 5 000 000 元，合同约定年利率为 3.5%，假定不符合资本化条件。该企业的有关会计处理如下：

（1）每年计算确定利息费用时：

借：财务费用　　　　　　　　　　　　　　　175 000

　　贷：应付利息　　　　　　　　　　　　　　　175 000

企业每年应支付的利息 = 5 000 000 × 3.5% = 175 000（元）

（2）每年实际支付利息时：

借：应付利息　　　　　　　　　　　　　　　175 000

　　贷：银行存款　　　　　　　　　　　　　　　175 000

8.1.7　应付股利

应付股利是指企业根据股东大会或类似机构审议批准的利润分配方案确定分配给投资者的现金股利或利润。应付股利的核算如图 8 - 15 所示。

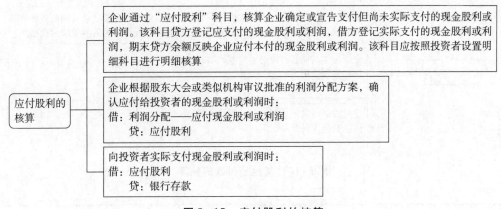

图 8-15 应付股利的核算

【例 8-56】 A 有限责任公司 2014 年度实现净利润 8 000 000 元，经过董事会批准，决定 2014 年度分配股利 5 000 000 元。股利已经用银行存款支付。A 有限责任公司的有关会计处理如下：

借：利润分配——应付现金股利或利润　　　　　5 000 000
　　贷：应付股利　　　　　　　　　　　　　　　　　5 000 000
借：应付股利　　　　　　　　　　　　　　　5 000 000
　　贷：银行存款　　　　　　　　　　　　　　　　　5 000 000

此外，需要说明的是，企业董事会或类似机构通过的利润分配方案中拟分配的现金股利或利润，不作账务处理，不作为应付股利核算，但应在附注中披露。企业分配的股票股利不通过"应付股利"科目核算。

8.1.8　其他应付款

其他应付款是指企业除应付票据、应付账款、预收账款、应付职工薪酬、应交税费、应付股利等经营活动以外的其他各项应付、暂收的款项，如应付租入包装物租金、存入保证金等。企业应通过"其他应付款"科目，核算其他应付款的增减变动及其结存情况，并按照其他应付款的项目和对方单位（或个人）设置明细科目进行明细核算。其他应付款的核算如图 8-16 所示。

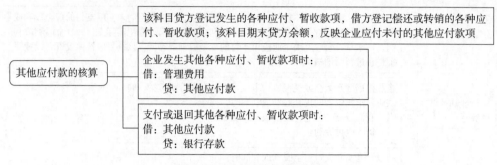

图 8-16　其他应付款的核算

【例 8-57】甲公司从 2020 年 1 月 1 日起，以经营租赁方式租入管理用办公设备一批，每月租金 5 000 元，按季支付。3 月 31 日，甲公司以银行存款支付应付租金。甲公司的有关会计处理如下：

（1）1 月 31 日计提应付经营租入固定资产租金：

借：管理费用　　　　　　　　　　　　　　　　　　　　　5 000

　　贷：其他应付款　　　　　　　　　　　　　　　　　　　　　5 000

2 月底计提应付经营租入固定资产租金的会计处理同上。

（2）3 月 31 日支付租金：

借：其他应付款　　　　　　　　　　　　　　　　　　　10 000

　　管理费用　　　　　　　　　　　　　　　　　　　　5 000

　　贷：银行存款　　　　　　　　　　　　　　　　　　　　　15 000

8.2　非流动负债

非流动负债是指流动负债以外的负债，主要包括长期借款、应付债券等。

8.2.1　长期借款

（一）长期借款概述

长期借款是指企业向银行或其他金融机构借入的期限在一年以上（不含一年）的各种借款，一般用于固定资产的购建、改扩建工程、大修理工程、对外投资以及为了保持长期经营能力等方面。它是企业长期负债的重要组成部分，必须加强管理与核算。

由于长期借款的使用关系到企业的生产经营规模和效益，企业除了要遵守有关的贷款规定、编制借款计划并要有不同形式的担保外，还应监督借款的使用、按期支付长期借款的利息以及按规定的期限归还借款本金等。因此，长期借款会计处理的基本要求是反映和监督企业长期借款的借入、借款利息的结算和借款本息的归还情况，促使企业遵守信贷纪律，提高信用等级，同时也要确保长期借款发挥效益。

（二）长期借款的核算

企业应通过"长期借款"科目，核算长期借款的借入、归还等情况。该科目可按照贷款单位和贷款种类设置明细账，分别"本金""利息调整"等进行明细核算。该科目的贷方登记长期借款本息的增加额，借方登记本息的减少额，贷方余额表示企业尚未偿还的长期借款。长期借款的核算如图 8 – 17 所示。

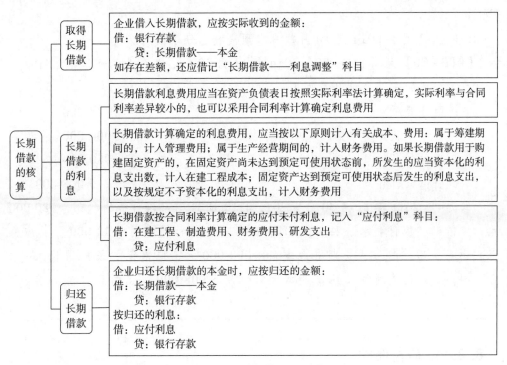

图 8 – 17 长期借款的核算

【例 8 – 58】A 企业于 2011 年 11 月 30 日从银行借入资金 4 000 000 元，借款期限为 3 年，年利率为 8.4%（到期一次还本付息，不计复利）。所借款项已存入银行。A 企业用该借款于当日购买不需安装的设备一台，价款 3 900 000 元，另支付运杂费及保险等费用 100 000 元，设备已于当日投入使用。A 企业的有关会计处理如下：

（1）取得借款时：

借：银行存款   4 000 000

 贷：长期借款——本金   4 000 000

（2）支付设备款和运杂费、保险费时：

借：固定资产   4 000 000

 贷：银行存款   4 000 000

【例8-59】承【例8-58】A企业于2011年12月31日计提长期借款利息。A企业的有关会计分录如下：

借：财务费用   28 000

 贷：应付利息   28 000

2011年12月31日计提的长期借款利息 = 4 000 000 × 8.4% ÷ 12 = 28 000（元）

2012年1月至2014年10月每月末预提利息分录同上。

【例8-60】承【例8-59】2014年11月30日，A企业偿还该笔银行借款本息。A企业的有关会计分录如下：

借：财务费用   28 000

  长期借款——本金   4 000 000

  应付利息   980 000

 贷：银行存款   5 008 000

本例中，2011年11月30日至2014年10月31日已经计提的利息为980 000元，应借记"应付利息"科目，2014年11月应当计提的利息28 000元，应借记"财务费用"科目，长期借款本金4 000 000元，应借记"长期借款——本金"科目；实际支付的长期借款本金和利息5 008 000元，贷记"银行存款"科目。

8.2.2 应付债券

（一）应付债券概述

应付债券是指企业为筹集（长期）资金而发行的债券。债券是企业为筹集长期使用资金而发行的一种书面凭证。企业通过发行债券取得资金是以将来履行归还购买债券者的本金和利息的义务作为保证的。企业应当设置"企业债券备查簿"，详细登记每一企业债券的票面金额、债券票面利率、还本付息期限与方式、发行总额、发行日期和编号、委托代售单位、转换股份等资料。企业债券到期结清时，应当在备查簿内逐笔注销。

企业债券发行价格的高低一般取决于债券票面金额、债券票面利率、发行当时的市场利率以及债券期限的长短等因素。债券发行有面值发行、溢价发行和折价发行三种情况。企业债券按其面值出售的，称为面值发行。此外，债券还可能按低于或高于其面值的价格出售，即折价发行或溢价发行。折价发行是指债券以低于其面值的价格发行；而溢价发行则是指债券按高于其面值的价格发行。本书只介绍按照面值发行的应付债券的核算。

（二）应付债券的核算

企业应设置"应付债券"科目，并在该科目下设置"面值""利息调整""应计利息"等明细科目，核算应付债券发行、计提利息、还本付息等情况。该科目贷方登记应付债券的本金和利息，借方登记归还的债券本金和利息，期末贷方余额表示企业尚未偿还的长期债券。应付债券的核算如图 8-18 所示。

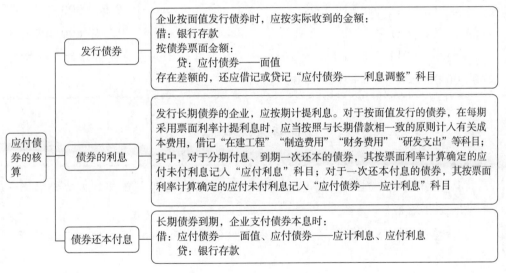

图 8-18　应付债券的核算

【例 8-61】 B 企业于 2011 年 7 月 1 日发行三年期、到期时一次还本付息、年利率为 8%（不计复利）发行面值总额为 40 000 000 元的债券。该债券按面值发行。B 企业的有关会计分录如下：

借：银行存款　　　　　　　　　　　　　　　　40 000 000

　　贷：应付债券——面值　　　　　　　　　　　40 000 000

【例 8 – 62】 承【例 8 – 61】B 企业发行债券所筹资金用于建造固定资产，至 2011 年 12 月 31 日时工程尚未完工，计提本年长期债券利息。企业按照《企业会计准则第 17 号——借款费用》的规定计算，该期债券产生的实际利息费用应全部资本化，作为在建工程成本。B 企业的有关会计分录如下：

借：在建工程　　　　　　　　　　　　　　　　　　1 600 000

　　贷：应付债券——应计利息　　　　　　　　　　　　　　1 600 000

本例中，至 2011 年 12 月 31 日，企业债券发行在外的时间为 6 个月，该年应计的债券利息为：40 000 000 × 8% ÷ 12 × 6 = 1 600 000（元）。由于该长期债券为到期时一次还本付息，因此利息 1 600 000 元应计入"应付债券——应计利息"科目。

【例 8 – 63】 承【例 8 – 61】和【例 8 – 62】2014 年 7 月 1 日，B 企业偿还债券本金和利息。B 企业的有关会计分录如下：

借：应付债券——面值　　　　　　　　　　　　　　40 000 000

　　　　　　——应计利息　　　　　　　　　　　　　9 600 000

　　贷：银行存款　　　　　　　　　　　　　　　　　　49 600 000

本例中，2011 年 7 月 1 日至 2014 年 7 月 1 日，B 企业长期债券的应计利息 = 40 000 000 × 8% × 3 = 9 600 000（元）。

本章实操要点

1. 职工薪酬中难以认定受益对象的非货币性福利，直接计入当期损益和应付职工薪酬。

2. 增值税的缴纳需要区分一般增值税纳税人和小规模纳税人，其核算方法不同。

3. 视同销售需要交纳增值税的事项有：企业将自产或委托加工的货物用于非应税项目、集体福利或个人消费；将自产、委托加工或购买的货物作为投资、分配给股东或投资者、无偿赠送他人等。

4. 采取从价定率方法征收的消费税，以不含增值税的销售额为税基，按照税法规定的税率计算。企业的销售收入包含增值税的，应将其换算为不含增值税的销售额。

5. 企业债券发行价格的高低一般取决于债券票面金额、债券票面利率、发行当时的市场利率以及债券期限的长短等因素。

第九章

所有者权益

——帮助企业合理分配利润

 内容概览

所有者权益，是指企业资产扣除负债后由所有者享有的剩余权益，它是企业资产中扣除债权人权益后应由所有者享有的部分。所有者权益既可反映所有者投入资本的保值增值情况，又体现了保护债权人权益的理念。

在本章的学习中，我们将解决读者的以下的问题：

（1）不同出资方式下实收资本及其增减业务的核算方法是什么？

（2）资本溢价、其他资本公积是什么？如何核算？

（3）盈余公积是什么？它的提取和使用的核算方法是怎样的？

（4）未分配利润的核算方法是什么？

所有者权益来源于所有者投入的资本、直接计入所有者权益的利得和损失、留存收益等。直接计入所有者权益的利得和损失，是指不应计入当期损益、会导致所有者权益发生增减变动的、与所有者投入资本或者向所有者分配利润无关的利得或者损失。

所有者权益可分为实收资本（或股本）、资本公积、盈余公积和未分配利润等部分。其中，盈余公积和未分配利润统称为留存收益。

9.1 实收资本

我国有关法律规定，投资者设立企业首先必须投入资本。《企业法人登记管理条例》规定，企业申请开业，必须具备国家规定的与其生产经营和服务规模相适应的资金。为了反映和监督投资者投入资本的增减变动情况，企业必须按照国家统一的会计制度的规定进行实收资本的核算，真实地反映所有者投入企业资本的状况，维护所有者各方在企业的权益。除股份有限公司以外，其他各类企业应通过"实收资本"科目核算，股份有限公司应通过"股本"科目核算。

企业收到所有者投入企业的资本后，应根据有关原始凭证（如投资清单、银行通知单等），分别不同的出资方式进行会计处理。

9.1.1　接受现金资产投资

（一）股份有限公司以外的企业接受现金资产投资

【例9-1】甲、乙、丙共同投资设立 A 有限责任公司，注册资本为 2 000 000 元，甲、乙、丙持股比例分别为 60%，25% 和 15%。按照章程规定，甲、乙、丙投入资本分别为 120 000 元、500 000 元和 3 300 000 元。A 公司已如期收到各投资者一次缴足的款项。A 有限责任公司在进行会计处理时，应编制会计分录如下：

```
借：银行存款                        2 000 000
    贷：实收资本——甲               1 200 000
              ——乙                 500 000
              ——丙                 300 000
```

实收资本的构成比例即投资者的出资比例或股东的股份比例，是确定所有者在企业所有者权益中所占的份额和参与企业财务经营决策的基础，也是企业进行利润分配或股利分配的依据，同时还是企业清算时确定所有者对净资产的要求权的依据。

（二）股份有限公司接受现金资产投资

股份有限公司发行股票时，既可以按面值发行股票，也可以溢价发行（我国目前不准许折价发行）。股份有限公司在核定的股本总额及核定的股份总额的范围内发行股票时，应在实际收到现金资产时进行会计处理。

【例9-2】B 股份有限公司发行普通股 10 000 000 股，每股面值 1 元，每股发行价格 5 元。假定股票发行成功，股款 50 000 000 元已全部收到，不考虑发行过程中的税费等因素。根据上述资料，B 股份有限公司应作如下账务处理：

应记入"资本公积"科目的金额＝50 000 000－10 000 000＝40 000 000（元）

编制会计分录如下：

借：银行存款　　　　　　　　　　　　　　　　　50 000 000
　　贷：股本　　　　　　　　　　　　　　　　　　　10 000 000
　　　　资本公积——股本溢价　　　　　　　　　　　40 000 000

本例中，B公司发行股票实际收到的款项为50 000 000元，应借记"银行存款"科目；实际发行的股票面值为10 000 000元，应贷记"股本"科目，按其差额，借记"资本公积——股本溢价"科目。

9.1.2　接受非现金资产投资

我国《公司法》规定，股东可以用货币出资，也可以用实物、知识产权、土地使用权等可以用货币估价并可以依法转让的非货币财产作价出资；但是，法律、行政法规规定不得作为出资的财产除外。对作为出资的非货币财产应当评估作价，核实财产，不得高估或者低估作价。法律、行政法规对评估作价有规定的，从其规定。全体股东的货币出资金额不得低于有限责任公司注册资本的30%。

企业接受非现金资产投资时，应按投资合同或协议约定价值确定非现金资产价值（但投资合同或协议约定价值不公允的除外）和在注册资本中应享有的份额。

（一）接受投入固定资产

企业接受投资者作价投入的房屋、建筑物、机器设备等固定资产，应按投资合同或协议约定价值确定固定资产价值（但投资合同或协议约定价值不公允的除外）和在注册资本中应享有的份额。

【例9-3】甲有限责任公司于设立时收到乙公司作为资本投入的不需要安装的机器设备一台，合同约定该机器设备的价值为2 000 000元，增值税进项税额为260 000元（假设不允许抵扣）。合同约定的固定资产价值与公允价值相符，不考虑其他因素，甲有限责任公司进行会计处理时，应编制会计分录如下：

借：固定资产　　　　　　　　　　　　　　　　　2 260 000
　　贷：实收资本——乙公司　　　　　　　　　　　2 260 000

本例中，该项固定资产合同约定的价值与公允价值相符，并且甲公司接受的固定资产投资产生的相关增值税进项税额不允许抵扣，因此，固定资产应按合同约定价值与增值税进项税额的合计金额 2 340 000 元入账。甲公司接受乙公司投入的固定资产按合同约定全额作为实收资本，因此，可按 226 000 元的金额贷记"实收资本"科目。

（二）接受投入材料物资

企业接受投资者作价投入的材料物资，应按投资合同或协议约定价值确定材料物资价值（但投资合同或协议约定价值不公允的除外）和在注册资本中应享有的份额。

【例9-4】乙有限责任公司于设立时收到 B 公司作为资本投入的原材料一批，该批原材料投资合同或协议约定价值（不含可抵扣的增值税进项税额部分）为 100 000 元，增值税进项税额为 13 000 元。B 公司已开具了增值税专用发票。

假设合同约定的价值与公允价值相符，该进项税额允许抵扣，不考虑其他因素，乙有限责任公司在进行会计处理时，应编制会计分录如下：

借：原材料   100 000

    应交税费——应交增值税（进项税额）   13 000

    贷：实收资木——B 公司   113 000

本例中，原材料的合同约定价值与公允价值相符，因此，可按照 100 000 元的金额借记"原材料"科目；同时，该进项税额允许抵扣，因此，增值税专用发票上注明的增值税税额 13 000 元，应借记"应交税费——应交增值税（进项税额）"科目。乙公司接受的 B 公司投入的原材料按合同约定全额作为实收资本，因此可按 113 000 的金额贷记"实收资本"科目。

（三）接受投入无形资产

企业收到以无形资产方式投入的资本，应按投资合同或协议约定价值确定无形资产价值（但投资合同或协议约定价值不公允的除外）和在注册资本中应享有的份额。

【例9-5】丙有限责任公司于设立时收到 A 公司作为资本投入的非专利技术一项，该非专利技术投资合同约定价值为 60 000 元，同时收到 B 公司作为资本投入的土地使用权一项，投资合同约定价值为 80 000 元。假设丙公司接受该非专利技术和土地使用权符合国家注册资本管理的有关规定，可按合同约定作实收资本入账，合同约定的价值与公允价值相符，不考虑其他因素。丙有限责任公司在进行会计处理时，应编制会计分录如下：

　　借：无形资产——非专利技术　　　　　　　　　　　　60 000
　　　　　　　　——土地使用权　　　　　　　　　　　　80 000
　　　贷：实收资本——A 公司　　　　　　　　　　　　　　60 000
　　　　　　　　——B 公司　　　　　　　　　　　　　　　80 000

　　本例中，非专利技术与土地使用权的合同约定价值与公允价值相符，因此，可分别按照 60 000 元和 80 000 元的金额借记"无形资产"科目。A、B 公司投入的非专利技术和土地使用权按合同约定全额作为实收资本，因此可分别按 60 000 元和 80 000 元的金额贷记"实收资本"科目。

9.1.3 实收资本（或股本）的增减变动

　　一般情况下，企业的实收资本应相对固定不变，但在某些特定情况下，实收资本也可能发生增减变化。我国企业法人登记管理条例中规定，除国家另有规定外，企业的注册资金应当与实收资本相一致，当实收资本比原注册资金增加或减少的幅度超过 20% 时，应持资金信用证明或者验资证明，向原登记主管机关申请变更登记。如擅自改变注册资本或抽逃资金，要受到工商行政管理部门的处罚。

（一）实收资本（或股本）的增加

　　企业增加资本的途径如图 9-1 所示。

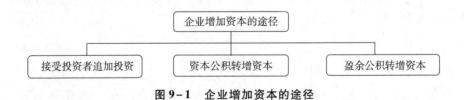

图 9-1　企业增加资本的途径

　　需要注意的是，由于资本公积和盈余公积均属于所有者权益，用其转增资本时，如果是独资企业比较简单，直接结转即可。如果是股份公司或有限责任公司应该按照原投资者出资比例相应增加各投资者的出资额。

　　【例 9-6】甲、乙、丙三人共同投资设立 A 有限责任公司，原注册资本为 4 000 000 元，甲、乙、丙分别出资 500 000 元、2 000 000 元和 1 500 000 元。

为扩大经营规模，经批准，A公司注册资本扩大为 5 000 000 元，甲、乙、丙按照原出资比例分别追加投资 125 000 元、500 000 元和 375 000 元。A公司如期收到甲、乙、丙追加的现金投资。A公司会计分录如下：

借：银行存款　　　　　　　　　　　　　　　　　　1 000 000
　　贷：实收资本——甲　　　　　　　　　　　　　　　　125 000
　　　　　　——乙　　　　　　　　　　　　　　　　500 000
　　　　　　——丙　　　　　　　　　　　　　　　　375 000

本例中，甲、乙、丙按原出资比例追加实收资本，因此，A公司应分别按照 125 000 元、500 000 元和 375 000 元的金额贷记"实收资本"科目中甲、乙、丙明细分类账。

【例 9-7】承【例 9-6】因扩大经营规模需要，经批准，A公司按原出资比例将资本公积 1 000 000 元转增资本。A公司会计分录如下：

借：资本公积　　　　　　　　　　　　　　　　　　1 000 000
　　贷：实收资本——甲　　　　　　　　　　　　　　　　125 000
　　　　　　——乙　　　　　　　　　　　　　　　　500 000
　　　　　　——丙　　　　　　　　　　　　　　　　375 000

本例中，资本公积 1 000 000 元按原出资比例转增实收资本，因此，A公司应分别按照 125 000 元、500 000 元和 375 000 元的金额贷记"实收资本"科目中甲、乙、丙明细分类账。

【例 9-8】承【例 9-6】因扩大经营规模需要，经批准，A公司按原出资比例将盈余公积 1 000 000 元转增资本。A公司会计分录如下：

借：盈余公积　　　　　　　　　　　　　　　　　　1 000 000
　　贷：实收资本——甲　　　　　　　　　　　　　　　　125 000
　　　　　　——乙　　　　　　　　　　　　　　　　500 000
　　　　　　——丙　　　　　　　　　　　　　　　　375 000

本例中，盈余公积 1 000 000 元按原出资比例转增实收资本，因此，A公司应分别按照 125 000 元、500 000 元和 375 000 元的金额贷记"实收资本"科目中甲、乙、丙明细分类账。

（二）实收资本（或股本）的减少

企业减少实收资本应按法定程序报经批准，股份有限公司采用收购本公司股票方式减资的，按股票面值和注销股数计算的股票面值总额冲减股本，投注销库存股的账面余额与所冲减股本的差额冲减股本溢价，股本溢价不足冲减的，再冲减盈余公积直至未分配利润。如果购回股票支付的价款低于面值总额的，所注销库存股的账面余额与所冲减股本的差额作为增加股本溢价处理。

【例9-9】A公司2014年12月31日的股本为100 000 000股，面值为1元，资本公积（股本溢价）30 000 000元，盈余公积40 000 000元。经股东大会批准，A公司以现金回购本公司股票20 000 000股并注销。假定A公司按每股2元回购股票，不考虑其他因素，A公司的会计处理如下：

（1）回购本公司股票时：

借：库存股　　　　　　　　　　　　　　　　　　40 000 000
　　贷：银行存款　　　　　　　　　　　　　　　　　　40 000 000

库存股成本＝20 000 000×2×40 000 000（元）

（2）注销本公司股票时：

借：股本　　　　　　　　　　　　　　　　　　　　20 000 000
　　资本公积——股本溢价　　　　　　　　　　　　　20 000 000
　　贷：库存股　　　　　　　　　　　　　　　　　　40 000 000

应冲减的资本公积＝20 000 000×2－20 000 000×1＝20 000 000（元）

【例9-10】承【例9-9】假定A公司按每股3元回购股票，其他条件不变，A公司的会计处理如下：

（1）回购本公司股票时：

借：库存股　　　　　　　　　　　　　　　　　　60 000 000
　　贷：银行存款　　　　　　　　　　　　　　　　　　60 000 000

库存股成本＝20 000 000×3＝60 000 000（元）

（2）注销本公司股票时：

借：股本　　　　　　　　　　　　　　　　　　　　20 000 000
　　资本公积——股本溢价　　　　　　　　　　　　　30 000 000
　　盈余公积　　　　　　　　　　　　　　　　　　　10 000 000
　　贷：库存股　　　　　　　　　　　　　　　　　　60 000 000

应冲减的资本公积＝20 000 000×3－20 000 000×1＝40 000 000（元）

由于应冲减的资本公积大于公司现有的资本公积，所以只能冲减资本公积30 000 000元，剩余的10 000 000元应冲减盈余公积。

【例9-11】承【例9-9】假定A公司按每股0.9元回购股票，其他条件不变，A公司的会计处理如下：

（1）回购本公司股票时：

借：库存股　　　　　　　　　　　　　　　　　　18 000 000

> 　　　　　　贷：银行存款　　　　　　　　　　　　　　　18 000 000
> 　　库存股成本 = 20 000 000 × 0.9 = 18 000 000（元）
> 　　（2）注销本公司股票时：
> 　　借：股本　　　　　　　　　　　　　　　20 000 000
> 　　　　贷：库存股　　　　　　　　　　　　　　　18 000 000
> 　　　　　　资本公积——股本溢价　　　　　　　　　2 000 000
> 　　应增加的资本公积 = 20 000 000 × 1 − 20 000 000 × 0.9 = 2 000 000（元）
> 　　由于折价回购，股本与库存股成本的差额 2 000 000 元应作为增加资本公积处理。

9.2　资本公积

　　资本公积是企业收到投资者的超出其在企业注册资本（或股本）中所占份额的投资，以及直接计入所有者权益的利得和损失等。资本公积包括资本溢价（或股本溢价）和直接计入所有者权益的利得和损失等。

　　资本溢价（或股本溢价），是企业收到投资者的超出其在企业注册资本（或股本）中所占份额的投资。形成资本溢价（或股本溢价）的原因有溢价发行股票、投资者超额缴入资本等。

　　直接计入所有者权益的利得和损失是指不应计入当期损益、会导致所有者权益发生增减变动的、与所有者投入资本或者向所有者分配利润无关的利得或者损失。

　　资本公积的核算包括资本溢价（或股本溢价）的核算、其他资本公积的核算和资本公积转增资本的核算等内容。

9.2.1　资本溢价（或股本溢价）的核算

1. 资本溢价

　　除股份有限公司外的其他类型的企业，在企业创立时，投资者认缴的出资额与注册资本一致，一般不会产生资本溢价。但在企业重组或有新的投资者加入时，常常会出现资本溢价。因为在企业进行正常生产经营后，其资本利润率通常要高于企业初创阶段，另外，企业有内部积累，新投资者加入企业后，对这些积累也要分享，所以新加入的投资者往往要付出大于原投资者的出资额，才能取得与原投资者相同的出资比例。投资者多缴的部分就形成了资本溢价。

【例9-12】A有限责任公司由两位投资者投资200 000元设立，每人各出资100 000元。一年后，为扩大经营规模，经批准，A有限责任公司注册资本增加到300 000元，并引入第三位投资者加入。按照投资协议，新投资者需缴入现金110 000元，同时享有该公司三分之一的股份。A有限责任公司已收到该现金投资。假定不考虑其他因素，A有限责任公司的会计分录如下：

借：银行存款　　　　　　　　　　　　　　　　110 000
　　贷：实收资本　　　　　　　　　　　　　　　100 000
　　　　资本公积——资本溢价　　　　　　　　　　10 000

本例中，A有限责任公司收到第三位投资者的现金投资11 000元中，10 000元属于第三位投资者在注册资本中所享有的份额，应记入"实收资本"科目，10 000元属于资本溢价，应记入"资本公积——资本溢价"科目。

2. 股本溢价

股份有限公司是以发行股票的方式筹集股本的，股票可按面值发行，也可按溢价发行，我国目前不准折价发行。与其他类型的企业不同，股份有限公司在成立时可能会溢价发行股票，因而在成立之初，就可能会产生股本溢价。股本溢价的数额等于股份有限公司发行股票时实际收到的款额超过股票面值总额的部分。

在按面值发行股票的情况下，企业发行股票取得的收入，应全部作为股本处理；在溢价发行股票的情况下，企业发行股票取得的收入，等于股票面值部分作为股本处理，超出股票面值的溢价收入应作为股本溢价处理。

发行股票相关的手续费、佣金等交易费用，如果是溢价发行股票的，应从溢价中抵扣，冲减资本公积（股本溢价）；无溢价发行股票或溢价金额不足以抵扣的，应将不足抵扣的部分冲减盈余公积和未分配利润。

【例9-13】B股份有限公司首次公开发行了普通股50 000 000股，每股面值1元，每股发行价格为4元。B公司以银行存款支付发行手续费、咨询费等费用共计6 000 000元。假定发行收入已全部收到，发行费用已全部支付，不考虑其他因素，B公司的会计处理如下：

（1）收到发行收入时：

借：银行存款　　　　　　　　　　　　　　　200 000 000
　　贷：股本　　　　　　　　　　　　　　　　50 000 000
　　　　资本公积——股本溢价　　　　　　　　150 000 000

应增加的资本公积 = 50 000 000 × (4 - 1) = 150 000 000（元）

本例中，B 股份有限公司溢价发行普通股，发行收入中等于股票面值的部分 50 000 000 元应记入"股本"科目，发行收入超出股票面值的部分 150 000 000 元记入"资本公积——股本溢价"科目。

（2）支付发行费用时：

借：资本公积——股本溢价　　　　　　　　　　　　6 000 000

　　贷：银行存款　　　　　　　　　　　　　　　　　　　6 000 000

本例中，B 股份有限公司的股本溢价 150 000 000 元高于发行中发生的交易费用 6 000 000 元，因此，交易费用可从股本溢价中扣除，作为冲减资本公积处理。

9.2.2　其他资本公积的核算

其他资本公积是指除资本溢价（或股本溢价）项目以外所形成的资本公积、其中主要是直接计入所有者权益的利得和损失。本书以因被投资单位所有者权益的其他变动产生的利得或损失为例，介绍相关的其他资本公积的核算。

企业对某被投资单位的长期股权投资采用权益法核算的，在持股比例不变的情况下，对因被投资单位除净损益以外的所有者权益的其他变动，如果是利得，则应按持股比例计算其应享有被投资企业所有者权益的增加数额；如果是损失，则作相反的分录。在处置长期股权投资时，应转销与该笔投资相关的其他资本公积。

【例 9 - 14】C 有限责任公司于 2014 年 1 月 1 日向 F 公司投资 8 000 000 元。拥有该公司 20% 的股份，并对该公司有重大影响，因而对 F 公司长期股权投资采用权益法核算。2014 年 12 月 31 日，F 公司净损益之外的所有者权益增加了 1 000 000 元。假定除此以外，F 公司的所有者权益没有变化，C 有限责任公司的持股比例没有变化，F 公司资产的账面价值与公允价值一致，不考虑其他因素。C 有限责任公司的会计分录如下：

借：长期股权投资——F 公司　　　　　　　　　　　200 000

　　贷：资本公积——其他资本公积　　　　　　　　　　　200 000

C 有限责任公司增加的资本公积 = 1 000 000 元 × 20% = 200 000（元）。

本例中，C 有限责任公司对 F 公司的长期股权投资采用权益法核算，持股比例未发生变化，F 公司发生了除净损益之外的所有者权益的其他变动，C 有限责任公司应按其持股比例计算应享有的 F 公司权益的数额 200 000 元，作为增加其他资本公积处理。

9.2.3 资本公积转增资本的核算

经股东大会或类似机构决议，用资本公积转增资本时，应冲减资本公积，同时按照转增前的实收资本（或股本）的结构或比例，将转增的金额记入"实收资本"（或"股本"）科目下各所有者的明细分类账。

有关会计处理，参见本章【例9-7】的有关内容。

9.3 留存收益

留存收益包括盈余公积和未分配利润两个部分。

9.3.1 利润分配

利润分配是指企业根据国家有关规定和企业章程、投资者协议等，对企业当年可供分配的利润所进行的分配。

可供分配的利润 = 当年实现的净利润 + 年初未分配利润（或 - 年初未弥补亏损）+ 其他转入利润，分配的顺序依次是：①提取法定盈余公积；②提取任意盈余公积；③向投资者分配利润。

未分配利润是经过弥补亏损、提取法定盈余公积、提取任意盈余公积和向投资者分配利润等利润分配之后剩余的利润，它是企业留待以后年度进行分配的历年结存的利润。相对于所有者权益的其他部分来说，企业对于未分配利润的使用有较大的自主权。

利润分配的核算如图9-2所示。

利润分配的核算	企业应通过"利润分配"科目，核算企业利润的分配（或亏损的弥补）和历年分配（或弥补）后的未分配利润（或未弥补亏损）。该科目应设置分别"提取法定盈余公积""提取任意盈余公积""应付现金股利或利润""盈余公积补亏""本分配利润"等进行明细核算。企业未分配利润通过"利润分配——未分配利润"明细科目进行核算
	年度终了，企业应将全年实现的净利润或发生的净亏损，自"本年利润"科目转入"利润分配——未分配利润"科目，并将"利润分配"科目所属其他明细科目的余额，转入"未分配利润"明细科目
	结转后，"利润分配——未分配利润"科目如为贷方余额，表示累积未分配的利润数额；如为借方余额，则表示累积未弥补的亏损数额

图9-2 利润分配的核算

【例9-15】D股份有限公司年初未分配利润为0，本年实现净利润2 000 000

元，本年提取法定盈余公积 200 000 元，宣告发放现金股利 800 000 元。假定不考虑其他因素，D 股份有限公司会计处理如下：

（1）结转本年利润：

借：本年利润　　　　　　　　　　　　　　　　　　　　2 000 000

　　贷：利润分配——未分配利润　　　　　　　　　　　　　　　2 000 000

如企业当年发生亏损，则应借记"利润分配——未分配利润"科目，贷记"本年利润"科目。

（2）提取法定盈余公积、宣告发放现金股利：

借：利润分配——提取法定盈余公积　　　　　　　　　　200 000

　　　　　　　　——应付现金股利　　　　　　　　　　　800 000

　　贷：盈余公积　　　　　　　　　　　　　　　　　　　　200 000

　　　　应付股利　　　　　　　　　　　　　　　　　　　　800 000

同时，

借：利润分配——未分配利润　　　　　　　　　　　　　1 000 000

　　贷：利润分配——提取法定盈余公积　　　　　　　　　　200 000

　　　　　　　　　　——应付现金股利　　　　　　　　　　800 000

结转后，如果"未分配利润"明细科目的余额在贷方，表示累计未分配的利润；如果余额在借方，则表示累积未弥补的亏损。本例中，"利润分配——未分配利润"明细科目的余额在贷方，此贷方余额 100 000 元（本年利润 200 000 – 提取法定盈余公积 200 000 – 支付现金股利 800 000）即为 D 股份有限公司本年年末的累计未分配利润。

9.3.2　盈余公积

盈余公积是指企业按规定从净利润中提取的企业积累资金。公司制企业的盈余公积包括法定盈余公积和任意盈余公积。

按照《公司法》有关规定，公司制企业应当按照净利润（减弥补以前年度亏损，下同）的 10% 提取法定盈余公积。非公司制企业法定盈余公积的提取比例可超过净利润的 10%。法定盈余公积累计额已达注册资本的 50% 时可以不再提取。值得注意的是，在计算提取法定盈余公积的基数时，不应包括企业年初未分配利润。

公司制企业可根据股东大会的决议提取任意盈余公积。非公司制企业经类似权力机构批准，也可提取任意盈余公积。法定盈余公积和任意盈余公积的区别在于其各自计提的依据不同，前者以国家的法律法规为依据；后者由企业的权力机构自行决定。

企业提取的盈余公积经批准可用于弥补亏损、转增资本、发放现金股利或利润等。

（一）提取盈余公积

企业按规定提取盈余公积时，应通过"利润分配"和"盈余公积"等科目处理。

【例9-16】E股份有限公司本年实现净利润为5 000 000元，年初未分配利润为0。经股东大会批准，E股份有限公司按当年净利润的10%提取法定盈余公积。假定不考虑其他因素，E股份有限公司的会计分录如下：

借：利润分配——提取法定盈余公积 500 000

　　贷：盈余公积——法定盈余公积 500 000

本年提取盈余公积金额 = 5 000 000 × 10% = 500 000（元）

（二）盈余公积补亏

【例9-17】经股东大会批准，F股份有限公司用以前年度提取的盈余公积弥补当年亏损，当年弥补亏损的数额为600 000元。假定不考虑其他因素，E股份有限公司的会计分录如下：

借：盈余公积 600 000

　　贷：利润分配——盈余公积补亏 600 000

（三）盈余公积转增资本

【例9-18】因扩大经营规模需要，经股东大会批准，G股份有限公司将盈余公积400 000元转增股本。假定不考虑其他因素，G股份有限公司的会计分录如下：

借：盈余公积 400 000

　　贷：股本 400 000

（四）用盈余公积发放现金股利或利润

【例9-19】H股份有限公司2014年12月31日普通股股本为50 000 000股，每股面值1元，可供投资者分配的利润为5 000 000元，盈余公积20 000 000元。2020年3月20日，股东大会批准了2003年度利润分配方案，以2014年12月31日为登记日，按每股0.2元发放现金股利。H股份有限公司共需要分派10 000 000元现金股利，其中动用可供投资者分配的利润55 000元、盈余公积500 000元。假定不考虑其他因素，H股份有限公司会计处理如下：

（1）宣告分派股利时：

借：利润分配——应付现金股利　　　　　　　　　5 000 000

　　盈余公积　　　　　　　　　　　　　　　　5 000 000

　　贷：应付股利　　　　　　　　　　　　　　　　　　10 000 000

（2）支付股利时：

借：应付股利　　　　　　　　　　　　　　　　10 000 000

　　贷：银行存款　　　　　　　　　　　　　　　　　　10 000 000

本例中，H股份有限公司经股东大会批准，以未分配利润和盈余公积发放现金股利，属于以未分配利润发放现金股利的部分5 000 000元应记入"利润分配——应付现金股利"科目，属于以盈余公积发放现金股利的部分5 000 000元应记入"盈余公积"科目。

本章实操要点

1. 掌握不同出资方式下实收资本的核算方法。

2. 资本公积的核算包括资本溢价（或股本溢价）的核算、其他资本公积的核算和资本公积转增资本的核算等内容。

3 公司制企业应当按照净利润的10%提取法定盈余公积；非公司制企业法定盈余公积的提取比例可超过净利润的10%。法定盈余公积累计额已达注册资本的50%时可以不再提取。

4. 可供分配的利润＝当年实现的净利润＋年初未分配利润（或－年初未弥补亏损）＋其他转入利润，分配的顺序依次是：①提取法定盈余公积；②提取任意盈余公积；③向投资者分配利润。

第十章

收入、费用和利润

——帮助企业掌握自身经营情况

内容概览

　　追求利润最大化是每一个企业在生存、发展的过程中永恒的目标和动力之源。如何尽己所能的增加收入和控制成本，是所有企业经营者孜孜不倦地探讨和钻研的"课题"。

　　在本章的学习中，我们将解决读者的以下的问题：

　　（1）收入有什么特点？怎样分类？如何进行销售商品收入金额的确定？一般销售商品业务、已经发出商品但不符合销售收入确认条件的销售业务、商业折扣、现金折扣和销售折让、销售退回、采用预收款方式销售商品、采用支付手续费方式委托代销商品争情况下销售商品收入的会计处理分别是怎样的？怎样用完工百分比法确认提供劳务收入的会计处理？

　　（2）费用的特点是什么？费用的主要内容有哪些？如何进行会计处理？

　　（3）政府补助的概念和特征是什么？政府补助的主要形式有哪些？与资产相关的政府补助、与收益相关的政府补助、与资产和收益均相关的政府补助的会计处理分别是怎样的？

　　（4）利润的构成、营业外收入和营业外支出的内容包括什么？怎样进行营业外收入和营业外支出的会计处理？应交所得税如何计算？

　　（5）销售商品收入的确认条件是什么？怎样进行销售材料等存货的会计处理？劳务完成时间不同等情况下提供劳务收入的确认原则有哪些？让渡资产使用权的使用费收入的确认和计量原则是什么？

10.1 收　入

10.1.1　收入的概念和特征

收入是指企业在日常活动中形成的、会导致所有者权益增加的、与所有者投入资本无关的经济利益的总流入。收入具有的特点如图 10 - 1 所示。

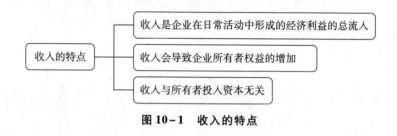

图 10 - 1　收入的特点

10.1.2　收入的分类

收入的分类如图 10 - 2 所示。

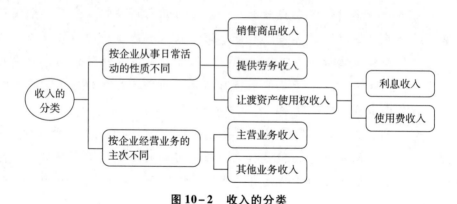

图 10 - 2　收入的分类

工业企业的主营业务收入主要包括销售商品、自制半成品、代制品、代修品，提供工业性劳务等实现的收入；商业企业的主营业务收入主要包括销售商品实现的收入；咨询公司的主营业务收入主要包括提供咨询服务实现的收入；安装公司的主营业务收入主要包括提供安装服务实现的收入。

工业企业的其他业务收入主要包括对外销售材料、对外出租包装物、商品或固定资产、对外转让无形资产使用权、对外进行权益性投资（取得现金股利）或债权性投资（取得利息）、提供非工业性劳务等实现的收入。

10.1.3 销售商品收入的确认条件

销售商品收入同时满足下列条件的，如图 10 - 3 所示，才能予以确认。

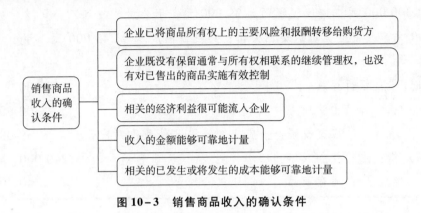

图 10 - 3 销售商品收入的确认条件

熟悉销售商品收入的确认条件，是销售商品收入核算的一个关键点。本节销售商品收入会计处理部分所提到的具体收入确认原则依据的都是上述五个条件。

10.1.4 销售商品收入的会计处理

销售商品收入的会计处理主要涉及一般销售商品业务、已经发出商品但不符合收入确认条件的销售业务、销售折让、销售退回、采用预收款方式销售商品、采用支付手续费方式委托代销商品等情况。

（一）一般销售商品业务

在进行销售商品的会计处理时，首先要考虑销售商品收入是否符合收入确认条件。符合收入准则所规定的 5 项确认条件的，应及时确认收入并结转相关销售成本。通常情况下，销售商品采用托收承付方式的，在办理托收手续时确认收入；交款提货销售商品的，在开出发票账单收到货款时确认收入。

【例 10 - 1】甲公司采用托收承付结算方式销售一批商品，开出的增值税专用发票上注明售价为 600 000 元，增值税税额为 78 000 元；商品已经发出，并已向银行办理托收手续；该批商品的成本为 420 000 元。甲公司会计分录如下：

（1）借：应收账款 678 000
  贷：主营业务收入 600 000
  应交税费——应交增值税（销项税额） 78 000

（2）借：主营业务成本　　　　　　　　　　　　　420 000
　　　　贷：库存商品　　　　　　　　　　　　　　　　420 000

【例10-2】 甲公司向乙公司销售一批商品，开出的增值税专用发票上注明售价为 300 000 元，增值税税额为 39 000 元；甲公司已收到乙公司支付的贷款 339 000 元，并将提货单送交乙公司；该批商品成本为 240 000 元。甲公司会计分录如下：

（1）借：银行存款　　　　　　　　　　　　　　　339 000
　　　　贷：主营业务收入　　　　　　　　　　　　　　300 000
　　　　　　应交税费——应交增值税（销项税额）　　　39 000
（2）借：主营业务成本　　　　　　　　　　　　　240 000
　　　　贷：库存商品　　　　　　　　　　　　　　　　240 000

本例为采用交款提货方式销售商品，交款提货销售商品，是指购买方已根据企业开出的发票账单支付货款并取得提货单的销售方式。在这种方式下，购货方支付货款取得提货单，企业尚未交付商品，销售方保留的是商品所有权上的次要风险和报酬，商品所有权上的主要风险和报酬已经转移给购货方，通常应在开出发票账单收到货款时确认收入。

本例中，甲公司已经完成销售手续并确认销售收入，若乙公司在月末未提走所购商品，甲公司应将该批售出商品作为代管商品，单独设置"代管商品"备查簿进行登记。

【例10-3】 甲公司向乙公司销售商品一批，开出的增值税专用票上注明售价为 400 000 元，增值税额为 52 000 元；甲公司收到乙公司开出的不带息银行承兑汇票一张，票面金额为 452 000 元，期限为 2 个月；该批商品已经发出，甲公司以银行存款代垫运杂费 2 000 元；该批商品成本为 320 000 元。甲公司会计分录如下：

（1）借：应收票据　　　　　　　　　　　　　　　452 000
　　　　　应收账款　　　　　　　　　　　　　　　　2 000
　　　　贷：主营业务收入　　　　　　　　　　　　　　400 000
　　　　　　应交税费——应交增值税（销项税额）　　　52 000
　　　　　　银行存款　　　　　　　　　　　　　　　　2 000
（2）借：主营业务成本　　　　　　　　　　　　　320 000
　　　　贷：库存商品　　　　　　　　　　　　　　　　320 000

（二）已经发出但不符合销售商品收入确认条件的商品的处理

如果企业售出商品不符合销售商品收入确认的 5 项条件中的任何一项，均不应确认收入。为了单独反映已经发出但尚未确认销售收入的商品成本，企业应增设"发出商品"等科目。"发出商品"科目核算一般销售方式下，已经发出但尚未确认销售收入的商品成本。

这里应注意的一个问题是，尽管发出的商品不符合收入确认条件，但如果销售该商品的纳税义务已经发生，比如已经开出增值税专用发票，则应确认应交的增值税销项税额。借记"应收账款"等科目，贷记"应交税费——应交增值税（销项税额）"科目。如果纳税义务没有发生，则不需进行上述处理。

【例 10-4】A 公司于 2014 年 3 月 3 日采用托收承付结算方式向 B 公司销售一批商品，开出的增值税专用发票上注明售价为 100 000 元，增值税税额为 13 000 元；该批商品成本为 60 000 元。A 公司在销售该批商品时已得知 B 公司资金流转发生暂时困难，但为了减少存货积压，同时也为了维持与 B 公司长期以来建立的商业关系，A 公司仍将商品发出，并办委托收手续。假定 A 公司销售该批商品的纳税义务已经发生。

本例中，由于 B 公司现金流转存在暂时困难，A 公司不是很可能收回销售货款。根据销售商品收入的确认条件，A 公司在发出商品时不能确认收入。为此，A 公司应将已发出的商品成本通过"发出商品"科目反映。A 公司会计分录如下：

发出商品时：

借：发出商品　　　　　　　　　　　　　　　　　　　　 60 000

　　贷：库存商品　　　　　　　　　　　　　　　　　　 60 000

同时，因 A 公司销售该批商品的纳税义务已经发生，应确认应交的增值税销项税额：

借：应收账款　　　　　　　　　　　　　　　　　　　　 13 000

　　贷：应交税费——应交增值税（销项税额）　　　　 13 000

（注：如果销售该批商品的纳税义务尚未发生，则不作这笔分录，待纳税义务发生时再作应交增值税的分录）

假定 2014 年 11 月 A 公司得知 B 公司经营情况逐渐好转，B 公司承诺近期付款，A 公司应在 B 公司承诺付款时确认收入，会计分录如下：

借：应收账款　　　　　　　　　　　　　　　　　　　 100 000

　　贷：主营业务收入　　　　　　　　　　　　　　　 100 000

同时结转成本：

借：主营业务成本　　　　　　　　　　　　　60 000

　　贷：发出商品　　　　　　　　　　　　　　　　60 000

假定 A 公司于 2014 年 12 月 6 日收到 B 公司支付的货款，应作如下会计分录：

借：银行存款　　　　　　　　　　　　　　113 000

　　贷：应收账款　　　　　　　　　　　　　　　113 000

（三）商业折扣、现金折扣和销售折让的处理

企业销售商品收入的金额通常按照从购货方已收或应收的合同或协议价款确定。在确定销售商品收入的金额时，应注意区分现金折扣、商业折扣和销售折让及其不同的会计处理方法。总的来讲，确定销售商品收入的金额时，不应考虑预计可能发生的现金折扣、销售折让，即应按总价确认，但应是扣除商业折扣后的净额。现金折扣、商业折扣、销售折让的区别以及相关会计处理方法如图 10 - 4 所示。

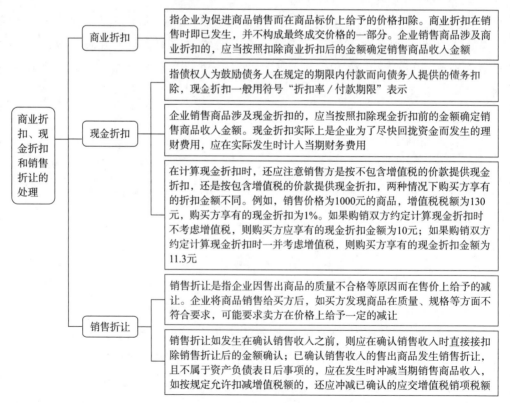

图 10-4　商业折扣、现金折扣和销售折让的处理

【例10-5】甲公司为增值税一般纳税企业，2020年3月1日销售A商品10 000件，每件商品的标价为20元（不含增值税），每件商品的实际成本为12元，A商品适用的增值税税率为13%；由于是成批销售，甲公司给予购货方10%的商业折扣，并在销售合同中规定现金折扣条件为2/10，1/20，N/30；A商品于3月1日发出，购货方于3月9日付款。假定计算现金折扣时考虑增值税。

本例涉及商业折扣和现金折扣问题，首先需要计算确定销售商品收入的金额。根据销售商品收入金额确定的有关规定，销售商品收入的金额应是未扣除现金折扣但扣除商业折扣后的金额，现金折扣应在实际发生时计入当期财务费用。因此，甲公司应确认的销售商品收入金额为180 000（20×10 000-20×10 000×10%）元，增值税销项税额为23 400（180 000×13%）元。购货方于销售实现后的10日内付款，享有的现金折扣为4 068〔（180 000+23 400）×2%）〕元。甲公司会计处理如下：

（1）3月1日销售实现时：

借：应收账款　　　　　　　　　　　　　　　　　203 400

　　贷：主营业务收入　　　　　　　　　　　　　　　　180 000

　　　　应交税费——应交增值税（销项税额）　　　　 23 400

借：主营业务成本　　　　　　　　120 000（12×10 000）

　　贷：库存商品　　　　　　　　　　　　　　　　　120 000

（2）3月9日收到货款时：

借：银行存款　　　　　　　　　　　　　　　　　199 332

　　财务费用　　　　　　　　　　　　　　　　　　 4 068

　　贷：应收账款　　　　　　　　　　　　　　　　　203 400

以上的4 068元为考虑增值税时的现金折扣，若本例假设计算现金折扣时不考虑增值税，则甲公司给予购货方的现金折扣为180 000×2%＝3 600（元）

本例中，若购货方于3月19日付款，则享有的现金折扣为2 034（203 400×1%）元。甲公司在收到货款时的会计分录为：

借：银行存款　　　　　　　　　　　　　　　　　201 366

　　财务费用　　　　　　　　　　　　　　　　　　 2 034

　　贷：应收账款　　　　　　　　　　　　　　　　　203 400

若购货方于3月底才付款，则应按全额付款。甲公司在收到货款时的会计分录为：

借：银行存款 203 400

    贷：应收账款 203 400

【例 10-6】甲公司销售一批商品给乙公司，开出的增值税专用发票上注明的售价为 100 000 元，增值税税额为 13 000 元。该批商品的成本为 70 000 元。货到后，乙公司发现商品质量不合格，要求在价格上给予 5% 的折让。乙公司提出的销售折让要求符合原合同的约定，甲公司同意并办妥了相关手续，开具了增值税专用发票（红字）。假定此前甲公司已确认该批商品的销售收入，销售款项尚未收到，发生的销售折让允许扣减当期增值税销项税额。甲公司会计处理如下：

（1）销售实现时：

借：应收账款 113 000

    贷：主营业务收入 100 000

        应交税费——应交增值税（销项税额） 13 000

借：主营业务成本 70 000

    贷：库存商品 70 000

（2）发生销售折让时：

借：主营业务收入 5 000（100 000×5%）

    应交税费——应交增值税（销项税额） 650

    贷：应收账款 5 650

（3）实际收到款项时：

借：银行存款 107 350

    贷：应收账款 107 350

本例中，假定发生销售折让前，因该项销售在货款回收上存在不确定性，甲公司未确认该批商品的销售收入，纳税义务也未发生；发生销售折让后 2 个月，乙公司承诺近期付款。则甲公司会计处理如下：

（1）发出商品时：

借：发出商品 70 000

    贷：库存商品 70 000

（2）乙公司承诺付款，甲公司确认销售收入时：

借：应收账款 107 350

    贷：主营业务收入 95 000（100 000-100 000×5%）

        应交税费——应交增值税（销项税额） 12 350

```
    借：主营业务成本                                    70 000
        贷：发出商品                                            70 000
（3）实际收到款项时：
    借：银行存款                                       107 350
        贷：应收账款                                           107 350
```

（四）销售退回的处理

企业销售商品除了可能发生销售折让外，还有可能发生销售退回，企业售出商品发生销售退回的，应当分不同情况进行会计处理，如图 10-5 所示。

销售退回的处理

尚未确认销售商品收入的售出商品发生销售退回的，应当冲减"发出商品"，同时增加"库存商品"

已确认销售商品收入的售出商品发生销售退回的，除属于资产负债表日后事项外，一般应在发生时冲减当期销售商品收入，同时冲减当期销售商品成本；如按规定允许扣减增值税税额的，应同时冲减已确认的应交增值税销项税额；如该项销售退回已发生现金折扣的，应同时调整相关财务费用的金额

图 10-5　销售退回的处理

【例 10-7】甲公司 2019 年 9 月 5 日收到乙公司因质量问题而退回的商品 10 件，每件商品成本为 210 元，该批商品系甲公司 2019 年 6 月 2 日出售给乙公司，每件商品售价为 300 元，适用的增值税税率为 13%，货款尚未收到，甲公司尚未确认销售商品收入。因乙公司提出的退货要求符合销售合同约定，甲公司同意退货，并按规定向乙公司开具了增值税专用发票（红字）。甲公司应在验收退货入库时作如下会计分录：

```
    借：库存商品                          2 100（210×10）
        贷：发出商品                                     2 100
```

【例 10-8】甲公司 2019 年 3 月 20 日销售 A 商品一批，增值税专用发票上注明售价为 350 000 元，增值税税额为 45 500 元；该批商品成本为 182 000 元。A 商品于 2019 年 3 月 20 日发出，购货方于 3 月 27 日付款。甲公司对该项销售确认了销售收入。2019 年 9 月 15 日，该批商品质量出现严重问题，购货方将该批商品全部退回给甲公司，甲公司同意退货，于退货当日支付了退货款，并按规定向购货方开具了增值税专用发票（红字）。甲公司会计处理如下：

（1）销售实现时：

借：应收账款　　　　　　　　　　　　　　　　　　　395 500
　　贷：主营业务收入　　　　　　　　　　　　　　　　350 000
　　　　应交税费——应交增值税（销项税额）　　　　　45 500
借：主营业务成本　　　　　　　　　　　　　　　　　182 000
　　贷：库存商品　　　　　　　　　　　　　　　　　　182 000

（2）收到货款时：

借：银行存款　　　　　　　　　　　　　　　　　　　395 500
　　贷：应收账款　　　　　　　　　　　　　　　　　　395 500

（3）销售退回时：

借：主营业务收入　　　　　　　　　　　　　　　　　350 000
　　应交税费——应交增值税（销项税额　　　　　　　　45 500
　　贷：银行存款　　　　　　　　　　　　　　　　　　395 500
借：库存商品　　　　　　　　　　　　　　　　　　　182 000
　　贷：主营业务成本　　　　　　　　　　　　　　　　182 000

【例 10-9】 甲公司在 2019 年 3 月 18 日向乙公司销售一批商品，开出的增值税专用发票上注明的售价为 50 000 元，增值税税额为 6 500 元。该批商品成本为 26 000 元。为及早收回货款，甲公司和乙公司约定的现金折扣条件为；2/10，1/20，N/30。乙公司在 2019 年 3 月 27 日支付货款。2019 年 7 月 5 日，该批商品因质量问题被乙公司退回，甲公司当日支付有关退货款。假定计算现金折扣时不考虑增值税。甲公司的会计处理如下：

（1）2019 年 3 月 18 日销售实现时：

借：应收账款　　　　　　　　　　　　　　　　　　　56 500
　　贷：主营业务收入　　　　　　　　　　　　　　　　50 000
　　　　应交税费——应交增值税（销项税额）　　　　　6 500
借：主营业务成本　　　　　　　　　　　　　　　　　26 000
　　贷：库存商品　　　　　　　　　　　　　　　　　　26 000

手续费计入销售费用

受托方的处理如图 10-6 所示。

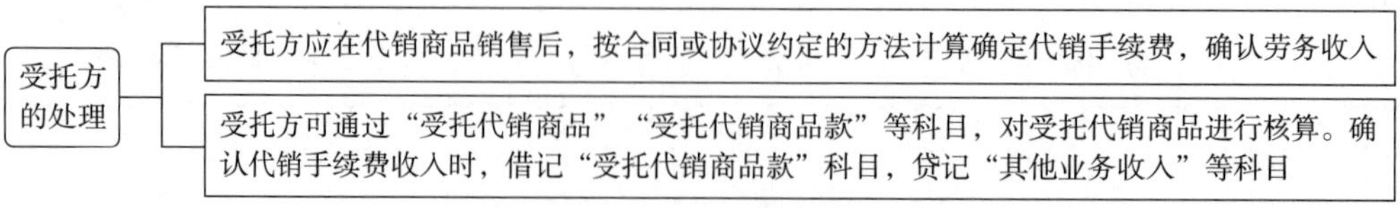

图 10-6　受托方的处理

【例10-10】甲公司委托丙公司销售商品200件，商品已经发出，每件成本为60元。合同约定丙公司应按每件100元对外销售，甲公司按售价的10%向丙公司支付手续费。丙公司对外实际销售100件，开出的增值税专用发票上注明的销售价格为10 000元，增值税税额为1300元，款项已经收到。甲公司收到丙公司开具的代销清单时，向丙公司开具一张相同金额的增值税专用发票。假定：甲公司发出商品时纳税义务尚未发生；甲公司采用实际成本核算，丙公司采用进价核算代销商品。

甲公司的会计处理上：

（1）发出商品时：

借：委托代销商品   12 000

  贷：库存商品   12 000

（2）收到代销清单时：

借：应收账款   11 300

  贷：主营业务收入   10 000

    应交税费——应交增值税（销项税额）   1 300

借：主营业务成本   6 000

  贷：委托代销商品   6 000

借：销售费用   1 000

  贷：应收账款   1 000

代销手续费金额 = 10 000 × 10% = 1 000（元）

（3）收到丙公司支付的货款时：

借：银行存款   10 700

  贷：应收账款   10 700

丙公司的会计处理如下：

（1）收到商品时：

借：受托代销商品   20 000

  贷：受托代销商品款   20 000

（2）对外销售时：

借：银行存款   11 300

  贷：受托代销商品   10 000

    应交税费——应交增值税（销项税额）   1 300

（3）收到增值税专用发票时：

借：应交税费——应交增值税（进项税额）　　　　　　1 300

　　贷：应付账款　　　　　　　　　　　　　　　　　　1 300

（4）支付货款并计算代销手续费时：

借：受托代销商品款　　　　　　　　　　　　　　　10 000

　　应付账款　　　　　　　　　　　　　　　　　　　1 700

　　贷：银行存款　　　　　　　　　　　　　　　　　10 700

　　　　其他业务收入　　　　　　　　　　　　　　　　1 000

（七）销售材料等存货的处理

企业在日常活动中还可能发生对外销售不需用的原材料、随同商品对外销售单独计价的包装物等业务。企业销售原材料、包装物等存货也视同商品销售，其收入确认和计量原则比照商品销售。企业销售原材料、包装物等存货实现的收入作为其他业务收入处理，结转的相关成本作为其他业务成本处理。其核算如图 10－7 所示。

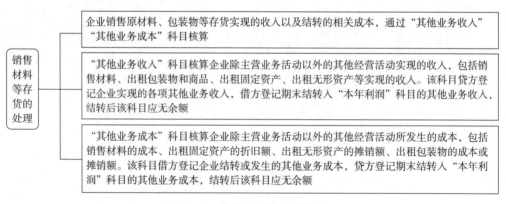

图 10－7　销售材料等存货的处理

【例 10－11】甲公司销售一批原材料，开出的增值税专用发票上注明的售价为 10 000 元，增值税税额为 1 300 元，款项已由银行收妥。该批原材料的实际成本为 9 000 元。甲公司会计处理如下：

（1）取得原材料销售收入：

借：银行存款　　　　　　　　　　　　　　　　　　11 300

　　贷：其他业务收入　　　　　　　　　　　　　　　10 000

　　　　应交税费——应交增值税（销项税额）　　　　1 300

（2）结转已销原材料的实际成本：

借：其他业务成本　　　　　　　　　　　　　　　9 000

　　贷：原材料　　　　　　　　　　　　　　　　　　　9 000

10.1.5　劳务完成时间不同等情况下提供劳务收入的确认原则

企业提供劳务的种类很多，如旅游、运输、饮食、广告、咨询、代理、培训、产品安装等。有的劳务一次就能完成，且一般为现金交易，如饮食、理发、照相等；有的劳务需要花费一段较长的时间才能完成，如安装、旅游、培训、远洋运输等。

企业提供劳务收入的确认原则因劳务完成时间的不同而不同。

（一）在同一会计期间内开始并完成的劳务

对于一次就能完成的劳务，或在同一会计期间内开始并完成的劳务，应在提供劳务交易完成时确认收入，确认的金额通常为从接受劳务方已收或应收的合同或协议价款，确认原则可参照销售商品收入的确认原则。其核算如图 10-8 所示。

在同一会计期间内开始并完成的劳务的处理	企业对外提供劳务，如属于企业的主营业务，所实现的收入作为主营业务收入处理，结转的相关成本应作为主营业务成本处理；如属于主营业务以外的其他经营活动，所实现的收入应作为其他业务收入处理，结转的相关成本应作为其他业务成本处理
	企业对外提供劳务发生的支出一般先通过"劳务成本"科目予以归集，待确认为费用时，再由"劳务成本"科目转入"主营业务成本"或"其他业务成本"科目
	对于一次就能完成的劳务，企业应在提供劳务完成时确认收入及相关成本。对于持续一段时间但在同一会计期间内开始并完成的劳务，企业应在为提供劳务发生相关支出时确认劳务成本，劳务完成时再确认劳务收入，并结转相关劳务成本

图 10-8　在同一会计期内开始并完成的劳务的处理

【例 10-12】甲公司于 2020 年 3 月 10 日接受一项设备安装任务，该安装任务可一次完成，合同总价款为 9 000 元，实际发生安装成本 5 000 元。假定安装业务属于甲公司的主营业务。甲公司应在安装完成时作如下会计分录：

借：应收账款（或银行存款）　　　　　　　　　　9 000

　　贷：主营业务收入　　　　　　　　　　　　　　　　9 000

借：主营业务成本　　　　　　　　　　　　　　　5 000

　　贷：银行存款等　　　　　　　　　　　　　　　　　5 000

若上述安装任务需花费一段时间（不超过本会计期间）才能完成，则应在为提供劳务发生有关支出时：

借：劳务成本

　　贷：银行存款等

（注：以上分录未写明金额，主要是由于实际发生成本 5 000 元是个总计数，而每笔归集劳务成本的分录金额不同，下同）

待安装完成确认所提供劳务的收入并结转该项劳务总成本时：

借：应收账款（或银行存款）　　　　　　　　　9 000

　　贷：主营业务收入　　　　　　　　　　　　　　9 000

借：主营业务成本　　　　　　　　　　　　　5 000

　　贷：劳务成本　　　　　　　　　　　　　　　　5 000

（二）劳务的开始和完成分属不同的会计期间

1. 提供劳务交易结果能够可靠估计

如劳务的开始和完成分属不同的会计期间，且企业在资产负债表日提供劳务交易的结果能够可靠估计的，应采用完工百分比法确认提供劳务收入。同时满足下列条件的，提供劳务交易的结果能够可靠估计，如图 10-9 所示。

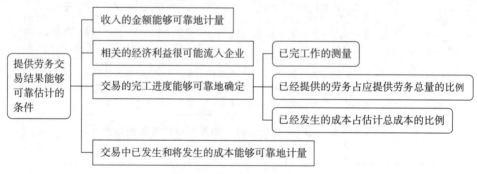

图 10-9　提供劳务交易结果能够可靠估计的条件

2. 提供劳务交易结果不能可靠估计

如劳务的开始和完成分属不同的会计期间，且企业在资产负债表日提供劳务交易结果不能可靠估计的，即不能同时满足上述 4 个条件的，不能采用完工百分比法确认提供劳务收入。此时，企业应当正确预计已经发生的劳务成本能否得到补偿，分别下列情况处理，处理情况如图 10-10 所示。

提供劳务交易结果不能可靠估计	已经发生的劳务成本预计全部能够得到补偿的，应按已收或预计能够收回的金额确认提供劳务收入，并结转已经发生的劳务成本
	已经发生的劳务成本预计部分能够得到补偿的，应按能够得到补偿的劳务成本金额确认提供劳务收入，并结转已经发生的劳务成本

图 10-10　提供劳务交易不能可靠估计的处理

【例 10-13】甲公司于 2019 年 12 月 25 日接受乙公司委托，为其培训一批学员，培训期为 6 个月，2020 年 1 月 1 日开学。协议约定，乙公司应向甲公司支付的培训费总额为 60 000 元，分三次等额支付，第一次在开学时预付，第二次在 2020 年 3 月 1 日支付，第三次在培训结束时支付。

2020 年 1 月 1 日，乙公司预付第一次培训费。至 2020 年 2 月 29 日，甲公司发生培训成本 30 000 元（假定均为培训人员薪酬）。2020 年 3 月 1 日，甲公司得知乙公司经营发生困难，后两次培训费能否收回难以确定。甲公司的会计处理如下：

（1）2020 年 1 月 1 日收到乙公司预付的培训费：

借：银行存款　　　　　　　　　　　　　　　20 000

　　贷：预收账款　　　　　　　　　　　　　　　　20 000

（2）实际发生培训成本 30 000 元：

借：劳务成本　　　　　　　　　　　　　　　30 000

　　贷：应付职工薪酬　　　　　　　　　　　　　　30 000

（3）2020 年 2 月 29 日确认提供劳务收入并结转劳务成本：

借：预收账款　　　　　　　　　　　　　　　20 000

　　贷：主营业务收入　　　　　　　　　　　　　　20 000

借：主营业务成本　　　　　　　　　　　　　30 000

　　贷：劳务成本　　　　　　　　　　　　　　　　30 000

本例中，甲公司已经发生的劳务成本 30 000 元预计只能部分得到补偿，即只能按预收款项得到补偿，应按预收账款 20 000 元确认劳务收入，并将已经发生的劳务成本 30 000 元结转入当期损益。

3. 已经发生的劳务成本预计不能得到补偿

已经发生的劳务成本预计全部不能得到补偿的，应将已经发生的劳务成本计入当期损益（主营业务成本或其他业务成本），不确认提供劳务收入。

10.1.6　采用完工百分比法确认提供劳务收入的会计处理

完工百分比法是指按照提供劳务交易的完工进度确认收入与费用的方法。其规定如图 10－11 所示。

采用完工百分比法确认提供劳务收入的会计处理

- 完工百分比法下，本期应确认的劳务收入及费用的计算公式如下：本期确认的收入=劳务总收入×本期末止劳务的完工进度-以前期间确认的收入本期确认的费用=劳务总成本×本期末止的完工进度-以前期间已确认的费
- 上述公式中的劳务总收入通常按照从接受劳务方已收或应收的合同或协议价款确定。在劳务总收入和总成本能够可靠计量的情况下，关键是确定劳务的完工进度。企业应根据所提供劳务的特点，选择确定劳务完工进度的方法

图 10－11　采用完工百分比法确认提供劳务收入的会计处理

【例 10－14】 甲公司于 2019 年 12 月 1 日接受一项设备安装任务，安装期为 3 个月，合同总收入 300 000 元，至年底已预收安装费 220 000 元，实际发生安装费用 140 000 元（假定均为安装人员薪酬），估计完成安装任务还需发生安装费用 60 000 元。假定甲公司按实际发生的成本占估计总成本的比例确定劳务的完工进度。甲公司的会计处理如下：

实际发生的成本占估计总成本的比例

$=140\ 000 \div (140\ 000+60\ 000)\times 100\% =70\%$

2019 年 12 月 31 日确认的劳务收入

$=300\ 000\times 70\% -0=210\ 000$（元）

2019 年 12 月 31 日确认的费用

$=(140\ 000+60\ 000)\times 70\% -0=140\ 000$（元）

（1）实际发生劳务成本 140 000 元：

借：劳务成本　　140 000

　　贷：应付职工薪酬　　140 000

（2）预收劳务款 220 000 元：

借：银行存款　　220 000

　　贷：预收账款　　220 000

（3）2019 年 12 月 31 日确认提供劳务收入并结转劳务成本：

借：预收账款　　210 000

　　贷：主营业务收入　　210 000

借：主营业务成本　　140 000

　　贷：劳务成本　　140 000

【例 10－15】 甲公司于 2019 年 10 月 1 日为客户研制一项软件，合同规定的研制开发期为 5 个月，合同总收入为 400 000 元，至 2019 年 12 月 31 日已发

生成本 180 000 元，预收账款 250 000 元。预计开发完成该项软件的总成本为 250 000 元。2019 年 12 月 31 日，经专业测量师测量，软件的完工进度为 70%。假定合同总收入很可能收回，研制开发软件属于甲公司的主营业务。甲公司应作如下会计处理：

（1）发生成本时：

借：劳务成本 180 000
　　贷：银行存款（应付职工薪酬等） 180 000

（2）预收款项时：

借：银行存款 250 000
　　贷：预收账款 250 000

（3）2019 年 12 月 31 日确认该项劳务的本期收入和费用：

若按专业测量师测量结果确定该劳务的完工进度，则 2013 年应确认的收入为：

400 000 × 70% − 0 = 280 000（元）

2013 年应确认的费用为：

250 000 × 70% − 0 = 175 000（元）

借：预收账款 280 000
　　贷：主营业务收入 280 000
借：主营业务成本 175 000
　　贷：劳务成本 175 000

若按已提供的劳务占应提供劳务总量的比例确定该劳务的完工进度（假定研制开发期内劳务量均衡发生），则至 2019 年 12 月 31 日，该劳务的完工进度为 60%（该项软件研制开发已完成的工作时间为 3 个月，占完成此项劳务所需总工作时间 5 个月的 60%）。据此，2019 年应确认的收入为：

400 000 × 60% − 0 = 240 000（元）

2019 年应确认的费用为：

250 000 × 60% − 0 = 150 000（元）

借：预收账款 240 000
　　贷：主营业务收入 240 000
借：主营业务成本 150 000
　　贷：劳务成本 150 000

若按已发生成本占估计总成本的比例确定该劳务的完工进度，则至 2019 年 12 月 31 日，该劳务的完工进度为 72%（180 000 ÷ 250 000 × 100%）。据此，

2013 年应确认的收入为：

　　$400\ 000 \times 72\% - 0 = 288\ 000$（元）

　　2019 年应确认的费用为：

　　$250\ 000 \times 72\% - 0 = 180\ 000$（元）

　　借：预收账款　　　　　　　　　　　　　　　　　288 000

　　　　贷：主营业务收入　　　　　　　　　　　　　　　　288 000

　　借：主营业务成本　　　　　　　　　　　　　　　　180 000

　　　　贷：劳务成本　　　　　　　　　　　　　　　　　180 000

【例 10-16】某咨询公司于 2017 年 7 月 1 日与客户签订一项咨询合同。合同规定，咨询期为 2 年，咨询费为 240 000 元，客户分三次等额支付，第一次在项目开始时支付，第二次在项目中期支付，第三次在项目结束时支付。估计总成本为 160 000 元（假定均为咨询人员薪酬），其中，2017 年发生成本 38 000 元，2018 年发生成本 80 000 元，2019 年发生成本 42 000 元。假定成本估计十分准确，咨询费也很可能收回，该公司按照已提供的劳务占应提供劳务总量的比例（按时间比例）确定该项劳务的完工程度，该公司按年度编制财务报表。该公司应作如下会计处理：

（1）2017 年实际友生成本时：

　　借：劳务成本　　　　　　　　　　　　　　　　　　38 000

　　　　贷：应付职工薪酬　　　　　　　　　　　　　　　　38 000

预收账款时：

　　借：银行存款　　　　　　　　　　　　　　　　　　80 000

　　　　贷：预收账款　　　　　　　　　　　　　　　　　80 000

2017 年 12 月 31 日按完工百分比法确认收入和费用：

　　劳务的完工进度 $= 6 \div 24 \times 100\% = 25\%$

　　应确认的收入 $= 240\ 000 \times 25\% - 0 = 60\ 000$（元）

　　应确认的费用 $= 160\ 000 \times 25\% - 0 = 40\ 000$（元）

　　借：预收账款　　　　　　　　　　　　　　　　　　60 000

　　　　贷：主营业务收入　　　　　　　　　　　　　　　60 000

　　借：主营业务成本　　　　　　　　　　　　　　　　40 000

　　　　贷：劳务成本　　　　　　　　　　　　　　　　　40 000

（2）2018 年实际发生成本时：

　　借：劳务成本　　　　　　　　　　　　　　　　　　80 000

　　　　贷：应付职工薪酬　　　　　　　　　　　　　　　8 0000

预收账款时：

借：银行存款　　　　　　　　　　　　　　　　　80 000

　　贷：预收账款　　　　　　　　　　　　　　　　　　80 000

2018 年 12 月 31 日按完工百分比法确认收入和费用：

劳务的完工进度 = 18 ÷ 24 × 100% = 75%

应确认的收入 = 240 000 × 75% - 60 000 = 120 000（元）

应确认的费用 = 160 000 × 75% - 40 000 = 80 000（元）

借：预收账款　　　　　　　　　　　　　　　　　120 000

　　贷：主营业务收入　　　　　　　　　　　　　　　　120 000

借：主营业务成本　　　　　　　　　　　　　　　　80 000

　　贷：劳务成本　　　　　　　　　　　　　　　　　　80 000

（3）2019 年实际发生成本时：

借：劳务成本　　　　　　　　　　　　　　　　　　42 000

　　贷：应付职工薪酬　　　　　　　　　　　　　　　　42 000

预收账款时：

借：银行存款　　　　　　　　　　　　　　　　　　80 000

　　贷：预收账款　　　　　　　　　　　　　　　　　　80 000

2019 年 7 月 1 日完工时确认剩余收入和费用：

借：预收账款　　　　　　　　　　　　　　　　　　60 000

　　贷：主营业务收入　　　　　　　　　　　　　　　　60 000

借：主营业务成本　　　　　　　　　　　　　　　　40 000

　　贷：劳务成本　　　　　　　　　　　　　　　　　　40 000

10.1.7　让渡资产使用权的使用费收入的核算

如前所述，让渡资产使用权收入包括利息收入和使用费收入。使用费收入主要指让渡无形资产等资产使用权的使用费收入，出租固定资产取得的租金，进行债权投资收取的利息，进行股权投资取得的现金股利等，也构成让渡资产使用权收入。这里主要介绍让渡无形资产等资产使用权的使用费收入的核算。

（一）让渡资产使用权的使用费收入的确认和计量原则

让渡资产使用权的使用费收入同时满足下列条件的，才能予以确认，如图 10 - 12 所示。

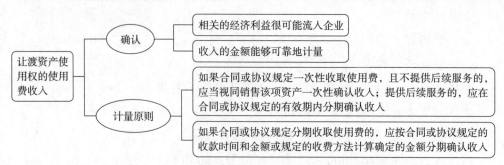

图 10-12 让渡资产使用权的使用费收入的确认和计量原则

（二）让渡资产使用权的使用费收入的会计处理

企业让渡资产使用权的使用费收入，一般作为其他业务收入处理；让渡资产所计提的摊销额等，一般作为其他业务成本处理。

【例10-17】甲公司向乙公司转让某软件的使用权，一次性收取使用费60 000元，不提供后续服务，款项已经收回。甲公司确认使用费收入的会计分录如下：

借：银行存款   60 000

      贷：其他业务收入   60 000

【例10-18】甲公司于2019年1月1日向丙公司转让某专利权的使用权，协议约定转让期为5年，每年年末收取使用费200 000元。2019年该专利权计提的摊销额为120 000元，每月计提金额为10 000元。假定不考虑其他因素。甲公司会计处理如下：

（1）2019年年末确认使用费收入：

借：应收账款（或银行存款）   200 000

      贷：其他业务收入   200 000

（2）2019年每月计提专利权摊销额：

借：其他业务成本   10 000

      贷：累计摊销   10 000

【例10-19】甲公司向丁公司转让某商品的商标使用权，约定丁公司每年年末按年销售收入的10%支付使用费，使用期10年。第一年，丁公司实现销售收入1 200 000元；第二年，丁公司实现销售收入1 800 000元。假定甲公司均于每年年末收到使用费。甲公司确认使用费收入的会计处理如下：

（1）第一年年末确认使用费收入：

应确认的使用费收入 = 1 200 000 × 10% = 120 000（元）

借：银行存款　　　　　　　　　　　　　　　　　　120 000
　　贷：其他业务收入　　　　　　　　　　　　　　　　　　20 000
（2）第二年年末确认使用费收入：
应确认的使用费收入 = 1 800 000 × 10% = 180 000（元）
借：银行存款　　　　　　　　　　　　　　　　　　180 000
　　贷：其他业务收入　　　　　　　　　　　　　　　　　180 000

10.2　费　用

10.2.1　费用的概念和特征

费用是指企业在日常活动中发生的、会导致所有者权益减少的、与向所有者分配利润无关的经济利益的总流出。费用的特点如图 10 - 13 所示。

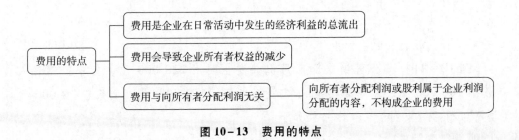

图 10-13　费用的特点

10.2.2　费用的主要内容及其核算

企业的费用主要包括的内容如图 10 - 14 所示。

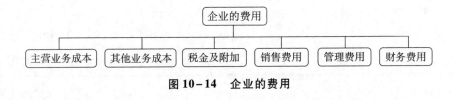

图 10-14　企业的费用

其中有关主营业务成本的核算举例参见本章第一节。有关其他业务成本的核算举例参见本章第一节。有关税金及附加的核算举例参见第八章。

（四）销售费用

销售费用是指企业在销售商品和材料、提供劳务过程中发生的各项费用，其内容与核算方法如图 10 – 15 所示。

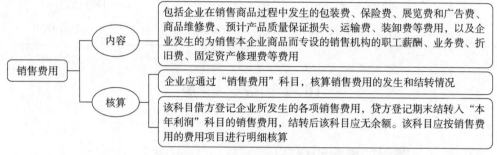

销售费用
- 内容 —— 包括企业在销售商品过程中发生的包装费、保险费、展览费和广告费、商品维修费、预计产品质量保证损失、运输费、装卸费等费用，以及企业发生的为销售本企业商品而专设的销售机构的职工薪酬、业务费、折旧费、固定资产修理费等费用
- 核算 —— 企业应通过"销售费用"科目，核算销售费用的发生和结转情况
         —— 该科目借方登记企业所发生的各项销售费用，贷方登记期末结转入"本年利润"科目的销售费用，结转后该科目应无余额。该科目应按销售费用的费用项目进行明细核算

图 10 – 15　销售费用的内容及其核算

【例 10 – 20】 某公司为宣传新产品发生广告费 80 000 元，均用银行存款支付。会计分录如下：

借：销售费用　　　　　　　　　　　　　　　　　　80 000

　　贷：银行存款　　　　　　　　　　　　　　　　　　80 000

【例 10 – 21】 某公司销售部 8 月份共发生费用 220 000 元，其中：销售人员薪酬 100 000 元，销售部专用办公设备折旧费 50 000 元，业务费 70 000 元（均用银行存款支付）。会计分录如下：

借：销售费用　　　　　　　　　　　　　　　　　　220 000

　　贷：应付职工薪酬　　　　　　　　　　　　　　　　100 000

　　　累计折旧　　　　　　　　　　　　　　　　　　　50 000

　　　银行存款　　　　　　　　　　　　　　　　　　　70 000

【例 10 – 22】 某公司销售一批产品，销售过程中发生运输费 5 000 元、装卸费 2 000 元，均用银行存款支付。会计分录如下：

借：销售费用　　　　　　　　　　　　　　　　　　7 000

　　贷：银行存款　　　　　　　　　　　　　　　　　　7 000

（五）管理费用

管理费用是指企业为组织和管理生产经营活动而发生的各种管理费用，其内容与核算方法如图 10 – 16 所示。

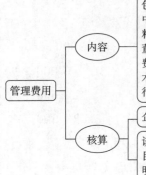

包括企业在筹建期间发生的开办费、董事会和行政管理部门在企业的经营管理中发生的或者应由企业统一负担的公司经费（包括行政管理部门职工薪酬、物料消耗、低值易耗品摊销、办公费和差旅费等）、工会经费、董事会费（包括董事会成员津贴、会议费和差旅费等）、聘请中介机构费、咨询费（含顾问费）、诉讼费、业务招待费、房产税、车船使用税、土地使用税、印花税、技术转让费、矿产资源补偿费、研究费、排污费以及企业生产车间（部门）和行政管理部门发生的固定资产修理费等

企业应通过"管理费用"科目，核算管理费用的发生和结转情况

该科目借方登记企业发生的各项管理费用，贷方登记期末转入"本年利润"科目的管理费用，结转后该科目应无余额。该科目应按管理费用的费用项目进行明细核算

图 10-16 管理费用的内容及其核算方法

【例 10-23】某企业筹建期间发生办公费、差旅费等开办费 25 000 元，均用银行存款支付。会计分录如下：

借：管理费用 25 000

　　贷：银行存款 25 000

【例 10-24】某企业为拓展产品销售市场发生业务招待费 50 000 元，均用银行存款支付。会计分录如下：

借：管理费用 50 000

　　贷：银行存款 50 000

【例 10-25】某企业就一项产品的设计方案向有关专家进行咨询，以现金支付咨询费 30 000 元。会计分录如下：

借：管理费用 30 000

　　贷：库存现金 30 000

【例 10-26】某企业行政部 9 月份共发生费用 224 000 元，其中：行政人员薪酬 150 000 元，行政部专用办公设备折旧费 45 000 元，报销行政人员差旅费 21 000 元（假定报销人均未预借差旅费），其他办公、水电费 8 000 元（均用银行存款支付）。会计分录如下：

借：管理费用 224 000

　　贷：应付职工薪酬 150 000

　　　　累计折旧 45 000

　　　　银行存款 29 000

【例10-27】某企业当月按规定计算确定的应交房产税为3 000元、应交车船使用税为2 600元、应交土地使用税为4 300元。会计分录如下：

借：管理费用　　　　　　　　　　　　　　　　　　　9 900
　　贷：应交税费——应交房产税　　　　　　　　　　3 000
　　　　　　　　——应交车船使用税　　　　　　　　2 600
　　　　　　　　——应交土地使用税　　　　　　　　4 300

【例10-28】某企业当月生产车间发生设备大修理费用45 000元（以银行存款支付），行政管理部门发生设备日常修理费用且1 000元（以现金支付），均不满足固定资产确认条件。会计分录如下：

借：管理费用　　　　　　　　　　　　　　　　　　　46 000
　　贷：银行存款　　　　　　　　　　　　　　　　　45 000
　　　　库存现金　　　　　　　　　　　　　　　　　1 000

（六）财务费用

财务费用是指企业为筹集生产经营所需资金等而发生的筹资费用，其内容及核算方法如图10-17所示。

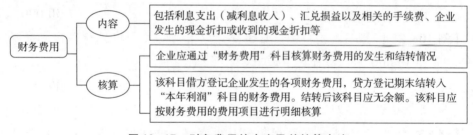

图10-17　财务费用的内容及其核算方法

【例10-29】某企业于2020年1月1日向银行借入生产经营用短期借款360 000元，期限6个月，年利率5%，该借款本金到期后一次归还，利息分月预提，按季支付。假定所有利息均不符合利息资本化条件。有关利息支出的会计处理如下：

每月末，预提当月份应计利息：

360 000 × 5% ÷ 12 = 1 500（元）

借：财务费用　　　　　　　　　　　　　　　　　　　1 500
　　贷：应付利息　　　　　　　　　　　　　　　　　1 500

【例10-30】某企业于2020年1月1日向银行借入生产经营用短期借款360 000元，期限6个月，年利率5%，该借款本金到期后一次归还，利息分月预提，按季支付。假定1月份将其中120 000元暂时作为闲置资金存入银行，并获得利息收入400元。假定所有利息均不符合利息资本化条件。1月份相关利息的会计处理如下：

1月末，预提当月份应计利息：

360 000 × 5% ÷ 12 = 1 500（元）

借：财务费用　　　　　　　　　　　　　　　　　1 500

　　贷：应付利息　　　　　　　　　　　　　　　　　1 500

同时，当月取得的利息收入400元应作为冲减财务费用处理。

借：银行存款　　　　　　　　　　　　　　　　　400

　　贷：财务费用　　　　　　　　　　　　　　　　　400

【例10-31】某企业于2020年1月1日平价发行公司债券，面值500 000 000元，期限2年，年利率6%，到期后本息一次归还。债券发行过程中，发生手续费2 500 000元。有关手续费的会计分录公。下：

借：财务费用　　　　　　　　　　　　　　　　2 500 000

　　贷：银行存款　　　　　　　　　　　　　　　　2 500 000

10.3　政府补助

10.3.1　政府补助的概念和特征

政府补助是指企业从政府无偿取得货币性资产或非货币性资产，但不包括政府作为企业所有者投入的资本。其中，"政府"包括各级人民政府以及政府组成部门（如财政、卫生部门）、政府直属机构（如税务、环保部门）等。联合国、世界银行等国际类似组织，也视同为政府。

政府补助的特征如图10-18所示。

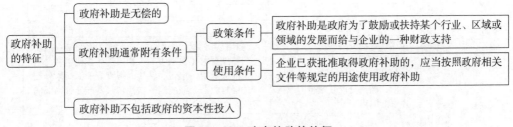

图10-18　政府补助的特征

10.3.2　政府补助的主要形式

政府补助通常为货币性资产形式，最常见的就是通过银行转账的方式；但由于历史原因也存在无偿划拨非货币性资产的情况，随着市场经济的逐步完善，这种情况已经趋于消失。政府补助的主要形式如图 10-19 所示。

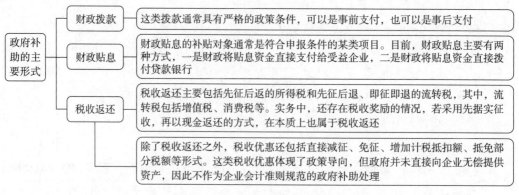

图 10-19　政府补助的主要形式

10.3.3　与资产相关的政府补助

与资产相关的政府补助，是指企业取得的、用于购建或以其他方式形成长期资产的政府补助。

这类补助一般以银行转账的方式拨付，应当在实际收到款项时按照到账的实际金额确认和计量。在很少的情况下，这类补助也可能表现为政府向企业无偿划拨长期非货币性资产，应当在实际取得资产并办妥相关受让手续时按照其公允价值确认和计量，公允价值不能可靠取得的，按照名义金额（即 1 人民币元）计量。

与资产相关的政府补助的核算如图 10-20 所示。

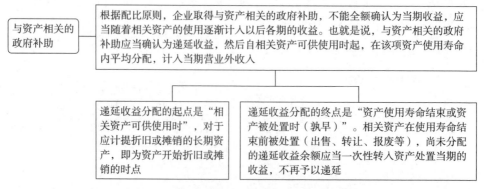

图 10-20　与资产相关的政府补助的核算

【例10-32】2011年1月1日，政府拨付A企业500万元财政拨款（同日到账），要求用于购买大型科研设备1台；并规定若有结余，留归企业自行支配。2011年2月1日，A企业购入大型设备（假设不需安装），实际成本为480万元，使用寿命为10年。2019年2月1日，A企业出售了这台设备。A企业的会计处理如下：

（1）2011年1月1日实际收到财政拨款，确认政府补助：

借：银行存款   5 000 000

　　贷：递延收益   5 000 000

（2）2011年2月1日购入设备：

①结余的处理。结余需要上交或部分上交的，按需上交的金额冲减"递延收益"；不需上交的结余，记入当期营业外收入：

借：递延收益   200 000

　　贷：营业外收入   200 000

②分配递延收益。自2011年2月起，每个资产负债表日：

借：递延收益   40 000

　　贷：营业外收入   40 000

（3）2019年2月1日出售设备，转销递延收益余额：

借：递延收益   240 000

　　贷：营业外收入   240 000

【例10-33】2019年1月1日，B企业为建造一项环保工程向银行贷款500万元，期限2年，年利率为6%。当年12月31日，B企业向当地政府提出财政贴息申请。经审核，当地政府批准按照实际贷款额500万元给予B企业年利率3%的财政贴息，共计30万元，分两次支付。2020年1月15日，第一笔财政贴息资金12万元到账。2020年7月1日，工程完工，第二笔财政贴息资金18万元到账，该工程预计使用寿命10年。B企业的会计处理如下：

（1）2020年1月15日实际收到财政贴息，确认政府补助：

借：银行存款   120 000

　　贷：递延收益   120 000

（2）2020年7月1日实际收到财政贴息，确认政府补助：

借：银行存款   18 000

　　贷：递延收益   180 000

（3）2020年7月1日工程完工，开始分配递延收益，自2020年7月1日起，每个资产负债表日：

```
借：递延收益                                          2 500
    贷：营业外收入                                          2 500
```

10.3.4 与收益相关的政府补助

与收益相关的政府补助，是指除与资产相关的政府补助之外的政府补助。

这类补助通常以银行转账的方式拨付，应当在实际收到款项时按照到账的实际金额确认和计量。比如，按照有关规定对企业先征后返的增值税，企业应当在实际收到返还的增值税税款时将其确认为收益，而不应当在确认应付增值税时确认应收税收返还款。只有存在确凿证据表明该项补助是按照固定的定额标准拨付的，才可以在这项补助成为应收款时予以确认并按照应收的金额计量。例如，按储备量和补助定额计算和拨付给企业的储备粮存储费用补贴，可以按照实际储备量和补贴定额计算应收政府补助款。

与收益相关的政府补助的核算如图 10-21 所示。

与收益相关的政府补助的核算

| 与收益相关的政府补助应当在其补偿的相关费用或损失发生的期间计入当期损益，即：用于补偿企业以后期间费用或损失的，在取得时先确认为递延收益，然后在确认相关费用的期间计入当期营业外收入；用于补偿企业已发生费用或损失的，取得时直接计入当期营业外收入 |

| 有些情况下，企业可能不容易分清与收益相关的政府补助是用于补偿已发生费用，还是用于补偿以后将发生的费用。根据重要性原则，企业通常可以将与收益相关的政府补助直接计入当期营业外收入，对于金额较大的补助，可以分期计入营业外收入 |

图 10-21　与收益相关的政府补助的核算

【例 10-34】甲企业生产一种先进的模具产品，按照国家相关规定，该企业的这种产品适用增值税先征后返政策，即先按规定征收增值税，然后按实际缴纳增值税税额返还 70%。2020 年 1 月，该企业实际缴纳增值税税额 120 万元。2020 年 2 月，该企业实际收到返还的增值税税额 84 万元。甲企业实际收到返还的增值税税额的会计分录如下：

```
借：银行存款                                        840 000
    贷：营业外收入                                        840 000
```

【例 10-35】乙企业为一家储备粮企业，2020 年实际粮食储备量 1 亿斤。根据国家有关规定，财政部门按照企业的实际储备量给予每斤 0.039 元的粮食保管费补贴，于每个季度初支付。乙企业的会计处理如下：

（1）2020 年 1 月，乙企业收到财政拨付的补贴款时：

借：银行存款　　　　　　　　　　　　　　　　　3 900 000

　　贷：递延收益　　　　　　　　　　　　　　　　　　3 900 000

（2）2020 年 1 月，将补偿 1 月份保管费的补贴计入当期收益：

借：递延收益　　　　　　　　　　　　　　　　　1 300 000

　　贷：营业外收入　　　　　　　　　　　　　　　　　1 300 000

（2020 年 2 月和 3 月的会计分录同上）

【例 10-36】　按照相关规定，粮食储备企业需要根据有关主管部门每季度下达的轮换计划出售陈粮，同时购入新粮。为弥补粮食储备企业发生的轮换费用，财政部门按照轮换计划中规定的轮换量支付给企业 0.02 元/斤的轮换费补贴。假设按照轮换计划，丙企业需要在 2020 年第一季度轮换储备粮 1.2 亿斤，款项尚未收到。丙企业的会计处理如下：

（1）2020 年 1 月按照轮换量 1.2 亿斤和国家规定的补贴定额 0.02 元/斤，计算和确认其他应收款 240 万元：

借：其他应收款　　　　　　　　　　　　　　　　2 400 000

　　贷：递延收益　　　　　　　　　　　　　　　　　　2 400 000

（2）2020 年 1 月，将补偿 1 月份保管费的补贴计入当期收益：

借：递延收益　　　　　　　　　　　　　　　　　　800 000

　　贷：营业外收入　　　　　　　　　　　　　　　　　　800 000

（2020 年 2 月和 3 月的会计分录同上）

【例 10-37】　2020 年 3 月，丁粮食企业为购买储备粮从国家农业发展银行贷款 2 000 万元，同期银行贷款利率为 6%。自 2020 年 4 月开始，财政部门于每季度初，按照丁企业的实际贷款额和贷款利率拨付丁企业贷款利息，丁企业收到财政部门拨付的利息后再支付给银行。丁企业的会计处理如下：

（1）2020 年 4 月，实际收到财政贴息 30 万元时：

借：银行存款　　　　　　　　　　　　　　　　　　300 000

　　贷：递延收益　　　　　　　　　　　　　　　　　　300 000

（2）将补偿 2020 年 4 月份利息费用的补贴计入当期收益：

借：递延收益　　　　　　　　　　　　　　　　　　100 000

　　贷：营业外收入　　　　　　　　　　　　　　　　　　100 000

（2020 年 5 月和 6 月的会计分录同上）

10.3.5　与资产和收益均相关的政府补助

政府补助的对象常常是综合性项目，可能既包括设备等长期资产的购置，也包括人工费、购买服务费、管理费等费用化支出的补偿，这种政府补助与资产和收益均相关。

企业取得这类政府补助时，需要将其分解为与资产相关的部分和与收益相关的部分，分别进行会计处理。在实务中，政府常常只补贴整个项目开支的一部分，企业可能确实难以区分某项政府补助中哪些与资产相关、哪些与收益相关，或者对其进行划分不符合重要性原则或成本效益原则。这种情况下，企业可以将整项政府补助归类为与收益相关的政府补助，视情况不同计入当期损益，或者在项目期内分期确认为当期收益。

【例10-38】A公司2019年12月申请某国家级研发补贴。申报书中的有关内容如下：本公司于2019年1月启动数字印刷技术开发项目，预计总投资360万元、为期3年，已投入资金120万元。项目还需新增投资240万（其中，购置固定资产80万元、切地租赁费40万元、人员费100万元、市场营销20万元），计划自筹资金120万元、申请财政拨款120万元。

2020年1月1日，主管部门批准了A公司的申报，签订的补贴协议规定：批准A公司补贴申请，共补贴款项120万元，分两次拨付。合同签订日拨付60万元，结项验收时支付60万元（如果不能通过验收，则不支付第二笔款项）。A公司的会计处理如下：

（1）2020年1月1日，实际收到拨款60万元：

借：银行存款　　　　　　　　　　　　　　　　600 000

　　贷：递延收益　　　　　　　　　　　　　　　　　600 000

（2）自2020年1月1日至2021年1月1日，每个资产负债表日，分配递延收益（假设按年分配）：

借：递延收益　　　　　　　　　　　　　　　　300 000

　　贷：营业外收入　　　　　　　　　　　　　　　　300 000

（3）2021年项目完工，假设通过验收，于5月1日实际收到拨付60万元：

借：银行存款　　　　　　　　　　　　　　　　600 000

　　贷：营业外收入　　　　　　　　　　　　　　　　600 000

【例10-39】按照有关规定，2019年9月甲企业为其自主创新的某高新技术项目申报政府财政贴息，申报材料中表明该项目已于2019年3月启动，预计共需投入资金 2 000 万元，项目期 2.5 年，已投入资金 600 万元。项目尚需新增投资 1 400 万元，其中计划贷款 800 万元，已与银行签订贷款协议，协议规定贷款年利率 6%，贷款期 2 年。

经审核，2019 年 11 月政府批准拨付甲企业贴息资金 70 万元，分别在 2020 年 10 月和 2021 年 10 月支付 30 万元和 40 万元。甲企业的会计处理如下：

（1）2020 年 10 月实际收到贴息资金 30 万元：

借：银行存款　　　　　　　　　　　　　　　　　　300 000

　　贷：递延收益　　　　　　　　　　　　　　　　　300 000

（2）2020 年 10 月起，在项目期内分配递延收益（假设按月分配）：

借：递延收益　　　　　　　　　　　　　　　　　　25 000

　　贷：营业外收入　　　　　　　　　　　　　　　　25 000

（3）2021 年 10 月实际收到贴息资金 40 万元：

借：银行存款　　　　　　　　　　　　　　　　　　400 000

　　贷：营业外收入　　　　　　　　　　　　　　　　400 000

10.4　利　　润

10.4.1　利润的构成

利润是指企业在一定会计期间的经营成果。利润包括收入减去费用后的净额、直接计入当期利润的利得和损失等。

直接计入当期利润的利得和损失，是指应当计入当期损益、会导致所有者权益发生增减变动的、与所有者投入资本或者向所有者分配利润无关的利得或者损失。

利润的构成及计算公式如图 10 – 22 所示。

10.4.2　营业外收入和营业外支出的核算

（一）营业外收入

1. 营业外收入核算的内容

营业外收入是指企业发生的与其日常活动无直接关系的各项利得。营业外收入并不是企业经营资金耗费所产生的，不需要企业付出代价，实际上是经济利益的净流入，不可能也不需要与有关的费用进行配比。营业外收入的核算内容如

图 10 - 23 所示。

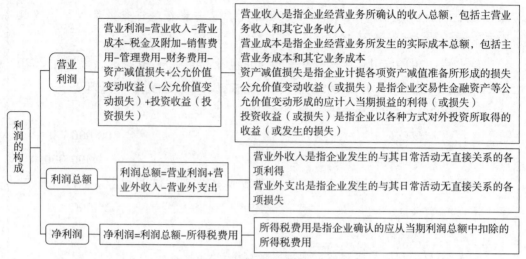

图 10 - 22　利润的构成及计算公式

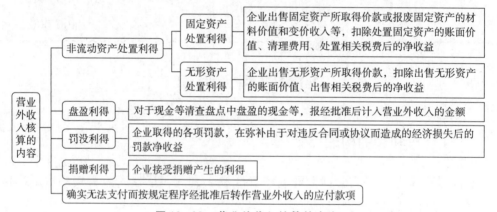

图 10 - 23　营业外收入核算的内容

2. 营业外收入的会计处理

营业外收入的会计处理如图 10 - 24 所示。

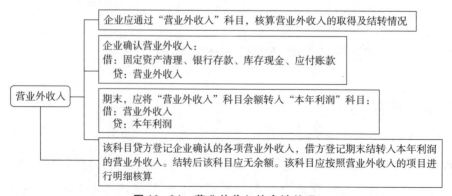

图 10 - 24　营业外收入的会计处理

【例10-40】某企业将固定资产报废清理的净收益8 000元转作营业外收入。会计分录如下：

借：固定资产清理 8 000

　　贷：营业外收入 8 000

【例10-41】某企业本期营业外收入总额为180 000元，期末结转本年利润。会计分录如下：

借：营业外收入 180 000

　　贷：本年利润 180 000

（二）营业外支出

1. 营业外支出核算的内容

营业外支出是指企业发生的与其日常活动无直接关系的各项损失，其核算的内容如图10-25所示。

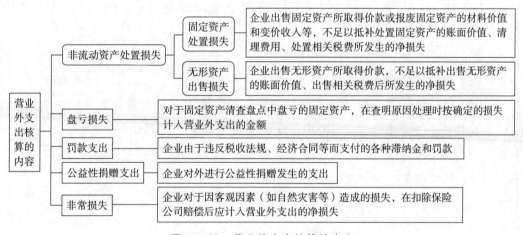

图10-25　营业外支出核算的内容

2. 营业外支出的会计处理

营业外支出的会计处理如图10-26所示。

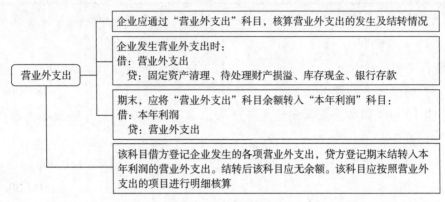

图 10-26　营业外支出的会计处理

【例 10-42】某企业将已经发生的原材料意外灾害损失 270 000 元转作营业外支出。会计分录如下：

借：营业外支出　　　　　　　　　　　　　　　　　　270 000

　　贷：待处理财产损溢　　　　　　　　　　　　　　　　270 000

【例 10-43】某企业用银行存款支付税款滞纳金 30 000 元。会计分录如下：

借：营业外支出　　　　　　　　　　　　　　　　　　30 000

　　贷：银行存款　　　　　　　　　　　　　　　　　　30 000

【例 10-44】某公司将拥有的一项非专利技术出售，取得价款 900 000 元。该非专利技术的账面余额为 1 000 000 元，累计摊销额为 100 000 元，未计提减值准备。会计分录如下：

借：银行存款　　　　　　　　　　　　　　　　　　900 000

　　累计摊销　　　　　　　　　　　　　　　　　　100 000

　　贷：无形资产　　　　　　　　　　　　　　　　　1 000 000

【例 10-45】某企业本期营业外支出总额为 840 000 元，期末结转本年利润。会计分录如下：

借：本年利润　　　　　　　　　　　　　　　　　　840 000

　　贷：营业外支出　　　　　　　　　　　　　　　　840 000

10.4.3　所得税费用的核算

所得税是根据企业应纳税所得额的一定比例上交的一种税金。企业在计算确定当期所得税以及递延所得税费用（或收益）的基础上，应将两者之和确认为利润表中的所得税费用（或收益）。公式如下：

所得税费用（或收益）＝当期所得税＋递延所得税费用（－递延所得税收益）

递延所得税费用＝递延所得税负债增加额＋递延所得税资产减少额

递延所得税收益＝递延所得税负债减少额＋递延所得税资产增加额

（一）当期所得税的计算

应纳税所得额是在企业税前会计利润（即利润总额）的基础上调整确定的。计算公式为：

应纳税所得额＝税前会计利润＋纳税调整增加额－纳税调整减少额

纳税调整增加额主要包括税法规定允许扣除项目中，企业已计入当期费用中超过税法规定扣除标准的金额（如超过税法规定标准的工资支出、业务招待费支出），以及企业已计入当期损失但税法规定不允许扣除项目的金额（如税收滞纳金、罚款、罚金）。

纳税调整减少额主要包括按税法规定允许弥补的亏损和准予免税的项目，如前五年内的未弥补亏损和国债利息收入等。

企业当期所得税的计算公式为：

应交所得税＝应纳税所得额×所得税税率

【例 10 - 46】甲公司 2019 年度按企业会计准则计算的税前会计利润为 1 977 000 元，所得税税率为 33%。当年按税法核定的全年计税工资为 2 000 000 元，甲公司全年实发工资为 2 200 000 元；经查，甲公司当年营业外支出中有 100 000 元为税款滞纳罚金。假定甲公司全年无其他纳税调整因素。

本例中，甲公司有两项纳税调整因素，一是已计入当期费用但超过税法规定标准的工资支出；二是已计入当期营业外支出但按税法规定不允许扣除的税款滞纳金，这两个因素均应调整增加应纳税所得额。甲公司当期所得税的计算如下：

纳税调整数 = 2 200 000 － 2 000 000 ＋ 100 000 = 300 000（元）

应纳税所得额 = 19 700 000 ＋ 300 000 = 20 000 000（元）

当期应交所得税额 = 20 000 000 × 33% = 6 600 000（元）

【例 10 - 47】甲公司 2019 年度按企业会计准则计算的税前会计利润为 10 000 000 元，所得税税率为 33%。当年按税法核定的全年计税工资为 2 000 000 元，甲公司全年实发工资为 1 800 000 元。假定甲公司全年无其他纳税调整因素。

企业实际支付的工资总额超过计税工资时，超出的部分不得作为纳税扣除项目，应调整增加应纳税所得额。但企业实际支付的工资总额低于计税工资时，应按实际支付的工资总额作为纳税扣除项目，即企业实际支付的工资总额低于计税工资的部分不调整应纳税所得额。本例中，甲公司实际支付的工资总额低于计税工资，不属于纳税调整因素，甲公司又无其他纳税调整因素，因此甲公司 2019 年度计算的税前会计利润即为应纳税所得额。甲公司当期所得税的计算如下：

当期应交所得税额 = 10 000 000 × 33% = 3 300 000（元）

【例 10 - 48】甲公司 2019 年全年利润总额（即税前会计利润）为 10 200 000元，其中包括本年收到的国库券利息收入 200 000 元，所得税税率为 33%。假定甲公司本年无其他纳税调整因素。

按照税法的有关规定，企业购买国库券的利息收入免交所得税，即在计算纳税所得时可将其扣除。甲公司当期所得税的计算如下：

应纳税所得额 = 10 200 000 - 200 000 = 10 000 000（元）

当期应交所得税额 = 10 000 000 × 33% = 3 300 000（元）

（二）所得税费用的会计处理

企业应根据会计准则的规定，对当期所得税加以调整计算后，据以确认应从当期利润总额中扣除的所得税费用。

【例 10 - 49】承【例 10 - 47】甲公司递延所得税负债年初数为 40 000 元，年末数为 55 000 元，递延所得税资产年初数为 250 000 元，年末数为 200 000元。甲公司的会计处理如下：

甲公司所得税费用的计算如下：

递延所得税费用 =（55 000 - 4 000）+（250 000 - 200 000）= 65 000（元）

所得税费用 = 当期所得税 + 递延所得税费用 = 3 300 000 + 65 000 = 3 365 000（元）

甲公司会计分录如下：

借：所得税　　　　　　　　　　　　　　　　　　　3 365 000

　　贷：应交所得税　　　　　　　　　　　　　　　　3 300 000

　　　　递延所得税负债　　　　　　　　　　　　　　　 65 000

10.4.4　本年利润的会计处理

会计期末结转本年利润的方法有表结法和账结法两种。

年度终了，应将本年收入和支出相抵后结出的本年实现的净利润，由"本年利润"科目转入"利润分配"科目。

【例10-50】乙公司2019年有关损益类科目的年末余额如下（该企业采用表结法年末一次转损益类科目，所得税税率为33%）：

科目名称：结账前余额

主营业务收入　6 000 000元（贷）

其他业务收入　700 000元（贷）

公允价值变动损益　150 000元（贷）

投资收益　600 000元（贷）

营业外收入　50 000元（贷）

主营业务成本　4 000 000元（借）

其他业务成本　400 000元（借）

税金及附加　80 000元（借）

销售费用　500 000元（借）

管理费用　770 000元（借）

财务费用　200 000元（借）

资产减值损失　100 000元（借）

营业外支出　250 000元（借）

乙公司2012年末结转本年利润的会计分录如下：

（1）将各损益类科目年末余额结转A"本年利润"科目：

①结转各项收入、利得类科目：

借：主营业务收入　　　　　　　　　　　　　　6 000 000

　　其他业务收入　　　　　　　　　　　　　　　700 000

　　公允价值变动损益　　　　　　　　　　　　　150 000

　　投资收益　　　　　　　　　　　　　　　　　600 000

　　营业外收入　　　　　　　　　　　　　　　　 50 000

　　贷：本年利润　　　　　　　　　　　　　　7 500 000

②结转各项费用、损失类科目

借：本年利润　　　　　　　　　　　　　　　　6 300 000

　　贷：主营业务成本　　　　　　　　　　　　4 000 000

　　　　其他业务成本　　　　　　　　　　　　　400 000

　　　　税金及附加　　　　　　　　　　　　　　 80 000

　　　　销售费用　　　　　　　　　　　　　　　500 000

管理费用	770 000
财务费用	200 000
资产减值损失	100 000
营业外支出	250 000

（2）经过上述结转后，"本年利润"科目的贷方发生额合计 7 500 000 元减去借方发生额合计 6 300 000 元即为税前会计利润 1 200 000 元。假设将该税前会计利润进行纳税调整后，应纳税所得额为 1 000 000 元，则应交所得税额 = 1 000 000 × 33% = 330 000（元）。假定将该应交所得税按照会计准则进行调整后计算确认的所得税费用为 380 000 元。

①确认所得税费用，会计分录略。

②将所得税费用结转入"本年利润"科目：

借：本年利润   380 000

    贷：所得税费用   380 000

（3）将"本年利润"科目年末余额 820 000（7 500 000 − 6 300 000 − 380 000）元转入"利润分配——未分配利润"科目：

借：本年利润   820 000

    贷：利润分配——未分配利润   820 000

本章实操要点

1. 销售商品收入的确认条件是收入核算的一个关键点，必须掌握五条原则。

2. 商业折扣是指企业为促进商品销售而在商品标价上给予的价格扣除。商业折扣在销售时即已发生，并不构成最终成交价格的一部分。

3. 现金折扣是指债权人为鼓励债务人在规定的期限内付款而向债务人提供的债务扣除，应在实际发生时计入当期财务费用。

4. 完工百分比法下，本期应确认的劳务收入及费用的计算公式如下：

本期确认的收入 = 劳务总收入 × 本期末止劳务的完工进度 − 以前期间确认的收入

本期确认的费用 = 劳务总成本 × 本期末止的完工进度 − 以前期间已确认的费用

5. 与资产相关的政府补助应当确认为递延收益；与收益相关的政府补助应当在其补偿的相关费用或损失发生的期间计入当期损益；与资产和收益均相关的政府补助需要将其分解为与资产相关的部分和与收益相关的部分，分别进行会计处理。

第十一章

财务报表

——帮助管理者全面把握企业状况

内容概览

　　财务报表是企业财务状况、经营成果和现金流量的结构性表述。企业编制财务报表的目标，是向财务报表使用者提供与企业财务状况、经营成果和现金流量等有关的会计信息，反映企业管理层受托责任履行情况，有助于财务报表使用者作出经济决策。

　　在本章的学习中，我们将解决读者的以下的问题：

　　（1）财务报表是什么？由那些部分组成？

　　（2）资产负债表有什么内容？结构如何？按什么方法编制？

　　（3）利润表的内容有哪些？结构如何？编制方法是什么？

　　（4）现金流量表有哪些内容？结构如何？怎样编制？

11.1　财务报表是什么

11.1.1　财务报表及其目标

　　财务报表是企业财务状况、经营成果和现金流量的结构性表述。

　　企业编制财务报表的目标，是向财务报表使用者提供与企业财务状况、经营成果和现金流量等有关的会计信息，反映企业管理层受托责任的履行情况，有助于财务报表使用者作出经济决策。财务报表使用者通常包括投资者、债权人、政府及其有关部门和社会公众等。

11.1.2 财务报表的组成和分类

（一）财务报表的组成

一套完整的财务报表包括的基本内容如图11-1所示。

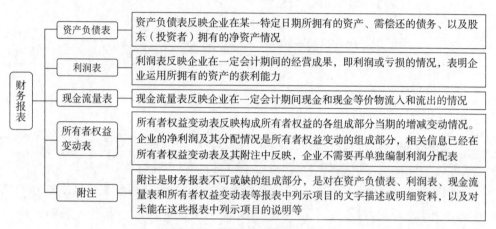

图11-1 财务报表的基本内容

（二）财务报表的分类

财务报表可以按照不同的标准进行分类，如图11-2所示。

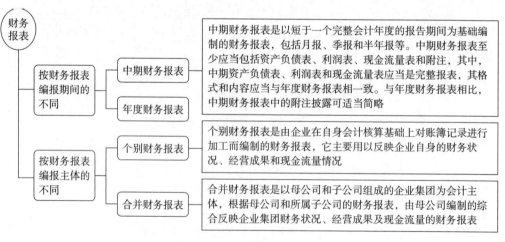

图11-2 财务报表的分类

11.2　资产负债表

11.2.1　资产负债表概述

资产负债表是指反映企业在某一特定日期的财务状况的报表。资产负债表主要反映资产、负债和所有者权益三方面的内容，并满足"资产＝负债＋所有者权益"平衡式。

（一）资产，反映由过去的交易、事项形成并由企业在某一特定日期所拥有或控制的、预期会给企业带来经济利益的资源。资产负债表中资产的内容如图 11－3 所示。

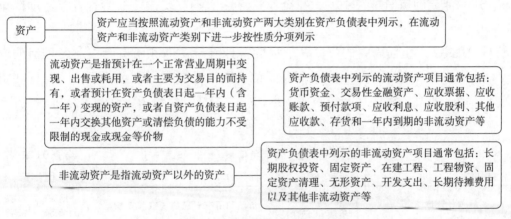

图 11－3　资产负债表中资产的内容

（二）负债，反映在某一特定日期企业所承担的、预期会导致经济利益流出企业的现时义务。资产负债表中负债的内容如图 11－4 所示。

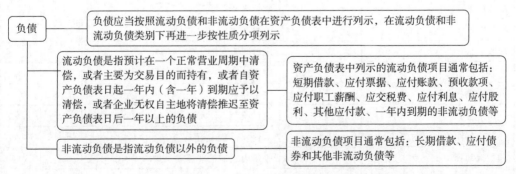

图 11－4　资产负债表中负债的内容

（三）所有者权益，是企业资产扣除负债后的剩余权益，反映企业在某一特定日期股东（投资者）拥有的净资产的总额，它一般按照实收资本、资本公积、盈余公积和未分配利润分项列示。

11.2.2　资产负债表的结构

我国企业的资产负债表采用账户式结构。账户式资产负债表分左右两方，左方为资产项目，大体按资产的流动性大小排列，流动性大的资产如"货币资金""交易性金融资产"等排在前面，流动性小的资产如"长期股权投资""固定资产"等排在后面。右方为负债及所有者权益项目，一般按要求清偿时间的先后顺序排列："短期借款""应付票据""应付账款"等需要在一年以内或者长于一年的一个正常营业周期内偿还的流动负债排在前面，"长期借款'"等在一年以上才需偿还的非流动负债排在中间，在企业清算之前不需要偿还的所有者权益项目排在后面。

账户式资产负债表中的资产各项目的合计等于负债和所有者权益各项目的合计，即资产负债表左方和右方平衡。因此，通过账户式资产负债表，可以反映资产、负债、所有者权益之间的内在关系，即"资产 = 负债 + 所有者权益"。

我国企业资产负债表格式如表 11 - 1 所示。

表 11-1　　　　　　　　　资产负债表　　　　　　　　　会企 01 表

编制单位：　　　　　　　　　　年　月　日　　　　　　　　　单位：元

资产	期末余额	年初余额	负债和所有者权益（或股东权益）	期末余额	年初余额
流动资产：			流动负债：		
货币资金			短期借款		
交易性金融资产			交易性金融负债		
应收票据			应付票据		
应收账款			应付账款		
预付账款			预收账款		
应收利息			应付职工薪酬		
应收股利			应交税费		
其他应收款			应付利息		
存货			应付股利		
一年内到期的非流动资产			其他应付款		
其他流动资产			一年内到期的非流动负债		
流动资产合计			其他流动负债		
非流动资产：			流动负债合计		

续表

资产	期末余额	年初余额	负债和所有者权益（或股东权益）	期末余额	年初余额
可供出售金融资产			非流动负债：		
持有至到期投资			长期借款		
长期应收款			应付债券		
长期股权投资			长期应付款		
投资性房地产			专项应付款		
固定资产			预计负债		
在建工程			递延所得税负债		
工程物资			其他非流动负债		
固定资产清理			非流动负债合计		
生产性生物资产			负债合计		
油气资产			所有者权益（或股东权益）		
无形资产			实收资本（或股本）		
开发支出			资本公积		
商誉			减：库存股		
长期待摊费用			盈余公积		
递延所得税资产			未分配利润		
其他非流动资产			所有者权益（或股东权益）合计		
非流动资产合计					
资产总计			负债和所有者权益（或股东权益）总计		

11.2.3 资产负债表的编制

资产负债表各项目均需填列"年初余额"额和"期末余额"两栏，其中"年初余额"栏内各项数字，应根据上年末资产负债表的"期末余额"栏内所列数字填列。"期末余额"栏主要有以下几种填列方法，如图 11-5 所示。

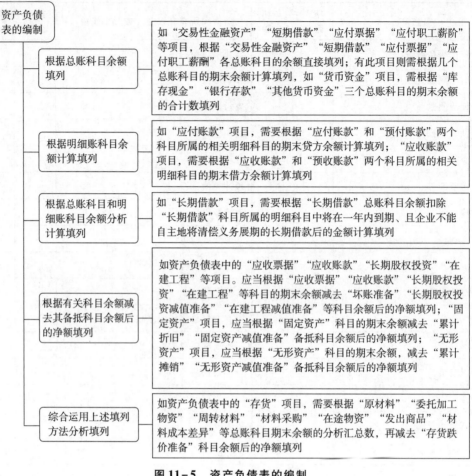

图 11-5 资产负债表的编制

11.3 利 润 表

11.3.1 利润表的概念和结构

利润表是指反映企业在一定会计期间的经营成果的报表。

通过提供利润表，可以反映企业在一定会计期间收入、费用或亏损的数额、构成情况，帮助账务报表使用者全面了解企业的经营成果，分析企业的获利能力及盈利增长趋势，从而为其作出经济决策提供依据。

我国企业的利润表采用多步式格式，如表 11-2 所示。

<table>
<tr><td>表 11-2</td><td>利润表</td><td>会企 02 表</td></tr>
</table>

编制单位：　　　　　　　　　　　　　　　年　月　　　　　　　　　　　　　单位：元

项目	本期金额	上期金额
一、营业收入		
减：营业成本		
税金及附加		
销售费用		
管理费用		
财务费用		
资产减值损失		
加：公允价值变动收益（损失以"﹣"号填列）		
投资收益（损失以"﹣"填列）		
其中：对联营企业和合营企业的投资收益		
二、营业利润（亏损以"﹣"号填列）		
加：营业外收入		
减：营业外支出		
其中：非流动资产处置损失		
三、利润总额（亏损总额以"﹣"号填列）		
减：所得税费		
四、净利润（净亏损以"﹣"填列）		

11.3.2　利润表的编制

我国企业利润表的主要编制步骤和内容如图 11-6 所示。

第一步，计算出营业利润。营业利润=营业收入﹣营业成本﹣税金及附加﹣销售费用﹣管理费用﹣财务费用﹣资产减值损失+公允价值变动收益（减去公允价值变动损失）+投资收益（减去投资损失）

第二步，计算出利润总额。利润总额=营业利润+营业外收入﹣营业外支出

第三步，计算出净利润（或亏损）。净利润=利润总额﹣所得税费用

利润表各项目均需填列"本期金额"和"上期金额"两栏。其中"上期金额"栏内各项数字，应根据上年该期利润表的"本期金额"栏内所列数字填列。"本期金额"栏内各期数字，除"基本每股收益"和"稀释每股收益"项目外，应当按照相关科目的发生额分析填列。如"营业收入"项目，根据"主营业务收入""其他业务收入"科目的发生额分析计算填列；"营业成本"项目，根据"主营业务成本""其他业务成本"科目的发生额分析计算填列。其他项目均按照各该科目的发生额分析填列

图 11-6　利润表的编制步骤

普通股或潜在普通股已公开交易的企业，以及正处于公开发行普通股或潜在普通股过程中的企业，还应当在利润表中列示每股收益信息。

【例 11-1】某企业 2019 年度"主营业务收入"科目的贷方发生额为 33 000 000 元，借方发生额为 200 000 元（系 11 月份发生的购买方退货），"其他业务收入"科目的贷方发生额为 2 000 000 元。

该企业 2019 年度利润表中"营业收入"的项目金额为：33 000 000 - 200 000 + 2 000 000 = 34 800 000（元）

本例中，企业一般应当以"主营业务收入"和"其他业务收入"两个总账科目的贷方发生额之和，作为利润表中"营业收入"的项目金额。当年发生销售退回的，以应冲减销售退回主营业务收入后的金额，填列"营业收入"项目。

【例 11-2】某企业 2019 年度"主营业务成本"科目的借方发生额为 30 000 000 元；2020 年 1 月 8 日，2019 年 12 月销售给某单位的一批产品由于质量问题被退回，其成本为 1 800 000 元；该企业的财务报表批准报出日为 2020 年 3 月 1 日；"其他业务成本"科目借方发生额为 80 000 元。

该企业 2019 年度利润表中的"营业成本"的项目金额为：30 000 000 - 1 800 000 + 800 000 = 29 000 000（元）

本例中，企业一般应当以"主营业务成本"和"其他业务成本"两个总账科目的借方发生额之和，作为利润表中"营业成本"的项目金额。当年发生销售退回的，应加上销售退回商品成本后的金额，填列"营业成本"项目。

【例 11-3】某企业 2019 年 12 月 31 日"资产减值损失"科目当年借方发生额为 680 000 元，贷方发生额为 320 000 元。

该企业 2019 年度利润表中"资产减值损失"的项目金额为：680 000 - 320 000 = 360 000（元）

本例中，企业应当以"资产减值损失"总账科目借方发生额减去贷方发生额后的余额，作为利润表中"资产减值损失"的项目金额。

【例 11-4】某企业 2019 年"公允价值变动损益"科目贷方发生额为 900 000 元，借方发生额为 12 000 元。

该企业 2019 年度利润表中"公允价值变动收益"的项目金额为：900 000 - 120 000 = 780 000（元）

本例中，企业应当以"公允价值变动损益"总账科目贷方发生额减去借方发生额后的余额，作为利润表中"公允价值变动收益"的项目金额，若相减后为负数，表示公允价值变动损失，以"-"号填列。

【例11-5】截止到2019年12月31日，某企业"主营业务收入"科目发生额为1 990 000元，"主营业务成本"科目发生额为630 000元，"其他业务收入"科目发生额为500 000元，"其他业务成本"科目发生额为150 000元，"税金及附加"科目发生额为780 000元，"销售费用"科目发生额为60 000元，"管理费用"科目发生额为50 000元，"财务费用"科目发生额为170 000元，"资产减值损失"科目发生额为50 000元，"公允价值变动损益"科目为借方发生额450 000元（无货方发生额），"投资收益"科目贷方发生额为850 000元（无借方发生额），"营业外收入"科目发生额为100 000元，"营业外支出"科目发生额为40 000元，"所得税费用"科目发生额为171600元。

该企业2019年度利润表中营业利润、利润总额和净利润的计算过程如下：

营业利润 = 1 990 000 + 500 000 - 630 000 - 150 000 - 780 000 - 60 000 - 50 000 - 170 000 - 50 000 - 450 000 + 850 000 = 1 000 000（元）

利润总额 = 1 000 000 + 100 000 + 40 000 = 1 060 000（元）

净利润 = 1 060 000 - 171 600 = 888 400（元）

本例中，企业应当根据编制利润表的多步式步骤，确定利润表中各主要项目的金额，相关计算公式如下：

①营业利润 = 营业收入 - 营业成本 - 税金及附加 - 销售费用 - 管理费用 - 财务费用 - 资产减值损失 + 公允价值变动收益（或 - 公允价值变动损失）+ 投资收益（或 - 投资损失）

其中，营业收入 = 主营业务收入 + 其他业务收入

营业成本 = 主营业务成本 + 其他业务成本

②利润总额 = 营业利润 + 营业外收入 - 营业外支出

③净利润 = 利润总额 - 所得税费用

11.4　现金流量表

11.4.1　现金流量表概述

现金流量表是反映企业在一定会计期间现金和现金等价物流入和流出的报表。

现金流量是指一定会计期间内企业现金和现金等价物的流入和流出。企业从银行提取现金、用现金购买短期的国库券等现金和现金等价物之间的转换不属于现金流量。

现金是指企业库存现金以及可以随时用于支付的存款，包括库存现金、银行

存款和其他货币资金（如外埠存款、银行汇票存款、银行本票存款等）等。不能随时用于支付的存款不属于现金。

现金等价物，是指企业持有的期限短、流动性强、易于转换为已知金额现金、价值变动风险很小的投资。期限短，一般是指从购买日起三个月内到期。现金等价物通常包括三个月内到期的债券投资等。权益性投资变现的金额通常不确定，因而不属于现金等价物。企业应当根据具体情况，确定现金等价物的范围，一经确定不得随意变更。

企业产生的现金流量分为三类，如图 11 – 7 所示。

图 11–7　企业产生现金流量的分类

11.4.2　现金流量表的结构

我国企业现金流量表采用报告式结构，分类反映经营活动产生的现金流量。投资活动产生的现金流量和筹资活动产生的现金流量，最后汇总反映企业某一期间现金及现金等价物的净增加额。

我国企业现金流量表的格式如表 11 – 3 所示。

表 11–3　　　　　　　　　　　现金流量表　　　　　　　　　　　会企 03 表

编制单位：　　　　　　　　　　　年　　月　　　　　　　　　　　单位：元

项目	本期金额	上期金额
一、经营活动产生的现金流：		
销售商品、提供劳务收到的现金流		
收到的税费返还		
收到其他与经营活动有关的现金		
经营活动现金流入小计		
购买商品、接受劳务支付的现金		
支付给职工以及为职工支付的现金		
支付的各项税费		
支付其他与经营活动有关的现金		
经营活动现金流出小计		
经营活动产生的现金流量净额		
二、投资活动产生的现金流量：		

续表

项目	本期金额	上期金额
收回投资收到的现金		
取得投资收益收到的现金		
处置固定资产、无形资产和其他长期资产收回的现金净额		
处置子公司及其他营业单位收到的现金净额		
收到其他与投资活动有关的现金		
投资活动现金流入小计		
构建固定资产、无形资产和其他长期资产支付的现金		
投资支付的现金		
取得子公司及其他营业单位支付的现金净额		
支付其他与投资活动有关的现金		
投资活动现金流出小计		
投资活动产生的现金流量净额		
三、筹资活动产生的现金流量：		
吸收投资收到的现金		
取得借款收到的现金		
收到其他与筹资活动有关的现金		
筹资活动现金流入小计		
偿还债务支付的现金		
分配股利、利润或偿付利息支付的现金		
支付其他与筹资活动有关的现金		
筹资活动现金流出小计		
筹资活动产生的现金流量净额		
四、汇率变动对现金及现金等价物的影响		
五、现金及现金等价物净增加额		
加：期初现金及现金等价物余额		
六、期末现金及现金等价物余额		

11.4.3 现金流量表的编制

企业应当采用直接法列示经营活动产生的现金流量。直接法，是指通过现金收入和现金支出的主要类别列示经营活动的现金流量。采用直接法编制经营活动的现金流量时，一般以利润表中的营业收入为起算点，调整与经营活动有关的项目的增减变动，然后计算出经营活动的现金流量。采用直接法具体编制现金流量表时，可以采用工作底稿法或 T 型账户法，也可以根据有关科目记录分析填列。

11.5　综合举例

【例 11-6】

（一）资料

1. 甲股份有限公司为一般纳税人，适用的增值税税率为 13%，所得税税率为 25%；原材料采用计划成本进行核算。该公司 2019 年 12 月 31 日的资产负债表如表 6-6 所示。其中，"应收账款"科目的期末余额为 4 000 000 元，"坏账准备"科目的期末余额为 9 000 元。其他诸如存货、长期股权投资、固定资产、无形资产等资产都没有计提资产减值准备。

表 11-4　　　　　　　　　　　资产负债表　　　　　　　　　　　会企 01 表

编制单位：甲股份有限公司　　　　　　2019 年 12 月 31 日　　　　　　单位：元

资产	金额	负债和所有者权益（或股东权益）	金额
流动资产：		流动负债：	
货币资金	14 063 000	短期借款	3 000 000
交易性金融资产	150 000	交易性金融负债	0
应收票据	2 460 000	应付票据	2 000 000
应收账款	3 991 000	应付账款	9 548 000
预付账款	1 000 000	预收账款	0
应收利息	0	应付职工薪酬	1 100 000
应收股利	0	应交税费	366 000
其他应收款	3 050 000	应付利息	0
存货	25 800 000	应付股利	0
一年内到期的非流动资产	0	其他应付款	500 000
其他流动资产	0	一年内到期的非流动负债	0
流动资产合计	50 514 000	其他流动负债	10 000 000
非流动资产：		流动负债合计	26 514 000
可供出售金额资产	0	非流动负债：	
持有至到期投资	0	长期借款	6 000 000
长期应收款	0	应付债券	0
长期股权投资	2 500 000	长期应付款	0
投资性房地产	0	专项应付款	0
固定资产	8 000 000	预计负债	0
在建工程	15 000 000	递延所得税负债	0

续表

资产	金额	负债和所有者权益（或股东权益）	金额
工程物资	0	其他非流动负债	0
固定资产清理	0	非流动负债合计	6 000 000
生产性生物资产	0	负债合计	32 514 000
油气资产	0	所有者权益（或股东权益）	
无形资产	6 000 000	实收资本（或股本）	50 000 000
开发支出	0	资本公积	0
商誉	0	减：库存股	0
长期待摊费用	0	盈余公积	1 000 000
递延所得税资产	0	未分配利润	500 000
其他非流动资产	2 000 000	所有者权益（或股东权益）合计	51 500 000
非流动资产合计	33 500 000		
资产总计	84 014 000	负债和所有者权益（或股东权益）总计	84 014 000

2. 2019 年，甲股份有限公司共发生如下经济业务：

（1）收到银行通知，用银行存款支付到期的商业承兑汇票 1 000 000 元。

（2）购入原材料一批，收到的增值税专用发票上注明的原材料价款为 1 500 000 元，增值税进项税额为 195 000 元，款项已通过银行转账支付，材料尚未验收入库。

（3）收到原材料一批，实际成本 1 000 000 元，计划成本 950 000 元，材料已验收入库，货款已于上月支付。

（4）用银行汇票支付采购材料价款，公司收到开户银行转来银行汇票多余款收账通知，通知上填写的多余款为 2 260 元，购入材料及运费 998 000 元，支付的增值税进项税额 129 740 元，原材料已验收入库，该批原材料计划价格 1 000 000 元。

（5）销售产品一批，开出的增值税专用发票上注明的销售价款为 3 000 000 元，增值税销项税额为 390 000 元，货款尚未收到。该批产品实际成本 1 800 000 元，产品已发出。

（6）公司将交易性金融资产（股票投资）兑现 165 000 元，该投资的成本为 130 000 元，公允价值变动为增值 20 000 元，投资收益为 15 000 元，均存入银行。

（7）购入不需安装的设备一台，收到的增值税专用发票上注明的设备价款为 854 700 元，增值税进项税额为 111 111 元，支付包装费、运费 10 000 元。

价款及包装费、运费均以银行存款支付。设备已交付使用。

（8）购入工程物资一批，收到的增值税专用发票上注明的物资价款和增值税进项税额合计为 1 500 000 元，款项已通过银行转账支付。

（9）工程应付薪酬 2 280 000 元。

（10）一项工程完工，交付生产使用，已办理竣工手续，固定资产价值 14 000 000 元。

（11）基本生产车间一台机床报废，原价 2 000 000 元，已提折旧 1 800 000 元，清理费用 5 000 元，残值收入 8 000 元，均通过银行存款收支。该项固定资产已清理完毕。

（12）从银行借入 3 年期借款 10 000 000 元，借款已存入银行账户。

（13）销售产品一批，开出的增值税专用发票上注明的销售价款为 7 000 000 元，增值税销项税额为 910 000 元，款项已存入银行。销售产品的实际成本为 4 200 000 元。

（14）公司将要到期的一张面值为 2 000 000 元的无息银行承兑汇票（不含增值税），连同解讫通知和进账单交银行办理转账。收到银行盖章退回的进账单一联，款项银行已收受。

（15）公司出售一台不需用设备，收到价款 3 000 000 元，该设备原价 4 000 000 元，已提折旧 1 500 000 元。该项设备已由购入单位运走。

（16）取得交易性金融资产（股票投资），价款 1 030 000 元，交易费用 20 000 元，已用银行存款支付。

（17）支付工资 5 000 000 元，其中包括支付在建工程人员的工资 2 000 000 元。

（18）分配应支付的职工工资 3 000 000 元（不包括在建工程应负担的工资），其中生产人员薪酬 2 750 000 元，车间管理人员薪酬 100 000 元，行政管理部门人员薪酬 150 000 元。

（19）提取职工福利费 420 000 元（不包括在建工程应负担的福利费 280 000 元），其中生产工人福利费 385 000 元，车间管理人员福利费 14 000 元，行政管理部门福利费 21 000 元。

（20）基本生产领用原材料，计划成本为 7 000 000 元，领用低值易耗品，计划成本 500 000 元，采用一次摊销法摊销。

（21）结转领用原材料应分摊的材料成本差异。材料成本差异率为 5%。

（22）计提无形资产摊销 600 000 元；以银行存款支付基本生产车间固定资产修理费 900 000 元。

（23）计提固定资产折旧 1 000 000 元，其中计入制造费用 800 000 元、管理费用 200 000 元。计提固定资产减值准备 300 000 元。

（24）收到应收账款 510 000 元，存入银行。计提应收账款坏账准备 9 000 元。

（25）用银行存款支付产品展览费 100 000 元。

（26）计算并结转本期完工产品成本 12 824 000 元。没有期初在产品，本期生产的产品全部完工入库。

（27）广告费 100 000 元，已用银行存款支付。

（28）公司采用商业承兑汇票结算方式销售产品一批，开出的增值税专用发票上注明的销售价款为 2 500 000 元，增值税销项税额为 325 000 元，收到 2 925 000 元的商业承兑汇票一张，产品实际成本为 1 500 000 元。

（29）公司将上述承兑汇票到银行办理贴现，贴现息为 200 000 元。

（30）公司本期产品销售应交纳的教育费附加为 20 000 元。

（31）用银行存款交纳增值税 1 000 000 元；教育费附加 20 000 元。

（32）本期在建工程应负担的长期借款利息费用 2 000 000 元，长期借款为分期付息。

（33）提取应计入本期损益的长期借款利息费用 100 000 元，长期借款为分期付息。

（34）归还短期借款本金 2 500 000 元。

（35）支付长期借款利息 2 100 000 元。

（36）偿还长期借款 6 000 000 元。

（37）上年度销售产品一批，开出的增值税专用发票上注明的销售价款为 100 000 元，增值税销项税额为 13 000 元，购货方开出商业承兑汇票。本期由于购货方发生财务困难，无法按合同规定偿还债务，经双方协议，甲股份公司同意购货方用产品抵偿该应收票据。用于抵债的产品市价为 80 000 元，增值税税率为 13%。

（38）持有的交易性金融资产的公允价值为 1 050 000 元。

（39）结转本期产品销售成本 7 500 000 元。

（40）假设本例中，除计提固定资产减值准备 300 000 元造成固定资产账面价值与其计税基础存在差异外，不考虑其他项目的所得税费用影响。企业按照税法规定计算确定的应交所得税为 948 650 元，递延所得税资产为 75 000 元。

（41）将各收支科目结转本年净利润。

（42）按照净利润的 10% 提取法定盈余公积金。

（43）将利润分配备明细科目的余额转入"未分配利润"明细科目，结转本年利润。

（44）用银行存款交纳当年应交所得税。

要求：编制甲股份有限公司 2019 年度经济业务的会计分录，并在此基础上编制资产负债表、利润表和现金流量表。

（二）根据上述资料编制会计分录

（1）借：应付票据　　　　　　　　　　　　1 000 000
　　　　贷：银行存款　　　　　　　　　　　　　1 000 000

（2）借：材料采购　　　　　　　　　　　　1 500 000
　　　　应交税费——应交增值税（进项税额）　195 000
　　　　贷：银行存款　　　　　　　　　　　　　1 755 000

（3）借：原材料　　　　　　　　　　　　　　950 000
　　　　材料成本差异　　　　　　　　　　　　50 000
　　　　贷：材料采购　　　　　　　　　　　　　1 000 000

（4）借：材料采购　　　　　　　　　　　　998 000
　　　　银行存款　　　　　　　　　　　　　　2 260
　　　　应交税费——应交增值税（进项税额）　129 740
　　　　贷：其他货币资金　　　　　　　　　　　1 130 000
　　借：原材料　　　　　　　　　　　　　　1 000 000
　　　　贷：材料采购　　　　　　　　　　　　　998 000
　　　　　　材料成本差异　　　　　　　　　　　2 000

（5）借：应收账款　　　　　　　　　　　　3 390 000
　　　　贷：主营业务收入　　　　　　　　　　　3 000 000
　　　　　　应交税费——应交增值税（销项税额）　390 000

（6）借：银行存款　　　　　　　　　　　　165 000
　　　　贷：交易性金融资产——成本　　　　　　130 000
　　　　　　　　　　　　　——公允价值变动　　20 000
　　　　　　投资收益　　　　　　　　　　　　　15 000
　　借：公允价值变动损益　　　　　　　　　20 000
　　　　贷：投资收益　　　　　　　　　　　　　20 000

（7）借：固定资产　　　　　　　　　　　　864 700
　　　　应交税费——应交增值税（进项税额）　111 111
　　　　贷：银行存款　　　　　　　　　　　　　975 811

（8）借：工程物资   1 500 000

    贷：银行存款   1 500 000

（9）借：在建工程   2 280 000

    贷：应付职工薪酬   2 280 000

（10）借：固定资产   14 000 000

     贷：在建工程   14 000 000

（11）借：固定资产清理   200 000

     累计折旧   1 800 000

     贷：固定资产   2 000 000

借：固定资产清理   5 000

  贷：银行存款   5 000

借：银行存款   8 000

  贷：固定资产清理   8 000

借：营业外支出——处置固定资产净损失   197 000

  贷：固定资产清理   197 000

（12）借：银行存款   10 000 000

     贷：长期借款   10 000 000

（13）借：银行存款   7910 000

     贷：主营业务收入   7 000 000

       应交税费——应交增值税（销项税额） 910 000

（14）借：银行存款   2 000 000

     贷：应收票据   2 000 000

（15）借：固定资产清理   2 500 000

     累计折旧   1 500 000

     贷：固定资产   4 000 000

借：银行存款   3 000 000

  贷：固定资产清理   3 000 000

借：固定资产清理   500 000

  贷：营业外收入——处置固定资产净收益 500 000

（16）借：交易性金融资产   1 030 000

     投资收益   20 000

     贷：银行存款   1 050 000

（17）借：应付职工薪酬   5 000 000
      贷：银行存款   5 000 000

（18）借：生产成本   2 750 000
         制造费用   100 000
         管理费用   150 000
      贷：应付职工薪酬   3 000 000

（19）借：生产成本   385 000
         制造费用   14 000
         管理费用   21 000
      贷：应付职工薪酬   420 000

（20）借：生产成本   7 000 000
      贷：原材料   7 000 000
  借：制造费用   500 000
      贷：周转材料   500 000

（21）借：生产成本   350 000
         制造费用   25 000
      贷：材料成本差异   375 000

（22）借：管理费用——无形资产摊销   600 000
      贷：累计摊销   600 000
  借：制造费用——固定资产修理费   900 000
      贷：银行存款   900 000

（23）借：制造费用——折旧费   800 000
         管理费用——折旧费   200 000
      贷：累计折旧   1 000 000
  借：资产减值损失——固定资产减值   300 000
      贷：固定资产减值准备   300 000

（24）借：银行存款   510 000
      贷：应收账款   510 000
  借：资产减值损失——坏账准备   9 000
      贷：坏账准备   9 000

（25）借：销售费用——展览费   100 000
      贷：银行存款   100 000

（26）借：生产成本 2 339 000

　　　　贷：制造费用 2 339 000

　　　借：库存商品 12 824 000

　　　　贷：生产成本 12 824 000

（27）借：销售费用——广告费 100 000

　　　　贷：银行存款 100 000

（28）借：应收票据 2 825 000

　　　　贷：主营业务收入 2 500 000

　　　　　应交税费——应交增值税（销项税额） 325 000

（29）借：财务费用 200 000

　　　银行存款 2 725 000

　　　　贷：应收票据 2 925 000

（30）借：税金及附加 20 000

　　　　贷：应交税费——应交教育费附加 20 000

（31）借：应交税费——应交增值税（已交税金） 1 000 000

　　　　　　　——应交教育费附加 20 000

　　　　贷：银行存款 1020 000

（32）借：在建工程 2 000 000

　　　　贷：应付利息 2 000 000

（33）借：财务费用 100 000

　　　　贷：应付利息 100 000

（34）借：短期借款 2 500 000

　　　　贷：银行存款 2 500 000

（35）借：应付利息 2 100 000

　　　　贷：银行存款 2 100 000

（36）借：长期借款 6 000 000

　　　　贷：银行存款 6 000 000

（37）借：库存商品 80 000

　　　应交税费——应交增值税（进项税额） 10 400

　　　营业外支出——债务重组损失 22 600

　　　　贷：应收票据 113 000

（38）借：交易性金融资产——公允价值变动 20 000

　　　　贷：公允价值变动损益 20 000

（39）借：主营业务成本　　　　　　　　　　　7 500 000

　　　　贷：库存商品　　　　　　　　　　　　　　7 500 000

（40）借：所得税费用——当期所得税费用　　　948 650

　　　　贷：应交税费——应交所得税　　　　　　　948 650

借：递延所得税资产　　　　　　　　　　　75 000

　　贷：所得税费用——递延所得税费用　　　　　75 000

（41）借：主营业务收入　　　　　　　　　　 12 500 000

　　　　营业外收入　　　　　　　　　　　　500 000

　　　　投资收益　　　　　　　　　　　　　 15 000

　　　　贷：本年利润　　　　　　　　　　　　 13 015 000

借：本年利润　　　　　　　　　　　　　 9 520 400

　　贷：主营业务成本　　　　　　　　　　　 7 500 000

　　　　税金及附加　　　　　　　　　　　　　 20 000

　　　　销售费用　　　　　　　　　　　　　 200 000

　　　　管理费用　　　　　　　　　　　　　 971 000

　　　　财务费用　　　　　　　　　　　　　 300 000

　　　　资产减值损失　　　　　　　　　　　 309 000

　　　　营业外支出　　　　　　　　　　　　 220 400

借：本年利润　　　　　　　　　　　　　 873 650

　　贷：所得税费用　　　　　　　　　　　　　 873 650

（42）借：利润分配——提取法定盈余公积　　　262 095

　　　　贷：盈余公积——法定盈余公积　　　　　262 095

提取法定盈余公积数额为：（13 015 000 – 9 520 400 – 873 650）×10% = 262 095（元）

（43）借：利润分配——未分配利润　　　　　　262 095

　　　　贷：利润分配——提取法定盈余公积　　　262 095

借：本年利润　　　　　　　　　　　　 2 620 950

　　贷：利润分配——未分配利润　　　　　　　2 620 950

（44）借：应交税费——应交所得税　　　　　　948 650

　　　　贷：银行存款　　　　　　　　　　　　　948 650

（三）根据年初资产负债表和上述会计分录编制年末资产负债表如表11-5所示。

表11-5 　　　　　　　　　资产负债表　　　　　　　　　会企01表

编制单位：甲股份有限公司　　　　　2019年12月31日　　　　　　单位：元

资产	年末余额	年初余额	负债和所有者权益（或股东权益）	年末余额	年初余额
流动资产：			流动负债：		
货币资金	14 504 690	14 063 000	短期借款	500 000	3 000 000
交易性金融资产	1 050 000	150 000	交易性金融负债	0	0
应收票据	343 000	2 460 000	应付票据	1 000 000	2 000 000
应收账款	6 982 000	3 991 000	应付账款	9 548 000	9 548 000
预付账款	1 000 000	1 000 000	预收账款	0	0
应收利息	0	0	应付职工薪酬	1 800 000	1 100 000
应收股利	0	0	应交税费	907 440	366 000
其他应收款	3 050 000	3 050 000	应付利息	0	0
存货	25 827 000	25 800 000	应付股利	0	0
一年内到期的非流动资产	0	0	其他应付款	500 000	500 000
其他流动资产	0	0	一年内到期的非流动负债	0	0
流动资产合计	52 756 690	50 514 000	其他流动负债	10 000 000	10 000 000
非流动资产：			流动负债合计	24 255 440	26 514 000
可供出售金额资产	0	0	非流动负债：		
持有至到期投资	0	0	长期借款	10 000 000	6 000 000
长期应收款	0	0	应付债券	0	0
长期股权投资	2 500 000	2 500 000	长期应付款	0	0
投资性房地产	0	0	专项应付款	0	0
固定资产	18 864 700	8 000 000	预计负债	0	0
在建工程	5 280 000	15 000 000	递延所得税负债	0	0
工程物资	1 500 000	0	其他非流动负债	0	0
固定资产清理	0	0	非流动负债合计	10 000 000	6 000 000
生产性生物资产	0	0	负债合计	34 255 440	32 514 000
油气资产	0	0	所有者权益（或股东权益）：		
无形资产	5 400 000	6 000 000	实收资本（或股本）	50 000 000	50 000 000
开发支出	0	0	资本公积	0	0
商誉	0	0	减：库存股	0	0

资产	年末余额	年初余额	负债和所有者权益 （或股东权益）	年末余额	年初余额
长期待摊费用	0	0	盈余公积	1 262 095	1 000 000
递延所得税资产	75 000	0	未分配利润	2 858 855	500 000
其他非流动资产	2 000 000	2 000 000	所有者权益（或股东权益）合计	54 120 950	51 500 000
非流动资产合计	35 619 700	33 500 000			
资产总计	88 376 390	84 014 000	负债和所有者权益（或股东权益）总计	88 376 390	84 014 000

注："应收账款"科目的年末余额为 7 000 000 元，"坏账准备"科目的年末余额为 18 000 元。

（四）编制年度利润表

1. 根据对前述业务的上述会计处理，甲股份有限公司 2019 年度利润表科目本年累计发生额如表 11-6 所示。

表 11-6　　　　　　　2019 年度利润表科目年累计发生额　　　　　　　单位：元

科目名称	借方发生额	贷方发生额
营业收入		12 500 000
营业成本	7 500 000	
税金及附加	20 000	
销售费用	200 000	
管理费用	971 000	
财务费用	300 000	
资产减值损失	309 000	
投资收益		15 000
营业外收入		500 000
营业外支出	220 400	
所得税费用	873 650	

2. 根据本年相关科目发生额编制表如表 11-7 所示。

表 11-7　　　　　　　　　　利润表　　　　　　　　　　会企 02 表

项目	本期金额
一、营业收入	12 500 000
减：营业成本	7 500 000
税金及附加	20 000
销售费用	200 000
管理费用	971 000
财务费用	300 000
资产减值损失	309 000

项目	本期金额
加：公允价值变动收益（损失以"－"号填列）	0
投资收益（损失以"－"填列）	15 000
其中：对联营企业和合营企业的投资收益	0
二、营业利润（亏损以"－"号填列）	3 215 000
加：营业外收入	500 000
减：营业外支出	220 400
其中：非流动资产处置损失	
三、利润总额（亏损总额以"－"号填列）	3 494 600
减：所得税费	873 650
四、净利润（净亏损以"－"填列）	2 620 950

（五）编制年度现金流量表

沿用本例资料以及编制的资产负债表和利润表，采用工作底稿法编制现金流量表的具体步骤如下：

1. 将资产负债表的年初余额和年末余额过入工作底稿的期初数栏和期末数栏。

2. 对当期业务进行分析并编制调整分录。编制调整分录时，要以利润表项目为基础，从"营业收入"开始，结合资产负债表项目逐一进行分析。本例调整分录如下：

（1）分析调整营业收入：

借：经营活动现金流量——销售商品收到的现金　　13 742 000

　　应收账款　　　　　　　　　　　　　　　　　3 000 000

　　贷：营业收入　　　　　　　　　　　　　　　　　　12 500 000

　　　　应收票据　　　　　　　　　　　　　　　　　　 2 117 000

　　　　应交税费　　　　　　　　　　　　　　　　　　 2 125 000

利润表中的营业收入是按权责发生制反映的，应转换为现金制。为此，应调整应收账款和应收票据的增减变动。本例应收账款增加 3 000 000 元，增值税销项税额 2 125 000 元，应减少经营活动产生的现金流量，而应收票据减少 2 117 000 元均系货款，应增加经营活动产生的现金流量。

（2）分析调整营业成本：

借：营业成本　　　　　　　　　　　　　　　　　7 500 000

　　应付票据　　　　　　　　　　　　　　　　　1 000 000

　　应交税费　　　　　　　　　　　　　　　　　　538 560

存货　　　　　　　　　　　　　　　　　　　　　27 000

　　　贷：经营活动现金流量——购买商品支付的现金　　9 110 560

　　应付票据减少 1 000 000 元，表明本期用于购买存货的现金支出增加 1 000 000 元，增值税进项税额 538 560 元；存货增加 27 000 元，表明本期用于购买商品的现金增加 270 000 元。

　　（3）调整本年税金及附加：

借：税金及附加　　　　　　　　　　　　　　　　　20 000

　　　贷：应交税费　　　　　　　　　　　　　　　　　20 000

本年支付的主营业务税金及附加。

　　（4）计算销售费用付现：

借：销售费用　　　　　　　　　　　　　　　　　　200 000

　　　贷：经营活动现金流量——支付的其他与经营活动有关的现金

　　　　　　　　　　　　　　　　　　　　　　　　200 000

本例中利润表中所列销售费用与按现金制确认数相同。

　　（5）分析调整管理费用：

借：管理费用　　　　　　　　　　　　　　　　　　971 000

　　　贷：经营活动现金流量——支付的其他与经营活动有关的现金

　　　　　　　　　　　　　　　　　　　　　　　　971 000

　　管理费用中包含着不涉及现金支出的项目，此笔分录先将管理费用全额转入"经营活动现金流量——支付的其他与经营活动有关的现金"项目中，至于不涉及现金支出的项目，再分别进行调整。

　　（6）分析调整财务费用：

借：财务费用　　　　　　　　　　　　　　　　　　300 000

　　　贷：经营活动现金流量——销售商品收到的现金　　200 000

　　　　　筹资活动现金流量——偿付利息所支付的现金　100 000

　　本期增加的财务费用中。有 200 000 元是票据贴现利息，由于在调整应收票据时已全额计入"经营活动现金流量——销售商品收到的现金"，所以要从"经营活动现金流量——销售商品收到的现金"项目内冲回，不能作为现金流出；支付长期借款利息 100 000 元，作为偿付利息所支付的现金。

　　（7）分析调整资产减值损失：

借：资产减值损失　　　　　　　　　　　　　　　　309 000

　　　贷：坏账准备　　　　　　　　　　　　　　　　　9 000

　　　　　固定资产减值准备　　　　　　　　　　　　300 000

本期计提的坏账准备和固定资产减值准备影响净利润，但不影响现金流量。

（8）分析调整公允价值变动收益：

借：交易性金融资产　　　　　　　　　　　　　　　　　　20 000

　　贷：投资收益　　　　　　　　　　　　　　　　　　　　　　20 000

本期发生的公允价值变动收益影响净利润，但不影响现金流量。资产负债表日，交易性金融资产公允价值增加 20 000 元。本期处置交易性金融资产，调整公允价值变动损益 20 000 元，转入投资收益。

（9）分析调整投资收益：

借：投资活动现金流量——收回投资所收到的现金　　　　165 000

　　交易性金融资产　　　　　　　　　　　　　　　　　1 030 000

　　投资收益　　　　　　　　　　　　　　　　　　　　　5 000

　　贷：交易性金融资产　　　　　　　　　　　　　　　　　　150 000

　　　　投资活动现金流量——投资所支付的现金　　　　　1 050 000

投资收益应从利润表项目中调整出来，列入投资活动现金流量中。本例投资收益包括两个部分，一是购买交易性金融资产发生了 20 000 元的交易费用，二是出售交易性金融资产获利 35 000 元，其中 20 000 元已在分录（8）中调整。

（10）分析调整营业外收入：

借：投资活动现金流量——处置固定资产收到的现金　　3 000 000

　　累计折旧　　　　　　　　　　　　　　　　　　　1 500 000

　　贷：营业外收入　　　　　　　　　　　　　　　　　　　500 000

　　　　固定资产　　　　　　　　　　　　　　　　　　　4 000 000

编制现金流量表时，需对营业外收入和支出进行分析，以列入现金流量表的不同部分。本例中营业外收入 500 000 元是处置固定资产的利得，处置过程中收到的现金应列入投资活动现金流量中。

（11）分析调整营业外支出：

借：营业外支出　　　　　　　　　　　　　　　　　　　197 000

　　投资活动现金流量——处置固定资产收到的现金　　　　3 000

　　累计折旧　　　　　　　　　　　　　　　　　　　1 800 000

　　贷：固定资产　　　　　　　　　　　　　　　　　　　2 000 000

借：营业外支出　　　　　　　　　　　　　　　　　　　　23 400

　　经营活动现金流量——购买商品支付的现金　　　　　　93 600

　　贷：经营活动现金流量——销售商品收到的现金　　　　117 000

本例中营业外支出 220 400 元是由两个部分组成：一部分营业外支出 197 000 元是处置固定资产的损失，处置过程中收到的现金应列入投资活动现金流量中；一部分营业外支出是债务重组损失，债务重组中增加存货和增值税进项税额 93 600 元，已经计入了"经营活动现金流量——购买商品支付的现金"，债务重组中减少的应收票据 117 000 元，也已经计入了"经营活动现金流量——销售商品收到的现金"，应作补充调整。

（12）分析调整所得税费用：

借：所得税费用	873 650	
递延所得税资产	75 000	
贷：应交税费		948 650

将利润表中的所得税费用调入应交税金。

（13）分析调整固定资产：

借：固定资产	14 864 700	
贷：投资活动现金流量——购建固定资产支付的现金	864 700	
在建工程	14 000 000	

本期固定资产的增加包括两个部分，一是购入设备 864 700 元，二是在建工程完工转入 14 000 000 元。本期处置固定资产已在分录（11）中调整。

（14）分析调整累计折旧：

借：经营活动现金流量——支付的其他与经营活动有关的现金

	200 000
——购买商品支付的现金	800 000
贷：累计折旧	1 000 000

本期计提的折旧 1 000 000 元中，计入管理费用的 200 000 元，计入制造费用的 800 000 元，基于和第（13）笔分录同样的理由，应作补充调整。

（15）分析调整在建工程：

借：在建工程	4 280 000	
工程物资	1 500 000	
贷：投资活动现金流量——购建固定资产支付的现金	3 500 000	
筹资活动现金流量——偿付利息支付的现金	2 000 000	
应付职工薪酬	280 000	

本期在建工程增加的原因，包括以下几个方面：一是以现金购买工程物资 1 500 000 元及支付工资 2 000 000 元；二是支付的长期借款利息 2 000 000 元，资本化到在建工程成本中；三是为建造工人计提的福利费 280 000 元，资本化

到在建工程成本中。

(16) 分析调整累计摊销：

借：经营活动现金流量——支付的其他与经营活动有关的现金

600 000

　　贷：累计摊销 600 000

无形资产摊销时已计入管理费用，所以应作补充调整。理由同第（13）笔分录。

(17) 分析调整短期借款：

借：短期借款 2 500 000

　　贷：筹资活动现金流量——偿还债务所支付的现金 2 500 000

偿还短期借款应列入筹资活动的现金流量。

(18) 分析调整应付职工薪酬：

借：经营活动现金流量——购买商品支付的现金 3 249 000

　　　　　　　　　　　　——支付的其他与经营活动有关的现金

171 000

　　贷：经营活动现金流量——支付给职工以及为职工支付的现金

3 000 000

　　　　应付职工薪酬 420 000

本期应付职工薪酬的期末期初差额为 700 000 元，由计提的职工福利费构成，包括在建工程应负担的职工福利费 280 000 元，已在分录（11）中调整，以及为生产人员和管理人员计提的福利费 420 000 元。本例中并没有出现使用应付福利费的情况。本期使用了应付福利费，则应将这部分金额列入"经营活动现金流量——支付给职工以及为职工支付的现金"项目中。上述分录中，由于工资费用分配时已分别计入制造费用和管理费用，所以要补充调整。

(19) 分析调整应交税费：

借：应交税费 1 968 650

　　贷：经营活动现金流量——支付的各项税费 1 968 650

本期支付的各项税费包括税金及附加 20 000 元、已交增值税 1 000 000 元，以及已交所得税 948 650 元。为便于分析，企业在日常核算中，应按应交税费的税种分设明细账，以便取得分析所需的数据。

(20) 分析调整长期借款：

借：长期借款 6 000 000

　　贷：筹资活动现金流量——偿还债务所支付的现金 6 000 000

以现金偿还长期借款。

借：筹资活动现金流量——借款所收到的现金　　　　10 000 000
　　　贷：长期借款　　　　　　　　　　　　　　　　　　10 000 000

举借长期借款。

（21）结转净利润：

借：净利润　　　　　　　　　　　　　　　　　　2 620 950
　　　贷：未分配利润　　　　　　　　　　　　　　　2 620 950

（22）提取盈余公积：

借：未分配利润　　　　　　　　　　　　　　　　262 095
　　　贷：盈余公积　　　　　　　　　　　　　　　　262 095

（23）最后调整现金净变化额：

借：现金　　　　　　　　　　　　　　　　　　441 690
　　　贷：现金净增加额　　　　　　　　　　　　　441 690

3. 将调整分录过入工作底稿的相应部分如表 11-8 所示。

表 11-8　　　　　　　　　　现金流量表工作底稿

项目	期初数	调整分录		期末数
		借方	贷方	
一、资产负债表项目				
借方项目：				
货币资金	14 063 000	(23) 441 690		14 504 690
交易性金融资产	150 000	(8) 20 000 (9) 880 000		1 050 000
应收票据	2 460 000		(1) 2 117 000	34 300
应收账款	4 000 000	(1) 3 000 000		7 000 000
预付账款	1 000 000			1 000 000
应收股利				
应收利息				
其他应收款	3 050 000			3 050 000
存货	25 800 000	(2) 27 000		25 827 000
一年内到期的非流动资产				
其他流动资产				
可供出售金融资产				
持有至到期投资				
长期应收款				
长期股权投资	2 500 000			2 500 000

续表

项目	期初数	调整分录 借方	调整分录 贷方	期末数
投资性房地产				
固定资产	11 000 000	(13) 14 864 700	(10) 4 000 000 (11) 2 000 000	19 864 700
在建工程	15 000 000	(15) 4 280 000	(13) 14 000 000	5 280 000
工程物资		(15) 1 500 000		1 500 000
固定资产清理				
无形资产	6 000 000			6 000 000
开发支出				
商誉				
长期待摊费用				
递延所得税资产		(12) 75 000		75 000
其他非流动资产	2 000 000			2 000 000
借方项目合计				90 139 690
贷方项目:				
坏账准备	9 000		(7) 9 000	18 000
累计折旧	3 000 000	(10) 1 500 000 (11) 1 800 000	(14) 1 000 000	700 000
累计摊销			(16) 600 000	600 000
固定资产减值准备			(7) 300 000	300 000
短期借款	3 000 000	(17) 2 500 000		500 000
应付票据	2 000 000	(2) 1 000 000		1 000 000
应付账款	9 548 000			9 548 000
预收账款				
应付职工薪酬	1 100 000		(15) 280 000 (18) 420 000	1 800 000
应交税费	366 000	(2) 583 560 (19) 1 968 650	(1) 2 125 000 (3) 20 000 (12) 948 650	907 440
应付利息				
应付股利				
其他应付款	500 000			500 000
其他流动负债	10 000 000			10 000 000
长期借款	6 000 000	(20) 6 000 000	(20) 10 000 000	10 000 000
应付债券				
长期应付款				

续表

项目	期初数	调整分录 借方	调整分录 贷方	期末数
专项应付款				
递延所得税负债				
其他非流动负债				
实收资本（或股本）	50 000 000			50 000 000
资本公积				
盈余公积	1 000 000		（22）262 095	1 262 095
未分配利润	500 000	（22）262 095	（21）2 620 950	2 858 855
减：库存股				
贷方项目合计				90 139 690
二、利润表项目				
营业收入			（1）12 500 000	12 500 000
营业成本		（2）7 500 000		7 500 000
税金及附加		（3）20 000		20 000
销售费用		（4）200 000		200 000
管理费用		（5）971 000		971 000
财务费用		（6）300 000		300 000
资产减值损失		（7）309 000		309 000
公允价值变动收益（损失以"—"号填列）				
投资收益（损失以"—"号填列）		（9）5 000	（8）20 000	15 000
营业外收入			（10）500 000	500 000
营业外支出		（11）220 400		220 400
所得税费用		（12）873 650		873 650
净利润（净亏损以"—"号填列）		（21）2 620 950		2 620 950
三、现金流量表项目				
（一）经营活动产生的现金流量：				
销售商品、提供劳务收到的现金		（1）13 742 000	（6）200 000 （11）117 000	13 425 000
收到的税费返还				
收到其他与经营活动有关的现金				

续表

项目	期初数	调整分录		期末数
		借方	贷方	
经营活动现金流入小计				13 425 000
购买商品、接受劳务支付的现金		(11) 93600 (14) 800 000 (18) 3 249 000	(2) 9 110 560	4 967 960
支付给职工以及为职工支付的现金			(18) 3 000 000	3 000 000
支付的各项税费			(19) 1 968 650	1 968 650
支付其他与经营活动有关的现金		(14) 200 000 (16) 600 000 (18) 171 000	(4) 200 000 (5) 971 000	200 000
经营活动现金流出小计				10 136 610
经营活动产生的现金流量净额				3 288 390
（二）投资活动产生的现金流量：				
收回投资收到的现金		(9) 165 000		165 000
取得投资收益收到的现金				
处置固定资产、无形资产和其他长期资产收回的现金净额		(10) 3 000 000 (11) 3 000		3 003 000
处置子公司及其他营业单位收到的现金净额				
收到其他与投资活动有关的现金				
投资活动现金流入小计				3 168 000
构建固定资产、无形资产和其他长期资产支付的现金			(13) 864 700 (15) 3 500 000	4 364 700
投资支付的现金			(9) 1 050 000	1 050 000
取得子公司及其他营业单位支付的现金净额				
支付其他与投资活动有关的现金				
投资活动现金流出小计				5 414 700
投资活动产生的现金流量净额				- 2 246 700
（三）筹资活动产生的现金流量：				
吸收投资收到的现金				
取得借款收到的现金		(20) 10 000 000		10 000 000
收到其他与筹资活动有关的现金				
筹资活动现金流入小计				10 000 000
偿还债务支付的现金			(17) 2 500 000 (20) 6 000 000	8 500 000

续表

项目	期初数	调整分录 借方	调整分录 贷方	期末数
分配股利、利润或偿付利息支付的现金			（6）100 000 （15）2 000 000	2 100 000
支付其他与筹资活动有关的现金				
筹资活动现金流出小计				10 600 000
筹资活动产生的现金流量净额				－600 000
四、汇率变动对现金等价物的影响				
五、现金及现金等价物净增加额			（23）441 690	441 690
调整分录借贷合计	85 746 295		85 746 295	

4. 核对调整分录，借方、贷方合计数均已经相等，资产负债表项目年初余额加减调整分录中的借贷金额以后，也已等于期末数。

5. 根据工作底稿中的现金流量表项目部分编制正式的现金流量表如表11-9所示。

表11-9   现金流量表   会企03表

编制单位：甲股份有限公司   2019年度   单位：元

项目	本期金额
一、经营活动产生的现金流：	
销售商品、提供劳务收到的现金流	13 425 000
收到的税费返还	0
收到其他与经营活动有关的现金	0
经营活动现金流入小计	13 425 000
购买商品、接受劳务支付的现金	4 967 960
支付给职工以及为职工支付的现金	3 000 000
支付的各项税费	1 968 650
支付其他与经营活动有关的现金	200 000
经营活动现金流出小计	10 136 610
经营活动产生的现金流量净额	3 288 390
二、投资活动产生的现金流量：	
收回投资收到的现金	165 000
取得投资收益收到的现金	0
处置固定资产、无形资产和其他长期资产收回的现金净额	3 003 000
处置子公司及其他营业单位收到的现金净额	
收到其他与投资活动有关的现金	0

续表

项目	本期金额
投资活动现金流入小计	3 168 000
构建固定资产、无形资产和其他长期资产支付的现金	4 364 700
投资支付的现金	1 050 000
取得子公司及其他营业单位支付的现金净额	
支付其他与投资活动有关的现金	0
投资活动现金流出小计	5 414 700
投资活动产生的现金流量净额	− 2 246 700
三、筹资活动产生的现金流量:	
吸收投资收到的现金	0
取得借款收到的现金	10 000 000
收到其他与筹资活动有关的现金	0
筹资活动现金流入小计	10 000 000
偿还债务支付的现金	8 500 000
分配股利、利润或偿付利息支付的现金	2 100 000
支付其他与筹资活动有关的现金	0
筹资活动现金流出小计	10 600 000
筹资活动产生的现金流量净额	− 600 000
四、汇率变动对现金及现金等价物的影响	0
五、现金及现金等价物净增加额	441 690
加：期初现金及现金等价物余额	14 063 000
六、期末现金及现金等价物余额	14 504 690

本章实操要点

1. 在资产负债表中，资产应当按照流动资产和非流动资产两大类别在资产负债表中列示，在流动资产和非流动资产类别下进一步按性质分项列示；负债应当按照流动负债和非流动负债在资产负债表中进行列示，在流动负债和非流动负债类别下再进一步按性质分项列示。

2. 账户式资产负债表中的资产各项目的合计等于负债和所有者权益各项目的合计，即资产负债表左方和右方平衡，可以反映资产、负债、所有者权益之间的内在关系，即"资产＝负债＋所有者权益"。

3. 利润表可以反映企业在一定会计期间收入、费用或亏损的数额、构成情况，帮助账务报表使用者全面了解企业的经营成果，分析企业的获利能力及盈利增长趋势，从而为其作出经济决策提供依据。

4. 企业的现金流量包括经营活动、投资活动和筹资活动产生的现金流量。

5. 企业应当采用直接法列示经营活动产生的现金流量。

下 篇

真账演练

第十二章

模 拟 企 业 概 况

一、企业背景资料

（一）企业概况

模拟企业是一家中型电子企业，主要生产并销售各类电子产品和仪表。

（二）企业基本信息

企业名称：北京新科电子有限公司　　　　企业性质：民营企业

所属行业：工业企业　　　　　　　　　　经营范围：电子、仪表

法人代表：张代表　　　　　　　　　　　纳税人：一般纳税人

开户银行：中国工商银行中关村支行　　　记账本位币：人民币

主要产品：该公司主要生产三种产品，分别为 A、B、C 产品。

企业适用税率：增值税税率为 13%；所得税率 25%；城建税 7%；教育费附加 3%。

二、核算方法

（一）基本核算制度

1. 本模拟企业会计制度依据《中华人民共和国会计法》《企业会计准则》《企业会计准则应用指南》《企业会计准则解释公告》，结合模拟企业的实际情况制定。

2. 模拟企业以持续经营为前提，以权责发生制为记账基础，采用借贷记账法，

对其发生的交易或事项进行会计确认，通过货币形式进行计量和报告，划分会计期间，分期结算账目和编制财务报告。

3. 会计核算以人民币为记账本位币。会计年度自公历 1 月 1 日起至 12 月 31 日止。

4. 财务报告中所提供的会计信息质量应当符合可靠性、相关性、可理解性、可比性、实质重于形式、重要性、谨慎性和及时性的基本要求。

5. 会计要素按其性质划分为资产、负债、所有者权益、收入、费用和利润。

6. 模拟企业在将符合确认条件的会计要素登记入账并列报于会计报表时，按照规定的会计计量属性进行计量，确定其金额。一般采用历史成本计量，采用重置成本、可变现净值、现值、公允价值计量的，必须保证所确定的会计要素金额能够取得并可靠计量。

7. 模拟企业采用科目汇总表核算形式。

8. 其他上述未做特殊规定的事项，均按照国家相关规定执行。

（二）具体核算方法

1. 存货核算

（1）原材料、周转材料和库存商品采用实际成本法计算。

（2）原材料、周转材料和库存商品领用发出采用月末一次加权平均法。

（3）外购材料共同发生的运杂费，按外购材料的数量进行分摊。

（4）生产成本计算采用品种法，制造费用按生产工时比例进行分配。

（5）制造费用分配率＝制造费用之和/各产品生产工时之和。

　　某产品分配的制造费用＝该产品生产工时×制造费用分配率

2. 固定资产核算

固定资产按月计提折旧，为了便于计算，固定资产的净残值均为零，采用的固定资产折旧方法是年限平均法，计算公式为：（固定资产原值－累计折旧）/未使用期数。

3. 无形资产核算

无形资产按照直线法逐月进行摊销。

4. 职工薪酬核算

企业发生的福利费据实列支，按照工资总额的 20% 计提养老保险、6% 计提医疗保险、2% 计提待业保险，1.5% 计提工伤保险、12% 计提住房公积金、2.5% 计提职工教育经费、2% 计提工会经费。

（三）精度要求

计算要求精确到小数后 2 位（79 号凭证除外），尾差按业务需要进行调整。

第十三章

模拟企业期初数据

该公司 2021 年 12 月期初的各账户余额如下：

一、总账账户期初余额

资产类		负债、所有者权益类	
账户名称	期初余额	账户名称	期初余额
库存现金	895.00	短期借款	100 000.00
银行存款	2 584 330.24	应付账款	1 263 873.00
应收账款	2 475 654.00	应付职工薪酬	107 587.00
应收票据	742 551.00	应付票据	656 306.00
应收利息	2 500.00	应付利息	19 000.00
其他应收款	31 000.00	预收账款	97 252.00
预付账款	523 948.00	应交税费	61 710.00
原材料	154 744.00	其他应付款	19 890.00
库存商品	933 286.51	长期借款	200 000.00
生产成本	319 567.86	应付债券	100 000.00
周转材料	47 275.00	实收资本	9 800 000.00
固定资产	13 427 556.28	资本公积	1 522 400.00
累计折旧	- 3 545 763.51	盈余公积	793 588.00
在建工程	4 942 568.00	利润分配	
无形资产	2 599 385.54		
累计摊销	- 678 469.32		
合计		合计	24 561 028.60

二、明细账户期初余额

（一）应收账款

应收账款——甲公司	832 700.00
——乙公司	94 500.00
——丙公司	1 046 454.00
——丁公司	502 000.00

（二）应收票据

应收票据——甲公司	230 800.00
——乙公司	92 551.00
——丙公司	340 800.00
——丁公司	78 400.00

（三）其他应收款

其他应收款——张三	5 000.00
——李四	2 000.00
——王五	8 000.00
——余六	3 500.00
——赵七	5 000.00
——孙八	7 500.00

（四）预付账款

预付账款——A 公司	247 645.00
——B 公司	124 382.00
——C 公司	81 147.00
——D 公司	70 774.00

（五）生产成本

生产成本——A 产品	150 347.86
——B 产品	124 650.00
——C 产品	44 570.00

（六）应付账款

应付账款——A 公司	678 673.00
——B 公司	329 500.00
——C 公司	106 700.00
——D 公司	149 000.00

（七）应付票据

应付票据——A 公司	258 200.00
——B 公司	165 500.00
——C 公司	124 482.00
——D 公司	108 000.00

（八）应交税费

应交税费——应交城建税	3 927.00
——应交教育费附加	1 683.00
——应交增值税	56 100.00

（九）库存商品

"库存商品"明细账户期初余额

产品名称	单位	数量	单价	金额
A	K	160	2 134.77	341 562.42
B	K	230	1 603.11	368 715.09
C	K	120	1858.41	223 009.00

（十）原材料

"原材料"明细账户期初余额

产品名称	单位	数量	单价	金额
甲材料	个	17 122	2.00	34 244
乙材料	KG	1 000	72.00	72 000
丙材料	K	9 700	5.00	48 500

第十四章

模拟企业当月发生的经济业务和原始凭证

一、1 日发生的经济业务和原始凭证

1. 收到乙公司（北京）偿还前欠货款 94 500 元。见凭 1。

凭 1   中国工商银行进账单（回单或收账通知）

借款日期：2021 年 12 月 1 日   第　号

收款人	全称	北京新科电子有限公司	付款人	全称	乙公司
	账号	341702186591462		账号	587423418800321
	开户银行	中关村支行		开户银行	四道口支行

| 人民币（大写） | 玖万肆仟伍佰元整 | 千 | 百 | 十 | 万 | 千 | 百 | 十 | 元 | 角 | 分 |
| | | | | | ¥9 | 4 | 5 | 0 | 0 | 0 | 0 |

付款单位名称或账号	种类	票据号码	百	十	万	千	百	十	元	角	分

收款人开户行盖章

单位主管　　　　会计　　　　复核　　　　记账

2. 向 E 公司（上海）购买材料甲 19 400 元，增值税 2 522 元，料到，货款以信汇方式支付。见凭 2、凭 3、凭 4。

凭2　　　　　　　　　　**上海市增值税专用发票**

发票联　　　　　　　　　　　　　　　　　　　　　　　　　No. 01232693

开票日期：2021 年 12 月 1 日

购货单位	名称	北京新科电子有限公司	税务登记号	2	9	6	3	1	0	8	7	4	3	2	8	9	0
	地址、电话	北京市海淀区 010－82264728	开户银行及账号	工行中关村支行 341702186591462													

货物或应税劳务名称	规格型号	数量单位	数量	单价	金额 万	千	百	十	元	角	分	税率（%）	金额 万	千	百	十	元	角	分
甲材料		个	9 700	2.00	1	9	4	0	0	0	0	13	2	5	2	2	0	0	

价税合计：贰万壹仟玖佰贰拾贰元整　　　¥21 922.00

备注

销货单位	名称	E 公司	税务登记号	2	4	3	2	2	9	3	2	1	9	8	0	0	6
	地址、电话	浦东海勤路 021－23501178	开户银行及账号	工行海勤支行 621324911120053													

凭3　　　　　　　　**中国工商银行信汇凭证（回单）**　　　　　　　第　号

委托日期：2021 年 12 月 1 日

收款单位	全称	E 公司	付款单位	全称	北京新科电子有限公司								
	账号或住址	海勤路 38 号		账号或住址	海淀区中关村路 30 号								
	汇入地点	上海市	汇入行名称	工行海勤支行	汇出地点	北京市	汇出行名称	工行中关村支行						

金额	人民币（大写）	贰万壹仟玖佰贰拾贰元整	千	百	十	万	千	百	十	元	角	分
					¥	2	1	9	2	2	0	0

汇款用途：购材料甲

上列款项已根据委托办理，如需查询，请持此单来行面洽。

单位主管　会计　复核　记账

汇出行盖章：

2021 年 12 月 1 日

凭4　　　　　　　　　　　**入库单**　　　　　　　　　　　第__号

收货单位：北京新科电子有限公司　　　　　　　　　　　2021 年 12 月 1 日

货号	品名	单位	数量	单价	金额	备注
	甲材料	个	9 700	2.00	19 400	

4. 签发现金支票向银行提取备用金 8 000 元。见凭 5。

凭5

中国工商银行
现金支票存根
Ⅵ　Ⅵ 012017

科　　　目＿＿＿＿＿＿＿＿
对方科目＿＿＿＿＿＿＿＿
出票日期：2021 年 12 月 1 日

| 收款人：北京新科电子有限公司 |
| 金　　额：¥8 000.00 |
| 用　　途：备用金 |

单位主管　　　　　　　会计

5. 王五报销差旅费 7 846.70 元，退回现金 153.30 元，查其出差是为购买 A 设备。见凭 6，凭 7。

凭6 **还款凭证**

借款日期：2021 年 11 月 28 日

借款 原因：深圳市购买 A 设备	借款人 签章：王五
借款 金额　　大写：捌仟元整 　　　　　　¥：8 000.00	左列数项已于 12 月 1 日全部结清。 报销数 ¥7 846.70 退还数 ¥153.30 补付数 ¥

凭7 **外埠差旅费报销表**

单位：　　　　　　　　　　　　　　　　　　　　　　　　　2021 年 12 月 1 日填

姓名			王五		出差事由			深圳市购设备		
出差天数			自 2021 年 11 月 28 日至 11 月 30 日止共 3 天							备注
2021 年		起 止	起讫地点 （由何处到何地）	伙食补助费			车船旅馆费		金额 合计	
月	日	时		天数	定额	金额	单据张数	金额		
11	28		起	北京－深圳	3	150	450	11	7 396.70	7 846.70	
11	30		止								
			起								
			止								
			起								
			止								
合计										
实报金额（大写）			柒仟捌佰肆拾陆元柒角整　　7 846.70							

主管人　　　　　　　　　　　会计　　　　　　　　　　　领报人：王五

二、2 日发生的经济业务和原始凭证

1. 职工贾林出差，借款 5 000 元。见凭 8、凭 9。

凭 8

暂付款记账单

借款日期：2021 年 12 月 2 日　　　　　　　　　　　第　号

借款原因出差	借款人盖章　贾林
借款 金额　大写：伍仟元整 ￥5 000.00	领导指示或介绍信　字 第　号

凭 9

中国工商银行
转账支票存根
VI　VI011022

科　　　目＿＿＿＿＿＿＿
对方科目＿＿＿＿＿＿＿
出票日期：2021 年 12 月 2 日

收款人：贾林
金　额：￥5 000.00
用　途：差旅费

单位主管　　　　　会计

2. 赵七报销差旅费 4 423.30 元，退回现金 576.70 元。见凭 10、凭 11。

凭 10

还款凭证

借款日期：2021 年 11 月 28 日

借款 原因：上海购买原材料	借款人 签章：赵七
借款 金额　大写：伍仟元整 　　　　￥：5 000.00	左列数项已于 12 月 2 日全部结清。 报销数 ￥4 423.30 退还数 ￥576.70 补付数 ￥＿＿＿＿＿

凭 11 　　　　　　　　　　　　**外埠差旅费报销表**

单位：　　2021 年 12 月 2 日填

姓名			王五	出差事由			上海市购材料			
出差天数			自 2021 年 11 月 28 日至 11 月 30 日止共 3 天							备注
2021 年		起 止	起讫地点 （由何处到何地）	伙食补助费			车船旅馆费		金额 合计	
月	日	时		天数	定额	金额	单据张数	金额		
11	28	起	北京－上海	4	150	600	13	3 823.30	4 423.30	
11	30	止								
		起								
		止								
		起								
		止								
		合计								
实报金额（大写）			肆仟肆佰贰拾叁元叁角整　　4 423.30							

主管人 　　　　　　　　　　　　　会计 　　　　　　　　　　　　　领报人：赵七

3. 偿还前欠 C 公司货款 106 700 元。见凭 12。

凭 12 　　　　　　　　　　**中国工商银行汇票委托书（存根）** 　　　　　　　　第　　号

委托日期：2021 年 12 月 2 日

付款人	北京新科电子有限公司		收款人		C 公司								
账号 或住址	341702186591462		账号 或住址		421829540023174								
汇入地点	工行龙岗支行		汇款用途		偿还购货款								
汇款金额	人民币 （大写）	壹拾万陆仟柒佰元整			千	百	十	万	千	百	十	元	角	分
						￥1	0	6	7	0	0	0	0
备注			科　　目_____ 对方科目_____ 财务主管　复核　经办										

4. 从北京四桥有限公司处获得生产周期转借款 1 000 000 元。见凭 13。

凭13　　　　　　　借款借据（入账通知）　　　　　　　伍

（放款）

单位编号：　　　　　　　借款日期：2021 年 12 月 2 日　　　　　　　借据编号：

收款单位	名称	北京新科电子有限公司	借款单位	名称	北京四桥有限公司
	开户账号	341702186591462		放款户账号	508232105772943
	开户银行	工行中关村支行		开户银行	建行中关村支行

借款金额	壹佰万元整	千	百	十	万	千	百	十	元	角	分
		¥ 1	0	0	0	0	0	0	0	0	0

借款原因及用途	购材料	借款计划指标	

借款期限				
期次	计划还款日期	√	计划还款金额	你单位上列借款，已转入你单位结算账户内。借款到期时由我行按期自你单位结算转还。
1	2022.6.21		1 000 000.00	此致
2				借款单位
3				（银行盖章）
备注：				

5. 向 I 公司（深圳）购入设备 B 一台 12 400 元，已验收入库，查该项货款已付。见凭14、凭15、凭16。

凭14　　　　　　　I 公司销售发票

发票联　　　　　　　（Ⅱ）字 No.0000051

客户名称：北京新科电子有限公司　开票日期 2021 年 12 月 2 日　税务登记证号 764102345500372

产品名称	规格	单位	数量	单价	金额								备注
					十	万	千	百	十	元	角	分	
设备 A		台	壹		¥	1	2	4	0	0	0	0	

人民币合计	壹万贰仟肆佰元整	¥12 400.00				
企业名称	（加盖发票专用章）	开户银行		结算方式		
		账号		现金　汇票　托收　转账		

地址：深圳市南山区　　　电话：0755－63445567　　　开票人（章）　　　收款人（章）

凭 15

中国工商银行信汇凭证（回单）

委托日期 2021 年 11 月 29 日

<table>
<tr><td rowspan="3">收款单位</td><td>全称</td><td colspan="3">I 公司</td><td rowspan="3">付款单位</td><td>全　称</td><td colspan="9">北京新科电子有限公司</td></tr>
<tr><td>账号或住址</td><td colspan="3">421005811100479</td><td>账号或住址</td><td colspan="9">341702186591462</td></tr>
<tr><td>汇入地点</td><td>深圳</td><td>汇入行名称</td><td>工行南山石路支行</td><td>汇出地点</td><td colspan="3">北京</td><td>汇出行名称</td><td colspan="5">工行中关村支行</td></tr>
<tr><td rowspan="2">金额</td><td colspan="3">人民币（大写）</td><td colspan="2">壹万贰仟肆佰元整</td><td>千</td><td>百</td><td>十</td><td>万</td><td>千</td><td>百</td><td>十</td><td>元</td><td>角</td><td>分</td></tr>
<tr><td colspan="5"></td><td></td><td></td><td>￥</td><td>1</td><td>2</td><td>4</td><td>0</td><td>0</td><td>0</td><td>0</td></tr>
<tr><td colspan="6">汇款用途：购设备 A</td><td colspan="10" rowspan="3"></td></tr>
<tr><td colspan="6">上列款项已根据委托办理，如需查询，请持此单来行面洽。</td></tr>
<tr><td colspan="6">单位主管　会计　复核　记账</td></tr>
<tr><td colspan="6"></td><td colspan="10">汇出行盖章：
2021 年 11 月 29 日</td></tr>
</table>

凭 16

固定资产验收单

2021 年 12 月 2 日　　　　　　　　　　　　　　　　　　编号：

<table>
<tr><td>名称</td><td>规格型号</td><td>来源</td><td>数量</td><td>购（造）价</td><td>使用年限</td><td>预计残值</td></tr>
<tr><td>设备 A</td><td>KB－280</td><td></td><td>1</td><td>12 400</td><td>5</td><td>0</td></tr>
<tr><td>安装费</td><td>月折旧率</td><td colspan="2">建造单位</td><td>交工日期</td><td colspan="2">附件</td></tr>
<tr><td></td><td></td><td colspan="2"></td><td></td><td colspan="2"></td></tr>
<tr><td>验收部门</td><td>设备科</td><td>验收人员</td><td>刘清</td><td>管理部门</td><td>设备科</td><td>管理人员</td><td>宋兵</td></tr>
<tr><td>备注</td><td colspan="7"></td></tr>
</table>

三、5 日发生的经济业务和原始凭证

1. 购现金支票，支付工本费 50 元。见凭 17。

凭 17

凭证工本费清单

2021 年 12 月 5 日

<table>
<tr><td>账号</td><td>341702186591462</td><td>凭证名称</td><td>本数</td><td>单价</td><td>金额</td><td>手续费</td></tr>
<tr><td>单位名称</td><td>北京新科电子有限公司</td><td>现金支票</td><td></td><td>50.00</td><td>50.00</td><td></td></tr>
<tr><td colspan="2">（付款人盖章）</td><td colspan="5">合计金额大写：伍拾元整</td></tr>
</table>

2. 向 F 公司（上海）购入原材料乙 85 740 元，已验收入库。见凭 18、凭 19、凭 20。

凭18　　　　　　　　　　**上海市增值税专用发票**

发票联　　　　　　　　　　　　　　　　　　　　　No. 05811023

开票日期：2021 年 12 月 5 日

购货单位	名称	北京新科电子有限公司	税务登记号	2	9	6	3	1	0	8	7	4	3	2	8	9	0
	地址、电话	北京市海淀区 010－82264728	开户银行及账号	工行中关村支行 341702186591462													

货物或应税劳务名称	规格型号	数量单位	数量	单价	金额								税率（%）	金额						
					万	千	百	十	元	角	分			万	千	百	十	元	角	分
乙材料		kg	1 200	71.45	8	5	7	4	0	0	0		13	1	1	1	4	6	2	0

价税合计：玖万陆仟捌佰捌拾陆元贰角整　　￥96 886.20

备注

销货单位	名称	F 公司	税务登记号	1	7	8	2	0	2	7	1	5	6	5	4	1	0	8
	地址、电话	浦东育成路 021－81505439	开户银行及账号	工行育成支行 581222007213129														

凭19　　　　　　　　　　**中国工商银行信汇凭证（回单）**　　　　　　　　第　号

委托日期：2021 年 12 月 5 日

收款单位	全称	F 公司		付款单位	全称	北京新科电子有限公司									
	账号或住址	育成路 120 号			账号或住址	海淀区中关村路 30 号									
	汇入地点	上海市	汇入行名称 工行育成支行		汇出地点	北京市	汇出行名称 工行中关村支行								

金额	人民币（大写）	玖万陆仟捌佰捌拾陆元贰角整	千	百	十	万	千	百	十	元	角	分
						￥	9	6	8	8	6	2	0

汇款用途：购原材料乙

上列款项已根据委托办理，如需查询，请持此单来行面洽。

汇出行盖章：

单位主管　　会计　　复核　　记账　　　　　　　2021 年 12 月 5 日

凭20　　　　　　　　　　**入库单**　　　　　　　　　　　　第__号

收货单位：北京新科电子有限公司　　　　　　　　　2021 年 12 月 5 日

货号	品名	单位	数量	单价	金额	备注
	原材料乙	kg	1 200	71.45	85 740	

3. 以转账支票偿还前欠 A 公司（北京）货款 678 673 元。见凭21、凭22。

凭 21

收款收据

2021 年 12 月 5 日

交款单位　北京新科电子有限公司		收款方式　转账
人民币（大写）　陆拾柒万捌仟陆佰柒拾叁元整		￥678 673
收款事由　2021 年 11 月 25 日销货款		

单位盖章：　　　记账：　　　出纳：　　　审核：　　　经办：

凭 22

```
        中国工商银行
        转账支票存根
        VI   VI011023
   科    目_____
   对方科目_____
   出票日期：2021 年 12 月 5 日
   ┌─────────────────────┐
   │ 收款人：A 公司        │
   ├─────────────────────┤
   │ 金  额：￥678 673.00  │
   ├─────────────────────┤
   │ 用  途：付款          │
   └─────────────────────┘
        单位主管        会计
```

4. 支付 J 货运公司（北京）销售产品运费 74 399.04（68 256 ×（1 + 9%））元。见凭 23、凭 24。

凭 23　　　　　　　　　　　　**J 货运公司**　　　　　　　　陆
宁　No. 003256

发票联（费用结算）

地址：北京市大望路　电话总机 010 – 5731521
运输单位：北京市新科电子有限公司
运输方式或船名：铁路　　　　合约____品名：A 产品　　　　　　数量：1

项目	金额						
	十	万	千	百	十	元	角	分
运输费		6	8	2	5	6	0	0
定额费用								
装卸/堆存费								
劳务费								
报关及电脑打印费			6	1	4	3	0	4
银行手续费								
合计	￥	7	4	3	9	9	0	4

上述货物 12 月 5 日在北京装运深圳
单据号码：

中国银行北京市分行　　　　　　附件 1 张　复核：　　　　　　制单：李克
账号：469018614511243　　　　邮政编码：100082

凭24

委托收款凭证（交款通知）

委托日期 2021 年 12 月 5 日

委托日期 第 号
付款期限 年 月 日

收款单位	全称	J 货运公司			付款单位	全称	北京新科电子有限公司	
	账号	469018614511243				账号或地址	341702186591462	
	开户银行	中国银行北京分行	行号	43017		开户银行	工行中关村支行	
委收金额	人民币（大写）	柒万肆仟叁佰玖拾玖元零肆分					小写金额	
							74 399.04	
款项内容	运输费		委托首款凭据名称				附寄单证张数	

备注：

付款单位注意：
1. 付款结算办法，上列委托收款，如在付款期限内未拒付时，即视同全部同意付款，以此联代支款通知。
2. 如需提前付款或多付款时，应另写书面通知书送银行办理。
3. 如系全部或部分拒付，应在付款期限内另填拒绝付款理由书送银行办理。

单位主管　　会计　　复核　　记账　　付款单位开户行盖章　月　日

5. 处理废品 L，收到现金 23 750 元。见凭 25。

凭25

北京市工业企业通用发票　　　　　　No. 013220

客户名称：钱民　　　　　　　　　　开票日期：2021 年 12 月 5 日

品名或加工修理	规格	单位	数量	单价	金额							备注
					十	万	千	百	十	元	角	分	
废品 L	M－17	kg	500	47.50		2	3	7	5	0	0	0	
人民币合计（大写）	贰万叁仟柒佰伍拾元整			¥23 750.00								
企业名称	（加盖发票专用章）		开户银行			结算方式						
			账号			电话						

地址：　　　　　　　　开票人（章）　　　　　　　　　收款人（章）

四、6 日发生的经济业务和原始凭证

1. 办理信汇业务，支付手续费 100 元。见凭 26。

凭 26　　　　　　　　　　　**企业办理结算收费通知单**

你单位（账号）341702186591462 于 2021 年 12 月 6 日在我行
办理（信汇、电汇、汇票、托收）业务，收手续费及邮电费
（大写）壹佰元整
此款已从你账户划出，特此通知

2. 车间设备翻新，支付费用 65 000 元。见凭 27、凭 28。

凭 27

```
┌─────────────────────────────────────┐
│          中国工商银行                │
│          转账支票存根                │
│          VI　VI011024                │
│   科　　目＿＿＿＿＿＿               │
│   对方科目＿＿＿＿＿＿               │
│   出票日期：2021 年 12 月 6 日       │
│   ┌─────────────────────────────┐   │
│   │ 收款人：精益设备维修厂       │   │
│   ├─────────────────────────────┤   │
│   │ 金　额：65 000 元            │   │
│   ├─────────────────────────────┤   │
│   │ 用　途：设备翻新费           │   │
│   └─────────────────────────────┘   │
│   单位主管　　　　　　会计           │
└─────────────────────────────────────┘
```

凭 28　　　　　　　　　　　**北京市工业企业通用发票**　　　　　　　　No.0094267

客户名称：北京新科电子有限公司　　　　　　　　　　　　开票日期：2021 年 12 月 6 日

品名或 加工修理	规格	单位	数量	单价	金额								备注
					十	万	千	百	十	元	角	分	
设备翻新	A－001	对	5	13 000.00	￥	6	5	0	0	0	0	0	
人民币合计 （大写）	陆万伍仟元整		￥65 000.00										
企业 名称	（加盖发票专用章）	开户银行			结算方式								
		账号			电话								

3. 自 Q 公司（北京）购入原材料丙，货款以转账支票支付。增值税专用发票上标明的金额为 22 000 元，材料尚未收到。见凭 29、凭 30。

凭29

北京市增值税专用发票

发票联

No.08211421

开票日期：2021 年 12 月 6 日

购货单位	名称	北京新科电子有限公司	税务登记号	2	9	6	3	1	0	8	7	4	3	2	8	9	0
	地址、电话	北京市海淀区 010－82264728	开户银行及账号	工行中关村支行341702186591462													

货物或应税劳务名称	规格型号	数量单位	数量	单价	金额							税率（%）	金额						
					万	千	百	十	元	角	分		万	千	百	十	元	角	分
丙材料		k	4 000	5.50	2	2	0	0	0	0	0	13		2	8	6	0	0	0

价税合计：贰万肆仟捌佰陆拾元整 ￥24860.00

备注																	
销货单位	名称	Q公司	税务登记号	2	4	3	2	2	9	3	2	1	9	8	0	0	6
	地址、电话	海淀区知春路 010－23501178	开户银行及账号	工行知春路支行610222490813379													

凭30

中国工商银行
转账支票存根
VI　VI011025

科　　目＿＿＿＿＿＿
对方科目＿＿＿＿＿＿
出票日期：2021 年 12 月 6 日

收款人：Q 公司
金　额：24 860 元
用　途：购买原材料

单位主管　　　　　会计

4. 用现金向 K 公司购入清洁用具 1 060 元。见凭 31。

凭31

北京市临时特种发票　（　）字

发票联

客户名称：北京新科电子有限公司　　　　　　开票日期：2021 年 12 月 6 日

加工商品或品名	计量单位	数量	单价	金额							备注
				万	千	百	十	元	角	分	
扫帚	把	100	1.20			1	2	0	0	0	
拖把	把	100	9.40			9	4	0	0	0	
合计（大写）　壹仟零陆拾零元零角零分				￥	1	0	6	0	0	0	
姓名		使用税率		经办人　开票税务机关							
地址		附征加成率									
财产或外销证字号		入库税款		（章）　　　　（章）							
其他证件		税票号码									

注：①本发票仅限税务机关填开；②未加盖填开税务机关印章无效。

五、7 日发生的经济业务和原始凭证

1. 收到自 Q 公司购入的原材料丙，并验收入库。见凭 32。

凭 32   **入库单**   第__号

收货单位：北京新科电子有限公司   2021 年 12 月 7 日

货号	品名	单位	数量	单价	金额	备注
	原材料丙	k	4 000	5.5	22 000	

2. 交纳上月应交增值税、城建税及教育费附加 61 710 元。见凭 33。

凭 33

中国工商银行
转账支票存根
Ⅵ Ⅵ011026

科　　目＿＿＿＿＿＿＿
对方科目＿＿＿＿＿＿＿
出票日期：2021 年 12 月 7 日

| 收款人：北京市海淀区税务局 |
| 金　额：61 710.00 元 |
| 用　途：交增值税、城建税、教育费附加 |

单位主管　　　　会计

3. 从 R 公司（北京）购入设备 C 一台，不需安装，价款 8 000 元，增值税 1 040 元，已用转账支票支付，该固定资产已交车间使用。见凭 34、凭 35、凭 36。

凭 34   **北京市增值税专用发票**

发票联   No. 08752422

开票日期：2021 年 12 月 8 日

购货单位	名称	北京新科电子有限公司	税务登记号	4	6	3	5	0	7	2	4	6	5	3	2	7	8
	地址、电话	北京市海淀区 010－82264728	开户银行及账号	工行中关村支行 341702186591462													

货物或应税劳务名称	规格型号	数量单位	数量	单价	金额								税率（％）	金额					
					万	千	百	十	元	角	分		万	千	百	十	元	角	分
设备 C		台	1	8 000		8	0	0	0	0	0	13		1	0	4	0	0	0

价税合计：玖仟零肆拾元整　　¥9 040.00

备注

销货单位	名称	R 公司	税务登记号	2	0	3	6	5	4	0	0	7	2	3	1	0	2	1
	地址、电话	海淀区玉泉路 010－82633018	开户银行及账号	建行玉泉路支行 270804521139037													

凭35

固定资产验收单

2021 年 12 月 7 日　　　　　　　　　　　　　　　　编号：

名称	规格型号	来源	数量	购（造）价	使用年限	预计残值
机型	M 型	购入	1	8 000 元	5	800 元
安装费	月折旧率	建造单位		交工日期		附件

验收部门	设备科	验收人员	杨英	管理部门	设备科	管理人员	宋兵
备注							

凭36

中国工商银行
转账支票存根
VI　VI011027

科　　目＿＿＿＿＿＿＿
对方科目＿＿＿＿＿＿＿
出票日期：2021 年 12 月 7 日

| 收款人：R 公司 |
| 金　额：9 040.00 元 |
| 用　途：购固定资产 |

单位主管　　　　　　会计

六、8 日发生的经济业务和原始凭证

1. 收到甲公司（上海）前欠货款 832 700 元。见凭 37。

凭37

中国工商银行进账单（回 单 或 收账通知）

借款日期：2021 年 12 月 8 日　　　　　　　　　　　第　号

收款人	全称	北京新科电子有限公司		付款人	全称	甲公司								
	账号	341702186591462			账号	721826570023364								
	开户银行	中关村支行			开户银行	浦东支行								

人民币（大写）	捌拾叁万贰仟柒佰元整	千	百	十	万	千	百	十	元	角	分
			¥ 8	3	2	7	0	0	0	0	

付款单位名称或账号	种类	票据号码	百	十	万	千	百	十	元	角	分	
												收款人开户行盖章

单位主管　　　　　　会计　　　　　　复核　　　　　　记账

2. 职工贾林出差回来报销差旅费 4 628.40 元。退回现金 371.60 元。见凭 38、凭 39。

凭 38

还款凭证

借款日期：2021 年 12 月 2 日

借款原因：上海市购货	借款人签章：贾林
借款金额　大写：伍仟元整 　　　　　Ｙ：5 000.00	左列数项已于 12 月 8 日全部结清。 报销数 Ｙ4 628.40 退还数 Ｙ371.60 补付数 Ｙ＿＿＿＿＿

凭 39

外埠差旅费报销表

单位：2021 年 12 月 8 日填

姓名			贾林	出差事由			上海市购货			
出差天数			自 2021 年 12 月 3 日至 12 月 7 日止共 4 天							备注
2021 年		起止	起讫地点 （由何处到何地）	伙食补助费			车船旅馆费		金额合计	
月	日	时		天数	定额	金额	单据张数	金额		
12	3	起	北京－上海	4	100	400	13	4 200	4 600	
12	7	止					2	28.40	28.40	
		起								
		止								
		起								
		止								
合计										
实报金额（大写）			肆仟陆佰贰拾捌元肆角整　4628.40							

主管人　　　　　　　　　　　会计　　　　　　　　　　　领报人：贾林

3. 签发转账支票，预付 S 公司（北京）装修费 10 000 元。见凭 40、凭 41。

凭 40

北京市服务业通用发票
发票联

No.021379

客户名称：北京新科电子有限公司　　　　　　　　　　开票日期：2021 年 12 月 8 日

服务项目	单位	数量	单价	金额							备注
				万	千	百	十	元	角	分	
装修				1	0	0	0	0	0	0	
人民币合计 （大写）			壹万元整　Ｙ10 000.00								
开票单位	（加盖发票 专用章）	开户银行	账号	结算方式		转账	现金	汇票		其他	

地址：　　　　　　　　　　开票人（章）　　　　　　　　　　收款人（章）

凭41

中国工商银行
转账支票存根
VI　VI011028

科　　目＿＿＿＿＿＿＿
对方科目＿＿＿＿＿＿
出票日期：2021 年 12 月 8 日

| 收款人：S 公司 |
| 金　额：10 000.00 元 |
| 用　途：装修费 |

单位主管　　　　　　会计

4. 以现金购买办公用品 42 元。见凭 42。

凭42　　　　　　　　　北京市行政事业收费统一票据

开票日期：2021 年 12 月 8 日　　　　　　　　　　　　　No. 042431

名称		北京新科电子有限公司
用途		
身份证号		
金额	（小写）	￥42.00
	（大写）	佰　拾　万　仟　佰肆拾贰元　角　分
备注		

收款单位财务专用章　　　　　　　　　　　　　　收款人：

5. 职工何坤预借差旅费 4 500 元。见凭 43。

凭43　　　　　　　　　　暂付款记账单

借款日期：2021 年 12 月 8 日　　　　　　　　　第　号

| 借款原因出差 | | 借款人盖章　何坤 |
| 借款金额 | 大写：肆仟伍佰元整　￥4 500.00 | 领导指示或介绍信　字
第　号 |

七、9 日发生的经济业务和原始凭证

1. 提取现金 250 000 元，用于发工资。见凭 44。

凭 44

中国工商银行
现金支票存根
VI　VI012018

科　　目＿＿＿＿＿＿
对方科目＿＿＿＿＿＿
出票日期：2021 年 12 月 9 日

| 收款人：北京新科电子有限公司 |
| 金　　额：250 000.00 元 |
| 用　　途：发工资 |

单位主管　　　　　会计

2. 以现金发工资及分配工资费用 250 000 元。见凭 45。

凭 45

工资结算汇总表

2021 年 12 月 9 日

人员	标准工资	事病假工资	奖金	津贴	应付工资	代扣款项	实发工资
生产工人	略	略	略	略	98 200.00		98 200.00
包括： A 产品工人 B 产品工人 C 产品工人					55 300.00 51 800.00 31 100.00		55 300.00 51 800.00 31 100.00
车间管理人员					48 900.00		48 900.00
管理部门人员					62 900.00		62 900.00
合计					250 000.00		250 000.00

3. 收到华兴电子有限公司投资的仓库一幢，该仓库原值为 1 000 000 元，已提折旧 200 000 元。见凭 46。

凭 46

固定资产交接单

2021 年 12 月 9 日

名称	规格	单位	数量	预计使用年限	已使用年限	原值	已提折旧	评估价值
仓库	砖混结构	幢	1	40	8	1 000 000	200 000	800 000
调出单位	财务主管： 经办：				调入单位	财务主管： 经办：		

4. 从银行取得流动资金 200 000 元。见凭 47。

凭47　　　**中国工商银行进账单（流动资金贷款）借款凭证（回单）**

编号：　　　　　　　　　　日期：2021 年 12 月 9 日　　　　　　　银行编号：001472

收款单位	名称	北京新科电子有限公司	借款单位	全称	北京新科电子有限公司									
	账号	341702186591462		账号	051083									
	开户银行	工行中关村支行		开户银行	工行中关村支行									

借款期限（最后还款日）	2022.6.9	利率	7.2%	起息日期				2021.12.10						

					千	百	十	万	千	百	十	元	角	分
借款申请金额	人民币（大写）		贰拾万元整				¥2	0	0	0	0	0	0	0
借款原因及用途	采购材料		银行核定金额		千	百	十	万	千	百	十	元	角	分

备注：		期限	计划还款日期	计划还款金额
		6	2022.6.9	20 万
		上述借款已同意贷给并转入你单位往来账户借款到期时应按期归还 此致		
			借款单位： （银行盖章）　　年　月　日	

八、12 日发生的经济业务和原始凭证

1. 向 L 公司（上海）销售 A 产品 250K，金额为 750 000 元，按规定收取增值税 97 500 元，货款已经收到。见凭48、凭49。

凭48　　　　　　　**中国工商银行信汇凭证（回单）**

委托日期：2021 年 12 月 12 日　　　　　　　应解汇款编号

收款单位	全称	北京新科电子有限公司			付款单位	全称	L 公司									
	账号或住址	341702186591462				账号或住址	268312340028741									
	汇入地点	北京	汇入行名称	工行中关村支行		汇出地点	上海市	汇出行名称		工行东风支行						

				千	百	十	万	千	百	十	元	角	分
金额	人民币（大写）	捌拾肆万柒仟伍佰元整				¥8	4	7	5	0	0	0	0

汇款用途：购货	留行待取预留 收款人印章	
上列款项已根据委托办理，如需查询，请持此单来行面洽。 　　　　　汇入行盖章 　　　　　年　月　日	上列款项已照收无误 　　　收款人盖章 　　　年　月　日	科目（付） 对方科目（收） 汇入行解汇日期　年　月　日 　　复核　出纳 　　记账

凭 49

北京市增值税专用发票

发票联

No. 04726213

开票日期：2021 年 12 月 2 日

购货单位	名称	L公司			税务登记号	4	2	9	7	5	3	6	0	2	4	3	1	7	9	6
	地址、电话	上海市东风路 021－57235102			开户银行及账号				工行东风支行											

货物或应税劳务名称	规格型号	数量单位	数量	单价	金额									税率（%）	金额								
					百	十	万	千	百	十	元	角	分		百	十	万	千	百	十	元	角	分
A产品		K	250	3 000.00		7	5	0	0	0	0	0	0	13		9	7	5	0	0	0	0	0

价税合计：捌拾肆万柒仟伍佰元整　　¥847 500.00

备注

销货单位	名称	北京新科电子有限公司	税务登记号	2	9	6	3	1	0	8	7	4	3	2	8	9	0	X
	地址、电话	北京市海淀区 010－82264728	开户银行及账号					工行中关村支行 341702186591462										

2. 以现金支付邮费 21 元。见凭 50。

凭 50

日　数　3812

邮件收据

3241CN 北京市

种类：国内特快信函　　重（克）：87　　报价金额：0.00

邮费 20.00　保价费 0.00　保险费：1.00　验关费：0.00
代客报关费：0.00　检疫费：0.00　通建费：0.00　其他：0.00
合计金额：贰拾壹元整　　¥21.00

邮件内装物品详细名称　说明书

寄件人姓名地址：北京新科电子有限公司

收件人姓名地址：上海嘉业电子有限公司　张文良（收）	收寄人员签名　宋元明

3. 支付年检资料费 320 元。见凭 51。

凭 51

北京市行政事业单位结算凭证

No. 025612

2021 年 12 月 12 日

名称	北京新科电子有限公司
事由	年检资料费
人民币（大写）叁佰贰拾元整	¥320.00
备注	本凭证限用于行政事业单位结算暂存、暂付款项、分摊代办费、冲减经费支出等，填开其他内容无效。

4. 购入原材料乙 72 300 元，增值税 9 399 元，共向 Z 公司（上海）承付 81 699 元。见凭 52、凭 53、凭 54。

凭 52

上海市增值税专用发票

发票联　　　　　　　　　　　　　　　　　　　　No. 08641235

开票日期：2021 年 12 月 12 日

购货单位	名称	北京新科电子有限公司	税务登记号	2	9	6	3	1	0	8	7	4	3	2	8	9	0
	地址、电话	北京市海淀区 010－82264728	开户银行及账号														

货物或应税劳务名称	规格型号	数量单位	数量	单价	金额							税率（%）	金额						
					万	千	百	十	元	角	分		万	千	百	十	元	角	分
原材料甲		个	10 000	7.23	7	2	3	0	0	0	0	13	9	3	9	9	0	0

价税合计：捌万壹仟陆佰玖拾玖元整　　　¥81 699.00

备注

销货单位	名称	Z 公司	税务登记号	7	4	1	3	5	2	8	0	6	9	2	8	7	1	0
	地址、电话	浦东华东路 021－65430210	开户银行及账号	工行华东路支行 580102436658010														

凭 53　　　　　　　**工商银行托收承付结算凭证（承付/支款）通知**　　　　　　　第　号

委托日期：2021 年 12 月 12 日

托收号码

承付期限
到期　年　月　日

收款单位	全称	Z 公司	付款单位	全称	北京新科电子有限公司									
	账号	580102436658010		账号或住址	341702186591462									
	开户银行	华东路支行		开户银行	工行中关村支行									

托收金额	人民币（大写）			千	百	十	万	千	百	十	元	角	分
						¥	8	1	6	9	9	0	0

附件		商品发运情况	合同名称号码
附寄单证张数或册数			

备注：	付款单位注意：（略）

单位主管　　　会计　　　复核　　　记账　　　付款单位开户行盖章　　　年　月　日

凭 54 　　　　　　　　　　　　　**入库单**　　　　　　　　　　　　　第__号

收货单位：北京新科电子有限公司　　　　　　　　　　　　　　　　2021 年 12 月 12 日

货号	品名	单位	数量	单价	金额	备注
	原材料乙	个	10 000	7.23	72 300	

负责人：　　　　　　　　　　　　　　　　　　　　　收货经手人：

5. 以现金支付招待费用 431 元。见凭 55。

凭 55 　　　　　　　　　　**北京市饮食业剪额发票**
　　　　　　　　　　　　　　发票联

　　　　　　　　　　　　　　　　　　　　　　　　　　　　No. 0721560

开票日期：2021 年 12 月 12 日　　　　　　　　　　　开票单位（加盖发票专用章）

项目	单位	数量	单价	金额					
				千	百	十	元	角	分
餐费				¥	4	3	1	0	0

人民币（大写）	肆佰叁拾壹元整	¥431.00		
联系电话	010 – 84276543	开户银行及账号		开票人	江

					0		千元	右边剪票金额连接填金额同行
4	3	2	1	0	0	百元	
3	2	1	0	0	拾元	
1	0	0	元	

九、13 日发生的经济业务和原始凭证

1. 公司收到国家试制新产品拨款 50 000 元，并存入银行。见凭 56。

凭 56 　　　　　　　　　　**拨款通知单**　　　　　　　　No. 02169

　　　　　　　　　　　　2021 年 12 月 13 日

收款单位	全称	北京新科电子有限公司	付款单位	财政机关全称	北京市财政局									
	账号	341702186591462		预算级次										
	开户银行	工行中关村支行		拨款金库										
金额（大写）		伍万元整			千	百	十	万	千	百	十	元	角	分
						¥	5	0	0	0	0	0	0	0
拨款项目		新产品开发	拨款人及银行盖章											

2. 收到丙公司（北京）前欠货款 1 046 454 元。见凭 57。

凭57

中国工商银行进账单（回单或收账通知）

借款日期：2021 年 12 月 13 日   第 号

收款人	全称	北京新科电子有限公司	付款人	全称	丙公司
	账号	341702186591462		账号	295410324477143
	开户银行	中关村支行		开户银行	朝阳支行

人民币（大写）	壹佰零肆万陆仟肆佰伍拾肆元整	千	百	十	万	千	百	十	元	角	分
		¥1	0	4	6	4	5	4	0	0	

付款单位名称或账号	种类	票据号码	百	十	万	千	百	十	元	角	分	
												收款人开户行盖章

单位主管   会计   复核   记账

3. 何坤退还借款 4 500 元。见凭58。

凭58

收据代收款凭单

No. 021073

入账日期：2021 年 12 月 13 日

交款单位（人）：何坤	收款方式：现金
人民币（大写）：肆仟伍佰元整	¥4 500.00
收款事由交还借款	2021 年 12 月 13 日

科目	一级	二级或明细	财会主管	记账	出纳	审核	经办
借方							
贷方							

十、14 日发生的经济业务和原始凭证

1. 以现金支付财务总监张可手机费 398 元。见凭59。

凭59

北京市电话费专用发票

发票联

京（01075）字 No.0082653

发票号：12005724   开票日期：2021 年 12 月 14 日

编号	15901048752	应交月份		2021.11	收款方式		
姓名	张可		收款员				
农话费	0.00	代维费		市话费	183.00	滞纳金	0.00
月租费	50.00	信息费	00.00	寻呼费		移动长话	0.00
城建费		长话费	165.00	数据费		移动信息	0.00
附加费		电报费	0.00	其他费	0.00	移动其他	0.00
金额（大写）	叁佰玖拾捌元整 ¥398.00			结算方式		现金	

2. 偿还前欠 B 公司材料款 85 200 元。见凭 60。

凭 60　　　　　　　　**中国工商银行电汇凭证（回单）**　　1

委托日期：2021 年 12 月 14 日　　　　　　　　　第　号

付款人	全称	北京新科电子有限公司	收款人	全称	B 公司										
	账号或住址	341702186591462		账号或住址	970112546621010										
	汇出地点	北京	汇出行名称	中关村支行		汇入地点	广州			汇入行名称		广州分行				

金额	人民币（大写）捌万伍仟贰佰元整	千	百	十	万	千	百	十	元	角	分
				¥	8	5	2	0	0	0	0

汇款用途：偿还材料款	汇出行盖章
单位主管　会计　复核	年　月　日

3. 向 Y 公司（北京）购专利，开出转账支票付款 80 000 元。见凭 61、凭 62。

凭 61

```
中国工商银行
转账支票存根
VI   VI011030
科    目  补付数 ¥
对方科目  补付数 ¥
出票日期：2021 年 12 月 14 日
```

收款人：Y 公司
金　额：80 000.00 元
用途：支付专利费

单位主管　　　　　　会计

凭 62　　　　　　　　**北京市服务业发票** No. 024772

缴款单位：北京新科电子有限公司　　　2021 年 12 月 14 日　　　结算方式：

项目	内容	金额
专利权		80 000.00
合计人民币（大写）	捌万元整　¥80 000.00	

收款单位（印章）：　　　　　　　　　　　　　　收款人签章：

4. 支付 10—12 月份停车泊位费 2 000 元（前两月已预提停车泊位费 1 420 元）。见凭 63、凭 64。

凭63

收据

No. 00243751

2021 年 12 月 14 日

		科目	停车泊位费
摘要		收到北京新科电子有限公司停车泊位费（10－12 月份）	
金额	人民币 （大写）	贰仟元整　　¥2 000.00	

负责：　　　　会计：　　　　复核：　　　　经手人：

凭64

十一、15 日发生的经济业务和原始凭证

1. 从 X 公司（北京）购入原材料丙一批，增值税专用发票上注明价款 580 000 元，增值税额 75 400 元，款项已付。见凭65、凭66、凭67。

凭65

北京市增值税专用发票

发票联

No. 02314618

开票日期：2021 年 12 月 15 日

购货单位	名称	北京新科电子有限公司	税务登记号	2 9 6 3 1 0 8 7 4 3 2 8 9 0 X
	地址、电话	北京市海淀区 010－82264728	开户银行及账号	工行中关村支行 341702186591462

货物或应税劳务名称	规格型号	数量单位	数量	单价	金额 百 十 万 千 百 十 元 角 分	税率（%）	金额 百 十 万 千 百 十 元 角 分
原材料丙					¥ 5 8 0 0 0 0 0 0	17	¥ 7 5 4 0 0 0 0

价税合计：陆拾伍万伍仟肆佰元整　　¥655 400.00				
备注				
销货单位	名称	X 公司	税务登记号	6 9 5 2 1 0 0 2 8 1 7 4 2 3 5
	地址、电话	北京市朝阳区 010－84260587	开户银行及账号	工行朝阳支行 2354700228726139

凭 66　　　　　　　　　　　　　　　**入库单**　　　　　　　　　　　　　　第＿号

收货单位：北京新科电子有限公司　　　　　　　　　　　　　　　2021 年 12 月 15 日

货号	品名	单位	数量	单价	金额	备注
					580 000	

负责人：谢晓芳　　　　　　　　　　　　　　　　　　　　　　收货经手人：毛海明

凭 67

中国工商银行
转账支票存根
VI　　VI011031

科　　目＿＿＿＿＿＿
对方科目＿＿＿＿＿＿
出票日期：2021 年 12 月 15 日

收款人：X 公司
金　额：655 400.00 元
用　途：材料采购费

单位主管　　　　　　　会计

2. 处理废品 M，收到现金 8 475 元。见凭 68。

凭 68　　　　　　　　　　**北京市工业企业通用发票**　　　　　　　　No. 0093265

客户名称：希望物资公司　　　　　　　　　　　　　　　　开票日期：2021 年 12 月 15 日

品名或加工修理	规格	单位	数量	单价	金额								备注
					十	万	千	百	十	元	角	分	
废品 M	K－06	kg	400	21.187 5		￥	8	4	7	5	0	0	

人民币合计（大写）	捌仟肆佰柒十伍元整　　　　￥8 475.00			
企业名称	（加盖发票专用章）	开户银行		结算方式	
		账号		电话	

4. 临时工王峰交押金 1 000 元。见凭 69。

凭69   **收据（代收款凭单）**   No. 0123456

入账日期：2021 年 12 月 15 日

交款单位（人）：王峰		收款方式：现金				
人民币（大写）：壹仟元整		￥1 000.00				
收款事由临时工押金						

科目	一级	二级或明细	财				
借方			会 主 管	记 账	出 纳	审 核	经 办
贷方							

十二、16 日发生的经济业务和原始凭证

1. 以现金支付保洁费270 元。见凭70。

凭70   **北京市服务业通用发票**   No. 023489

发票联

客户名称：北京新科电子有限公司   开票日期：2021 年 12 月 16 日

服务项目	单位	数量	单价	金额						备注
				万	千	百	十	元	角	分	
保洁费	小时	1	270.00			2	7	0	0	0	
人民币合计（大写）			贰佰柒拾元整 ￥270.00								
开票单位	（加盖发票专用章）	开户银行	账号	结算方式	转账		现金		汇票	其他

地址：   开票人（章）   收款人（章）

2. 销售科购汽油总计6 000 元，已由银行存款支付。见凭71、凭72。

凭71   **北京市商业批发业务发票**

发票联（ ）字   No. 032527

开票日期：2021 年 12 月 19 日   税务登记号_____

名称	北京新科电子有限公司		地址		省（市）		县（区）		乡（镇）							
货位编号	产地	统一货号	品名及规格	等级	单位	数量	批发单价	零售单价	批发金额							
									十	万	千	百	十	元	角	分
		93#	汽油		升	1 000.00	6.00			￥	6	0	0	0	0	0
金额合计（大写）	陆仟元整					结算方式										
批发单位	（加盖发票专用章）			提货地点												

开票人（章）   复核人（章）   付货人（章）   记账人（章）

凭72

中国工商银行
转账支票存根
VI　VI011032

科　　　目＿＿＿＿＿＿＿＿
对方科目＿＿＿＿＿＿＿＿
出票日期：2021 年 12 月 16 日

| 收款人：燕银加油站 |
| 金　额：6 000.00 元 |
| 用　途：付油款 |

单位主管　　　　　　会计

3. 支付报关费 900 元。见凭 73、凭 74。

凭73

中国工商银行信汇凭证（回单）

委托日期：2021 年 12 月 16 日

								千	百	十	万	千	百	十	元	角	分
收款单位	全称	北京星域货运公司				付款单位	全称	北京新科电子有限公司									
	账号或住址	287613005612031					账号或住址	341702186591462									
	汇入地点	北京市	汇入行名称	中行北京分行			汇出地点	北京	汇出行名称	工行中关村支行							
金额	人民币（大写）	玖佰元整												￥	9	0	0	0	0
汇款用途：报关费					留行待取预留收款人印鉴												
上列款项根据委托办理，如需查询，请持此单来行面洽。					汇出行盖章：　　　　　　　　　年　月　日												

凭74

国际货物运输代理业专用发票　　　　　　No. 052783

发票联

北京星域货运有限公司
开户银行名称：中国银行北京分行
账号：287613005612031
开票日期：2021 年 12 月 16 日

付款方式：支票汇款

发货单位：北京新科电子有限公司
地名/航次/航班/车次　　　　　　　　提（运）单号　　　　　　　　　　开航日期：
起运港　　卸货港　　　目的港

收费内容（货物名称，数量，单价）	金额	备注
货名：报关费 重量：0.00KG　件数：0 体积：0.00M³	900.00	
合计（大写）　　玖佰元整	900.00	

企业签章　　　　　工商登记号　　　　　复核　　　　　　制单
　　　　　　　　　税务登记　　　　　　（手开无效）

十三、19 日发生的经济业务和原始凭证

1. 收到丁公司（上海）前欠购货款 94 580.00 元。见凭 75。

凭 75　　　　**中国工商银行电划贷方补充报单第三联**　　　报单
号码 No. 254713

上海市　　收报　　2021 年 12 月 19 日　　凭证提交号 83432

发报行 行号	20512	汇出行 行号	20178	收报行 行号	1352	汇入行 行号或行名	96285
付款 人	账号或 地址	279124012350179		收款 人	账号或 地址	341702186591462	
	名称	丁公司			名称	北京新科电子有限公司	

金额 （大写）	玖万肆仟伍佰捌拾元整	金额	
		¥94 580.00	
事由　购货款		应解汇款编号	
上列款项已代进账，如有 错误，请持此联来行面 洽。 此致（开户单位）	银行（盖章） 年　月　日	上列款项已照收无误 证件名称： 证件号码： 　　年　月　日	科目：（贷） 对方科目：（借） 解汇日期年月日 复核　记账　出纳

2. 接到银行结息通知，应付借款利息 10 500 元已转入借款户，该借款用于建造固定资产的工程已竣工（支付使用，并已办理竣工决算）。见凭 76。

凭 76　　　　　　　　　　　**结息通知**

日期：2021 年 12 月 19 日　　　　　　　　　　贷款户

收款 单位	账号	341702186591462	付款 单位	账号	341702186591462
	户名	中关村支行		户名	北京新科电子有限公司
	开户银行	工行中关村支行		开户银行	工行中关村支行
积数	利率		利息：10 500.00 元		
__户地	季度利息		银行盖章		

3. 偿还前欠 B 公司（上海）货款 200 000 元。见凭 77。

凭 77 　　　　　　中国工商银行电汇凭证（回单）　　1

委托日期：2021 年 12 月 5 日　　　　　　　　　第　号

付款人	全称	北京新科电子有限公司	收款人	全称		B 公司		
	账号或住址	341702186591462		账号或住址		230187253047563		
	汇出地点	北京	汇出行名称	中关村支行	汇入地点	上海市	汇入行名称	浦东支行

金额	人民币（大写）贰拾万元整	千	百	十	万	千	百	十	元	角	分
			￥	2	0	0	0	0	0	0	0

汇款用途：付欠款

单位主管	会计	复核

汇出行盖章
年　月　日

十四、20 日发生的经济业务和原始凭证

1. 支付汽车修理费 1 095 元。见凭78、凭79。

凭 78 　　　　　　北京市汽车维修业发票　　　　　　No.0075234

发票联　　　　　　　　　　　税务登记证号____

名称：北京新科电子有限公司　　　　　　开票日期：2021 年 12 月 20 日

项目	车辆照号		2478		合同号									
	工时费				材料费	材料管理费	辅材费	金额						
	单位	数量	单价	金额				万	千	百	十	元	角	分
修车费	小时	3	40	120	975			￥	1	0	9	5	0	0

人民币合计（大写）壹仟零玖拾伍元整　　￥1 095.00

企业名称	（加盖发票专用章）	地址					备注	货运车维修
		开户银行	中关村支行	账号	341702186591462			
		结算方式		联系电话				

负责人（章）　　　　　开票人（章）　　　　　复核人（章）　　　　　收款人（章）

凭79

中国工商银行
转账支票存根
VI　VI011033

科　　目＿＿＿＿＿＿＿

对方科目＿＿＿＿＿＿

出票日期：2021 年 12 月 20 日

| 收款人：万达汽车修配厂 |
| 金　额：1 095.00 元 |
| 用　途：汽车修理费 |

单位主管　　　　　　会计

2. 收到外商捐赠新设备一台，不需要安装，直接交车间使用，按国内市场价值 80 000 元入账。为捐赠仪式购鲜花 100 元、横幅 100 元，以现金支付。见凭80、凭81。

凭80　　　　　　　　　北京市商业零售专用发票　　　　　　　　No. 035217
发票联

购货人：北京新科电子有限公司　　　　　　　　　　　　2021 年 12 月 20 日

商品名称	规格	数量	单位	单价	金额							
					十	万	千	百	十	元	角	分
鲜花								￥ 1	0	0	0	0
横幅								￥ 1	0	0	0	0
合计人民币（大写）	贰佰元整											

企业名称（盖章）：　　　　　　　　　会计：　　　　　　　　制表：张

凭81　　　　　　　　　　固定资产验收单
2021 年 12 月 20 日　　　　　　　　编号：

名称	规格型号	来源	数量	购价	使用年限	预计残值
设备 W		外商捐赠	1	80 000	8	
安装费	月折旧率	建造单位	交工日期	附件		
			年　月　日			
验收部门	设备科	验收人员	李平	管理部门	设备科	管理人员　王磊
备注						

3. 归还短期借款 100 000 元，划付利息 2 100 元（前两月已预提利息 1 400元）。见凭82、凭83。

凭82

中国工商银行利息回单

2021 年 12 月 20 日

收款单位	账号	341702186591462	付款单位	账号	341702186591462
	户名	中关村支行		户名	北京新科电子有限公司
	开户银行	工行中关村支行		开户银行	工行中关村支行
积数		利率：8.4%			利息：￥2 100.00
第 4 季度利息 ￥2 100.00　银行盖章					

凭83

中国工商银行
转账支票存根
VI　VI011034

科　　目＿＿＿＿＿＿
对方科目＿＿＿＿＿＿
出票日期：2021 年 12 月 20 日

收款人：工行中关村支行

金　额：102 100.00 元

用　途：归还短期借款及利息

单位主管　　　　会计

十五、21 日发生的经济业务和原始凭证

1. 向 H 公司（上海）销售产品 B 计 280 000 元。按规定收取增值税 36 400 元，款项尚未收到。见凭 84。

凭84

北京市增值税专用发票

发票联　　　　　　　　　　　　　　No. 02314618

开票日期：2021 年 12 月 21 日

购货单位	名称	H公司			税务登记号	5	8	7	6	0	5	2	9	4	9	5	7	0	2	1
	地址、电话	上海市浦东区			开户银行及账号					工行浦东支行										

货物或应税劳务名称	规格型号	数量单位	数量	单价	金额									税率（%）	金额								
					百	十	万	千	百	十	元	角	分		百	十	万	千	百	十	元	角	分
B产品		K	100	2 800		2	8	0	0	0	0	0	0	13			3	6	4	0	0	0	0

价税合计：叁拾壹万陆仟肆佰元整　　￥316 400.00

备注

销货单位	名称	北京新科电子有限公司	税务登记号	2	9	6	3	1	0	8	7	4	3	2	8	9	0	X
	地址、电话	北京市海淀区 010－82264728	开户银行及账号						工行中关村支行 341702186591462								

收款人　　　　　　　　　　开票单位（未盖章无效）

2. 本公司没有履行销售合同，开出转账支票向 M 公司（北京）支付违约金和赔偿金，共计 4 800 元。见凭 85、凭 86。

凭 85

收款收据

交款单位：北京新科电子有限公司 　　2021 年 12 月 21 日 　　　　结算方式　转账

项目	内容	金额
违约金、赔偿金		4 800.00

合计人民币（大写）肆仟捌佰元整　　¥4 800.00

收款人单位（印章）　　　　　　　　　　　　　　收款人（签章）

凭 86

中国工商银行
转账支票存根
VI　VI011035

科　　目＿＿＿＿＿＿＿
对方科目＿＿＿＿＿＿＿
出票日期：2021 年 12 月 21 日

收款人：M 公司
金　额：4 800.00 元
用　途：付违约金、赔偿金

单位主管　　　　　　会计

十六、22 日发生的经济业务和原始凭证

1. 购买办公用品，现金支付 120 元。见凭 87。

凭 87

北京市外商投资企业统一发票

发票联
INVOICE

京外 63 – 3100435
2021 年 12 月 22 日

TO：北京新科电子有限公司

品名规格或加工修理	计量单位	数量	单价	金额									备注
				百	十	万	千	百	十	元	角	分	
NL – 0302	个	40	3.00					1	2	0	0	0	
合计人民币（大写）玖拾元整							¥	1	2	0	0	0	

企业（盖章有效）　　　　　　财务　　　　　　　开票
地址　　　　　　　　　　　　税务登记号　　　　工商执照字号

2. 以银行存款支付 T 公司（北京）新产品设计费 30 000 元。见凭 88、凭 89。

凭88   **收据**   No.010756

交款单位：北京新科电子有限公司   2021 年 12 月 22 日   结算方式：挂账

项目	内容	金额
新产品设计费	付设计费	30 000.00
合计人民币（大写）叁万元整 ¥30 000.00		

凭89

> **中国工商银行**
> **转账支票存根**
> VI VI011029
>
> 科　目＿＿＿＿＿＿
> 对方科目＿＿＿＿＿＿
> 出票日期：2021 年 12 月 22 日
>
> | 收款人：T 公司 |
> |---|
> | 金　额：30 000.00 元 |
> | 用　途：付新产品设计费 |
>
> 单位主管　　　　　　会计

十七、23 日发生的经济业务和原始凭证

1. 职工董冰去深圳出差，回来报销差旅费 3 720 元。见凭90、凭91、凭92。

凭90   **广东省家业旅社（宾馆）招待所统一发票**
发票联

客户名称：董冰   2021 年 12 月 20 日填制

项目	房铺号	起		止		天数	人数	单价	金额					
		月	日	月	日				千	百	十	元	角	分
住宿						3	1	250		7	5	0	0	0
合计人民币	（大写）柒佰伍拾元整								¥	7	5	0	0	0

填票人   收款人   单位名称（盖章）

此发票是绿色，否则无效。举报违章发票查实有奖。

凭91　　　　　　　　　　　　**外埠差旅费报销表**

单位：　　　　　　　　　　　　　　　　　　　　　　　　　2021 年 12 月 23 日填

姓名			董冰	出差事由			深圳送货				
出差天数			自 2021 年 12 月 20 日至 12 月 22 日止共 3 天								备注
2021 年			起讫地点（由何处到何地）	伙食补助费			车船旅馆费		金额合计		
月	日	时		天数	定额	金额	单据张数	金额			
12	20	起	北京 - 深圳	3	150	450	5	2 500.00	2 950.00		
12	22	止									
		起									
		止									
		起									
		止									
		合计									
实报金额（大写）			贰仟玖佰伍拾元整　2 950.00								

主管人　　　　　　　　　　　会计　　　　　　　　　　　　　　领报人：董冰

凭92　　　　　　　　　**广东省过路过桥费票据（代收据）**

　　　　　　　　　　　　　　　　　　　　　　　　　　　　　　　No. 74531

收费金额	20 元
主管机关	收费单位（盖章）

　　2. 从 W 公司收到出租固定资产租金收入 12 000 元，存入银行。见凭93、凭94。

凭93　　　　　　　　**中国工商银行进账单（回单或收款通知）**

　　　　　　　　　　借款日期：2021 年 12 月 28 日　　　　　　　　第　号

收款人	全称	北京新科电子有限公司			付款人	全称	W公司									
	账号	341702186591462				账号	172100352179051									
	开户银行	工行中关村支行				开户银行	工行中关村支行									
人民币（大写）	壹万贰仟元整					千	百	十	万	千	百	十	元	角	分	
								￥1	2	0	0	0	0	0	0	
付款单位名称或账号		种类	票据号码		百	十	万	千	百	十	元	角	分		收款人开户行盖章	

单位主管　　　　　　　　会计　　　　　　　　复核　　　　　　　　记账

凭 94 　　　　　　　　　**北京市工商企业通用发票**　　　　　　　No. 0027538

客户名称：W 公司　　　　　　　　　　　　　开票日期：2021 年 12 月 23 日

货物或劳务名称	规格	单价	金额	说明	
固定资产租金			12 000.00		
合计人民币（大写）壹万贰仟元整　　¥12 000					单位盖章

十八、26 日发生的经济业务和原始凭证

1. 向市电视台支付广告费 5 600 元。见凭 95、凭 96。

凭 95 　　　　　　　　　　**北京市收款收据**　　　　　　　　No. 024733

交款单位：北京新科电子有限公司　　　2021 年 12 月 26 日　　　　结算方式

项目	内容	金额
广告费		5 600.00
合计人民币（大写）伍仟陆佰元整　　¥5 600		

收款单位（印章）　　　　　　　　　　　　　　　　　　收款人（签章）

凭 96

中国工商银行
转账支票存根
VI　VI011036

科　　目＿＿＿＿＿＿＿
对方科目＿＿＿＿＿＿＿
出票日期：2021 年 12 月 26 日

收款人：北京市电视台
金　额：5 600.00 元
用　途：付广告费

单位主管　　　　　会计

2. 职工李望预借 6 000 元差旅费。见凭 97。

凭 97 　　　　　　　　　　**暂付款记账单**

借款日期：2021 年 12 月 26 日　　　　　　　　　　　　第　号

借款原因 去广州送货		借款人盖章　李望
借款金额	大写：肆仟元整　¥6 000.00	领导指示或介绍信　字 第　号

十九、27 日发生的经济业务和原始凭证

1. 支付下季度报刊杂志订购费 1 500 元。见凭 98、凭 99。

凭 98

北京市邮政费专用发票

发票联　　　　　　　　　　　　　　　　No. 0056821

开票日期：2021 年 12 月 27 日

项目	数量	单价	金额							
			十	万	千	百	十	元	角	分
报刊杂志费					1	5	0	0	0	0
合计				¥	1	5	0	0	0	0
人民币（大写）壹仟伍佰元整										
备注：下季度所订报刊及杂志见订单										

凭 99

中国工商银行
现金支票存根
VI　VI012020

科　目＿＿＿＿＿＿
对方科目＿＿＿＿＿＿
出票日期：2021 年 12 月 27 日

收款人：北京市邮政局
金　额：1 500.00 元
用　途：支付报刊杂志费

单位主管　　　　　会计

二十、28 日发生的经济业务和原始凭证

1. 将现金 2 080 元送存银行。见凭 100。

凭 100　　　　　　**中国工商银行三联现金缴款单**　　　　　京工字

缴款日期：2021 年 12 月 28 日　　　　　　No. 01089

收款人	全称	北京新科电子有限公司					款项来源		现金		
	账号	341702186591462		开户银行	工行中关村支行						
金额	人民币（大写）	陆佰贰拾元整			百	十	万	千	百	十	元	角	分
								¥	2	0	8	0	0	0
票面	壹仟元	壹佰元	伍拾元	拾元	伍元	贰元	壹元	伍角	贰角	壹角	伍分	贰分	壹分
	2		1	3									
出纳复核员：	收款员：		会计：		复核员：		记账员				

二十一、29 日发生的经济业务和原始凭证

1. 21 日售 H 公司产品的款项，对方开来商业承兑汇票一张（面值 316 400 元，承付期 12 个月）来抵付欠款。见凭 101。

凭 101

票据入账单

2021 年 12 月 29 日

票据种类	收付方单位	票据结算内容	签发日期	到期日期	票面金额				利率
					货款	增值税	运杂费	合计	
商业承兑汇票	H 公司	抵付货款	2021 年 2 月 21 日	2022 年 2 月 21 日				316 400.00	
人民币大写：叁拾壹万陆仟肆佰元整							合计	316 400.00	

财务主管（签章）　　　　　　　　　　审核（签章）　　　　　　　　　　制单（签章）

2. 职工李望报销赴上海购货费用 5 680 元，返还现金 320 元。见凭 102。

凭 102

还款凭证

借款日期：2021 年 12 月 28 日

借款原因：上海购货	借款人 签章：李望
借款金额　大写：<u>陆仟元整</u>	左列数项已于 12 月 30 日全部结清。 报销数 ￥5 680.00 退还数 ￥320.00 补付数 ￥

会计签章

二十二、30 日发生的经济业务和原始凭证

1. 向丙公司销售 C 产品 200K，金额为 700 000 元，按规定收取增值税 91 000 元，货款已经收到。见凭 103、凭 104。

凭103　　　　　　　　　**中国工商银行进账单（收账通知）**　　4

借款日期：2021 年 12 月 30 日　　　　　　　　　　　　　第　号

收款人	全称	北京新科电子有限公司	付款人	全称	丙公司
	账号	341702186591462		账号	295410324477143
	开户银行	中关村支行		开户银行	紫竹院路支行

人民币（大写）	柒拾玖万壹仟元整	千	百	十	万	千	百	十	元	角	分
			￥	7	9	1	0	0	0	0	0

付款单位名称或账号	种类	票据号码	百	十	万	千	百	十	元	角	分	
00436600	转账支票	30123		7	9	1	0	0	0	0	0	收款人开户行盖章

单位主管　　　　　　　　会计　　　　　　　　复核　　　　　　　　记账

凭104　　　　　　　　　　**北京市增值税专用发票**

发票联　　　　　　　　　　　　　　　　　　No. 05488230

开票日期：2021 年 12 月 30 日

购货单位	名称	丙公司	税务登记号	4	7	2	0	8	1	3	6	2	9	1	3	2	5	8
	地址、电话	北京市海淀区	开户银行及账号			工行紫竹院路支行 295410324477143												

货物或应税劳务名称	规格型号	数量单位	数量	单价	金额									税率（%）	金额								
					百	十	万	千	百	十	元	角	分		百	十	万	千	百	十	元	角	分
C产品		K	200	3 500.00		7	0	0	0	0	0	0	0	13			9	1	0	0	0	0	0

价税合计：柒拾玖万壹仟元整　　　　￥791 000.00

备注

销货单位	名称	北京新科电子有限公司	税务登记号	2	9	6	3	1	0	8	7	4	3	2	8	9	0	X
	地址、电话	北京市海淀区 010 – 82264728	开户银行及账号			工行中关村支行 341702186591462												

收款人　　　　　　　　　　　　　　　开票单位（未盖章无效）

　　2. 接到银行利息回单，本季度银行存款利息收入 24 800 元已转入存款户。见凭105。

凭105
中国工商银行利息回单

2021 年 12 月 30 日

收款单位	账号	341702186591462	付款单位	账号	341702186591462
	户名	北京新科电子有限公司		户名	中关村支行
	开户银行	工行中关村支行		开户银行	工行中关村支行
积数 ¥124 000 000		利率：0.8‰			利息：¥24 800.00
第 4 季度利息 ¥24 800.00　　银行盖章					

3. 以转账支票支付水费 9 750.80 元并分配结转。见凭 106、凭 107、凭 108。

凭106

中国工商银行
转账支票存根
VI　VI011037

科　　目＿＿＿＿＿＿＿
对方科目＿＿＿＿＿＿＿
出票日期：2021 年 12 月 30 日

收款人：北京市电力局
金　额：¥9 750.80
用　途：电费

单位主管　　　　会计

凭107
北京新科电子有限公司

费用分割单
2021 年 12 月 30 日

使用部门	应借科目	金额
水费：		9 750.80
其中：生产车间用	制造费用	7 313.10
管理部门用	管理费用	2 437.70

复核：　　　　　　　　　　　　　　　　　　　　　　制表：

凭108
北京市城市自来水公司专用发票

发票联　　　　　　　　　　　　　　　　　　　　No. 001254
客户：北京新科电子有限公司　　　　　　　开票日期：2021 年 12 月 30 日

项目	单位	数量	单价	金额								
				百	十	万	千	百	十	元	角	分
水费	吨	2 437.70	4.00				9	7	5	0	8	0
结算：转账	金额（大写）玖仟柒佰伍拾元捌角整											

4. 以转账支票支付电费 124 842.82 元并分配结转。见凭 109、凭 110、

凭111。

凭109

中国工商银行
转账支票存根
VI VI011038

科　　目＿＿＿＿＿＿
对方科目＿＿＿＿＿＿
出票日期：2021 年 12 月 30 日

| 收款人：北京市电力局 |
| 金　　额：￥124 842.82 |
| 用　　途：电费 |

单位主管　　　　　会计

凭110　　　　　　　　北京新科电子有限公司

费用分割单

2021 年 12 月 30 日

使用部门	应借科目	金额
电费：		124 842.82
其中：生产车间用	制造费用	93 632.12
管理部门用	管理费用	31 210.70

复核：　　　　　　　　　　　　　　　　　　　　制表：

凭111　　　　　　**北京新科电子有限公司电费结算单**

名称：北京新科电子有限公司　　　　2021 年 12 月 30 日　　　　托号：31 总户号68731

有功本月抄表数	460.87	有功上月抄表数	445.05	倍率	10500	本月有功电量	166110	备注
用电分类	电量	单价（元）	电费（元）					开户银行：工商银行中关村支行
大工业（35KV）	162310	0.622	100956.82					户名：
非居明照明（35KV）	1500	0.99	1485					
基本容量	800	28	22400					
小计	164610		124842.82					北京市供电有限责任公司
无功本月抄表数	162.11	无功上月抄表数	146.85	倍率	10500	本月无功电量	160230	账号：
反方向无功本月	2.44	反方向无功上月	2.3	倍率	10500	本月无功电量	1470	
功率因数				率调电费				
本月合计电费	124 842.82							

段户号：　　　　　抄表员：　　　　　复核员：　　　　　制据日期：

5. 进行财产清查，盘亏设备 M 一台，原值 10 000 元，已提折旧 30 000 元，批准转销；盘盈设备 L 一台，重置价值 28 600 元，估计已提折旧 18 000 元，经批准转营业外收入；盘亏原材料丙 2 200 元，由过失人李贵赔偿 1 000 元，其余同意转销。见凭 112、凭 113、凭 114。

凭 112

固定资产盘盈盘亏报告表

部门：　　　　　　　　　　　　2021 年 12 月 30 日

固定资产编号	固定资产名称	数量	盘盈		盘亏		毁损		原因
			重置价值	估计折旧	原价	已提折旧	原价	已提折旧	
	设备 M				10 000.00	30 000.00			被盗
处理意见	使用部门		清查小组			审批部门			
						转作营业外支出			

厂长（签章）　　　财务科长（签章）　　　设备科长（签章）　　　制表：孙磊

凭 113

固定资产盘盈盘亏报告表

部门：　　　　　　　　　　　　2021 年 12 月 30 日

固定资产编号	固定资产名称	盘盈			盘亏			毁损			原因
		数量	重置价值	估计已提折旧额	数量	原价	已提折旧	数量	原价	已提折旧	
	设备 L	1	28 600	18 000							
处理意见	使用部门		清查小组			审批部门					

厂长（签章）　　　财务科长（签章）　　　设备科长（签章）　　　制表：孙磊

凭114

存货实存账存对比表

2021 年 12 月 30 日

存货类别	名称	计量单位	实存		账存		盘盈		盘亏		备注
			数量	金额	数量	金额	数量	金额	数量	金额	
材料	原材料丙	K	71 586	72 586		73 786			2 200	2 200	
处理意见			清查小组				审批部门				
			职工李贵赔偿 1 000 元，其余转销								

6. 按工资总额的 14% 计提并结转福利费。见凭115。

凭115

工资及福利费分配表

应借科目		应贷科目：应付福利费			
		生产工人	车间管理人员	厂部管理人员	合计
生产成本	A 产品	7 742.00			7 742.00
	B 产品	7 252.00			7 252.00
	C 产品	4 354.00			4 354.00
制造费用			6 846.00		6 846.00
管理费用				8 806.00	8 806.00
合计				35 000.00	35 000.00

7. 按应收账款总额的 2‰ 计提坏账准备金。见凭116。

凭116

坏账准备金计提表

2021 年 12 月 30 日

应收账款余额	计提率	应提额	账面已提	实际计提
407 420.00	2‰	814.84	0	814.84

审核（签章）　制表（签章）

8. 计提固定资产折旧费 147 520 元。见凭117。

凭117

折旧费计提表

固定资产用途	固定资产类别				金额
	建筑物	机器设备	运输工具	其他设备	
生产用固定资产	略	略	略	略	102 430.00
管理用固定资产	略	略	略	略	40 090.00
出租用固定资产	略	略	略	略	5 000.00
合计	略	略	略	略	147 520.00

9. 计提无形资产摊销费 1 020 元。见凭118。

凭118   摊销费计提表

固定资产用途	无形资产类别				金额
	专利权	商标权	非专利技术	其他无形资产	
管理用无形资产	略	略	略	略	1 020.00
合计	略	略	略	略	1 020.00

10. 根据仓库报来的原材料发出汇总表，分配原材料费用（采用月末一次加权平均法）。见凭119。

凭119   发出材料汇总表

原材料 产品	甲材料		乙材料		丙材料	
	数量	金额	数量	金额	数量	金额
A	20 000	40 000.00				
B			1 500	107 550.00		
C					9 000	46 313.87
车间消耗					2 000	10 291.97

11. 结转分配制造费用。标准按工时分配：A 为 7 256 工时，B 为 6 438 工时，C 为 4 521 工时。见凭120。

凭120   制造费用分配表

产品名称	分配标准（工时）	分配率	分配金额
A	7 256		133 214.50
B	6 438	18. 359 219 874	118 196.66
C	4 521		83 002.03
合计	18 215	18. 359 219 874	334 413.19

（详细计算过程见第四章）

12. 本月产品全部完工，验收入库，结转完工入库产品成本：A 产品完工 200K，B 产品完工 250K，C 产品完工 1 20K。见凭121、凭122。

凭121   产品成本计算表

成本项目 产品名称	期初 在产品	本期发生费用			总成本合计
		直接材料费	直接人工费	制造费用	
A	150 347.86	40 000.00	63 042.00	133 214.50	386 604.36
B	124 650.00	107 550.00	59 052.00	118 196.66	409 448.66
C	44 570.00	46 313.87	35 454.00	83 002.03	209 339.90
合计	319 567.86	193 863.87	157 548.00	334 413.19	1 005 392.92

凭 122   **入库单**   第 号

收货单位：   2021 年 12 月 31 日

货号	品名	单位	数量	单价	金额	备注
A		K	200	1 933.02	386 604.36	
B		K	250	1 637.79	409 448.66	
C		K	120	1 744.50	209 339.90	

（详细计算过程见第四章）

13. 结转已销售产品成本（发出产品按加权平均法计价）。

14. 计算并结转本月应负担的销售税金及附加。见凭 123、凭 124。

凭 123   **城乡维护建设税草算表**

2021 年 12 月   单位：元

计税依据（应纳增值税额）	税率	税额
120 097.06	7%	8406.79

制表（签章）   复核（签章）

凭 124   **教育费附加草算表**

2021 年 12 月   单位：元

计税依据（应纳增值税额）	税率	税额
120 097.06	3%	3 602.91

制表（签章）   复核（签章）

15. 结转本期损益类账户。

16. 计算本月应交所得税（按北京市企业所得税率 25% 计算）。

17. 按税后利润的 10% 提取盈余公积。

18. 按有关规定付投资者利润 100 000 元。

第十五章

记账凭证制作训练

将前面的原始凭证核对无误后，逐一作如下记账凭证。

一、1 日发生经济业务的记账凭证

记账凭证

2021 年 12 月 1 日 凭证号：1（1/1）

北京新科电子有限公司 附单据 1 张

摘要	会计科目	借方金额	贷方金额
收到乙公司前欠款	银行存款——工商银行	94 500.00	
收到乙公司前欠款	应收账款——乙公司		94 500.00
合计		94 500.00	94 500.00

会计主管： 记账： 出纳： 审核： 制单：

（注：所附单据为本书第三章的原始凭证中的凭 1）

二、2 日发生经济业务的记账凭证

记账凭证

2021 年 12 月 1 日 凭证号：2（1/1）

北京新科电子有限公司 附单据 3 张

摘要	会计科目	借方金额	贷方金额
购材料甲	原材料——甲	19 400.00	
购材料甲	应交税费——应交增值税（进项税额）	2 522.00	

续表

摘要	会计科目	借方金额	贷方金额
购材料甲	银行存款——工商银行		21 922.00
合计		21 922.00	21 922.00

会计主管： 记账： 出纳： 审核： 制单：

（注：所附单据为本书第三章的原始凭证中的凭2、凭3、凭4）

三、5日发生经济业务的记账凭证

记账凭证

2021 年 12 月 1 日 凭证号：3（1/1）

北京新科电子有限公司 附单据 1 张

摘要	会计科目	借方金额	贷方金额
备现	库存现金	8 000.00	
备现	银行存款——工商银行		8 000.00
合计		8 000.00	8 000.00

会计主管： 记账： 出纳： 审核： 制单：

（注：所附单据为本书第三章的原始凭证中的凭5）

四、6日发生经济业务的记账凭证

记账凭证

2021 年 12 月 1 日 凭证号：4（1/1）

北京新科电子有限公司 附单据 2 张

摘要	会计科目	借方金额	贷方金额
报销差旅费	管理费用——差旅费	7 846.70	
报销差旅费	库存现金	153.30	
报销差旅费	其他应收款——王五		8 000.00
合计		8 000.00	8 000.00

会计主管： 记账： 出纳： 审核： 制单：

（注：所附单据为本书第三章的原始凭证中的凭6、凭7）

五、7日发生经济业务的记账凭证

记账凭证

2021 年 12 月 2 日

凭证号：5（1/1）

北京新科电子有限公司

附单据 2 张

摘要	会计科目	借方金额	贷方金额
出差借款	其他应收款——贾林	5 000.00	
出差借款	银行存款——工商银行		5 000.00
合计		5 000.00	5 000.00

会计主管：　　　　记账：　　　　出纳：　　　　审核：　　　　制单：

（注：所附单据为本书第三章的原始凭证中的凭 8、凭 9）

六、8日发生经济业务的记账凭证

记账凭证

2021 年 12 月 2 日

凭证号：6（1/1）

北京新科电子有限公司

附单据 2 张

摘要	会计科目	借方金额	贷方金额
报销差旅费	管理费用	4 423.30	
报销差旅费	库存现金	576.70	
报销差旅费	其他应收款——赵七		5 000.00
合计		5 000.00	5 000.00

会计主管：　　　　记账：　　　　出纳：　　　　审核：　　　　制单：

（注：所附单据为本书第三章的原始凭证中的凭 10、凭 11）

七、9日发生经济业务的记账凭证

记账凭证

2021 年 12 月 2 日

凭证号：7（1/1）

北京新科电子有限公司

附单据 1 张

摘要	会计科目	借方金额	贷方金额
偿还 C 公司欠款	应付账款——C 公司	106 700.00	
偿还 C 公司欠款	银行存款——工商银行		106 700.00

续表

摘要	会计科目	借方金额	贷方金额
合计		106 700.00	106 700.00

会计主管: 记账: 出纳: 审核: 制单:

（注：所附单据为本书第三章的原始凭证中的凭12）

八、12 日发生经济业务的记账凭证

记账凭证

2021 年 12 月 2 日　　　　　　　　　　　　凭证号：8（1/1）

北京新科电子有限公司　　　　　　　　　　　　　　附单据 1 张

摘要	会计科目	借方金额	贷方金额
取得生产周期转借款	银行存款——工商银行	1 000 000.00	
取得生产周期转借款	短期借款		1 000 000.00
合计		1 000 000.00	1 000 000.00

会计主管: 记账: 出纳: 审核: 制单:

（注：所附单据为本书第三章的原始凭证中的凭13）

九、13 日发生经济业务的记账凭证

记账凭证

2021 年 12 月 2 日　　　　　　　　　　　　凭证号：9（1/1）

北京新科电子有限公司　　　　　　　　　　　　　　附单据 3 张

摘要	会计科目	借方金额	贷方金额
购固定资产	固定资产——设备 B	12 400.00	
购固定资产	银行存款——工商银行		12 400.00
合计		12 400.00	12 400.00

会计主管: 记账: 出纳: 审核: 制单:

（注：所附单据为本书第三章的原始凭证中的凭14、凭15、凭16）

十、14 日发生经济业务的记账凭证

记账凭证

2021 年 12 月 5 日

凭证号：10（1/1）

北京新科电子有限公司

附单据 1 张

摘要	会计科目	借方金额	贷方金额
购支票	管理费用——办公费	50.00	
购支票	库存现金		50.00
合计		50.00	50.00

会计主管：　　　　记账：　　　　出纳：　　　　审核：　　　　制单：

（注：所附单据为本书第三章的原始凭证中的凭 17）

十一、15 日发生经济业务的记账凭证

记账凭证

2021 年 12 月 5 日

凭证号：11（1/1）

北京新科电子有限公司

附单据 3 张

摘要	会计科目	借方金额	贷方金额
购原材料乙	原材料——乙	85 740.00	
	应交税费——应交增值税（进项税额）	11 146.20	
	银行存款——工商银行		96 886.20
合计		96 886.20	96 886.20

会计主管：　　　　记账：　　　　出纳：　　　　审核：　　　　制单：

（注：所附单据为本书第三章的原始凭证中的凭 18、凭 19、凭 20）

十二、16 日发生经济业务的记账凭证

记账凭证

2021 年 12 月 5 日　　　　　　　　　　　　　凭证号：12（1/1）

北京新科电子有限公司　　　　　　　　　　　　　　　附单据 2 张

摘要	会计科目	借方金额	贷方金额
偿还 A 公司欠款	应付账款	678 673.00	
	银行存款——工商银行		678 673.00
合计		678 673.00	678 673.00

会计主管：　　　　记账：　　　　出纳：　　　　审核：　　　　制单：

（注：所附单据为本书第三章的原始凭证中的凭 21、凭 22）

十三、19 日发生经济业务的记账凭证

记账凭证

2021 年 12 月 5 日　　　　　　　　　　　　　凭证号：13（1/1）

北京新科电子有限公司　　　　　　　　　　　　　　　附单据 2 张

摘要	会计科目	借方金额	贷方金额
付运费	销售费用——运费	68 256.00	
付运费	应交税费——应交增值税（进项税额）	6 143.04	
付运费	银行存款——工商银行		74 399.04
合计		74 399.04	74 399.04

会计主管：　　　　记账：　　　　出纳：　　　　审核：　　　　制单：

（注：所附单据为本书第三章的原始凭证中的凭 23、凭 24）

十四、20 日发生经济业务的记账凭证

记账凭证

2021 年 12 月 5 日　　　　　　　　　　　　　凭证号：14（1/1）

北京新科电子有限公司　　　　　　　　　　　　　　　　　附单据 1 张

摘要	会计科目	借方金额	贷方金额
处理废品收入	库存现金	23 750.00	
处理废品收入	其他业务收入		21 017.70
处理废品收入	应交税费——应交增值税（销项税额）		2 732.30
	合计	23 750.00	23 750.00

会计主管：　　　　记账：　　　　出纳：　　　　审核：　　　　制单：

做账说明

增值税计算公式：

不含税销售额 = 含税销售额/（1 + 税率）

　　　　　　　= 23 750/（1 + 13%）

　　　　　　　= 21 017.70

应交税额 = 不含税销售额 × 税率

　　　　　= 21 017.70 × 13%

　　　　　= 2 732.30

（注：所附单据为本书第三章的原始凭证中的凭 25）

十五、21 日发生经济业务的记账凭证

记账凭证

2021 年 12 月 6 日　　　　　　　　　　　　　凭证号：15（1/1）

北京新科电子有限公司　　　　　　　　　　　　　　　　　附单据 1 张

摘要	会计科目	借方金额	贷方金额
付信汇手续费	财务费用——手续费	100.00	
付信汇手续费	银行存款——工商银行		100.00
	合计	100.00	100.00

会计主管：　　　　记账：　　　　出纳：　　　　审核：　　　　制单：

（注：所附单据为本书第三章的原始凭证中的凭 26）

十六、22日发生经济业务的记账凭证

记账凭证

2021 年 12 月 6 日　　　　　　　　　　　凭证号：16（1/1）

北京新科电子有限公司　　　　　　　　　　　　　　　　附单据 2 张

摘要	会计科目	借方金额	贷方金额
车间设备翻新	制造费用——修理费	65 000.00	
车间设备翻新	银行存款——工商银行		65 000.00
合计		65 000.00	65 000.00

会计主管：　　　　记账：　　　　出纳：　　　审核：　　　制单：

（注：所附单据为本书第三章的原始凭证中的凭 27、凭 28）

十七、23日发生经济业务的记账凭证

记账凭证

2021 年 12 月 6 日　　　　　　　　　　　凭证号：17（1/1）

北京新科电子有限公司　　　　　　　　　　　　　　　　附单据 2 张

摘要	会计科目	借方金额	贷方金额
购原材料丙	在途物资——丙	22 000.00	
购原材料丙	应交税费——应交增值税（进项税额）	2 860.00	
购原材料丙	银行存款——工商银行		24 860.00
合计		24 860.00	24 860.00

会计主管：　　　　记账：　　　　出纳：　　　审核：　　　制单：

（注：所附单据为本书第三章的原始凭证中的凭 29、凭 30）

十八、26 日发生经济业务的记账凭证

记账凭证

2021 年 12 月 6 日

凭证号：18（1/1）

北京新科电子有限公司

附单据 1 张

摘要	会计科目	借方金额	贷方金额
购入清洁用具	管理费用——其他	1 060.00	
购入清洁用具	库存现金		1 060.00
合计		1 060.00	1 060.00

会计主管：　　　记账：　　　出纳：　　　审核：　　　制单：

（注：所附单据为本书第三章的原始凭证中的凭 31）

十九、27 日发生经济业务的记账凭证

记账凭证

2021 年 12 月 7 日

凭证号：19（1/1）

北京新科电子有限公司

附单据 1 张

摘要	会计科目	借方金额	贷方金额
原材料丙入库	原材料——丙	22 000.00	
原材料丙入库	在途物资——丙		22 000.00
合计		22 000.00	22 000.00

会计主管：　　　记账：　　　出纳：　　　审核：　　　制单：

（注：所附单据为本书第三章的原始凭证中的凭 32）

二十、28 日发生经济业务的记账凭证

记账凭证

2021 年 12 月 7 日 　　　　　　　　　　　　凭证号：20 (1/1)

北京新科电子有限公司 　　　　　　　　　　　　　　　　附单据 1 张

摘要	会计科目	借方金额	贷方金额
交纳增值税、城建税、教育费附加	应交税费——应交增值税	56 100.00	
交纳增值税、城建税、教育费附加	应交税费——应交城市维护建设税	3 927.00	
交纳增值税、城建税、教育费附加	应交税费——交易费附加	1 683.00	
交纳增值税、城建税、教育费附加	银行存款——工商银行		61 710.00
合计		61 710.00	61 710.00

会计主管： 　　记账： 　　　出纳： 　　　审核： 　　　制单：

（注：所附单据为本书第三章的原始凭证中的凭 33）

二十一、29 日发生经济业务的记账凭证

记账凭证

2021 年 12 月 7 日 　　　　　　　　　　　　凭证号：21 (1/1)

北京新科电子有限公司 　　　　　　　　　　　　　　　　附单据 3 张

摘要	会计科目	借方金额	贷方金额
购设备 C	固定资产——设备 C	8 000.00	
购设备 C	应交税费——应交增值税（进项税额）	1 040.00	
购设备 C	银行存款——工商银行		9 040.00
合计		9 040.00	9 040.00

会计主管： 　　记账： 　　　出纳： 　　　审核： 　　　制单：

（注：所附单据为本书第三章的原始凭证中的凭 34、凭 35、凭 36）

二十二、30 日发生经济业务的记账凭证

记账凭证

2021 年 12 月 8 日　　　　　　　　　　凭证号：22（1/1）

北京新科电子有限公司　　　　　　　　　　　　　　　附单据 1 张

摘要	会计科目	借方金额	贷方金额
收到甲公司前欠货款	银行存款——工商银行	832 700.00	
收到甲公司前欠货款	应收账款——甲公司		832 700.00
合计		832 700.00	832 700.00

会计主管：　　　记账：　　　出纳：　　　审核：　　　制单：

（注：所附单据为本书第三章的原始凭证中的凭 37）

记账凭证

2021 年 12 月 8 日　　　　　　　　　　凭证号：23（1/1）

北京新科电子有限公司　　　　　　　　　　　　　　　附单据 2 张

摘要	会计科目	借方金额	贷方金额
报销差旅费	管理费用	4 628.40	
报销差旅费	库存现金	371.60	
报销差旅费	其他应收款——贾林		5 000.00
合计		5 000.00	5 000.00

会计主管：　　　记账：　　　出纳：　　　审核：　　　制单：

（注：所附单据为本书第三章的原始凭证中的凭 38、凭 39）

记账凭证

2021 年 12 月 8 日　　　　　　　　　　凭证号：24（1/1）

北京新科电子有限公司　　　　　　　　　　　　　　　附单据 2 张

摘要	会计科目	借方金额	贷方金额
预付装修费	预付账款——S 公司	10 000.00	
预付装修费	银行存款——工商银行		10 000.00
合计		10 000.00	10 000.00

会计主管：　　　记账：　　　出纳：　　　审核：　　　制单：

（注：所附单据为本书第三章的原始凭证中的凭 40、凭 41）

记账凭证

2021 年 12 月 8 日　　　　　　　　　　凭证号：25（1/1）

北京新科电子有限公司　　　　　　　　　　　　　　　　附单据 1 张

摘要	会计科目	借方金额	贷方金额
购买便笺纸	管理费用——办公费	42.00	
购买便笺纸	库存现金		42.00
合计		42.00	42.00

会计主管：　　　　记账：　　　　出纳：　　　　审核：　　　　制单：

（注：所附单据为本书第三章的原始凭证中的凭 42）

记账凭证

2021 年 12 月 8 日　　　　　　　　　　凭证号：26（1/1）

北京新科电子有限公司　　　　　　　　　　　　　　　　附单据 1 张

摘要	会计科目	借方金额	贷方金额
预借差旅费	其他应收款——何坤	4 500.00	
预借差旅费	库存现金		4 500.00
合计		4 500.00	4 500.00

会计主管：　　　　记账：　　　　出纳：　　　　审核：　　　　制单：

（注：所附单据为本书第三章的原始凭证中的凭 43）

记账凭证

2021 年 12 月 9 日　　　　　　　　　　凭证号：27（1/1）

北京新科电子有限公司　　　　　　　　　　　　　　　　附单据 1 张

摘要	会计科目	借方金额	贷方金额
备现	库存现金	250 000.00	
备现	银行存款——工商银行		250 000.00
合计		250 000.00	250 000.00

会计主管：　　　　记账：　　　　出纳：　　　　审核：　　　　制单：

（注：所附单据为本书第三章的原始凭证中的凭 44）

记账凭证

2021 年 12 月 9 日 凭证号：28（1/2）

北京新科电子有限公司 附单据 1 张

摘要	会计科目	借方金额	贷方金额
发放工资	应付职工薪酬——工资	250 000.00	
发放工资	库存现金		250 000.00
合计		250 000.00	250 000.00

会计主管： 记账： 出纳： 审核： 制单：

记账凭证

2021 年 12 月 9 日 凭证号：28（2/2）

北京新科电子有限公司 附单据 1 张

摘要	会计科目	借方金额	贷方金额
分配工资	生产成本——A 产品	55 300.00	
分配工资	生产成本——B 产品	51 800.00	
分配工资	生产成本——C 产品	31 100.00	
分配工资	制造费用——工资	48 900.00	
分配工资	管理费用——工资	62 900.00	
分配工资	应付职工薪酬——工资		250 000.00
合计		250 000.00	250 000.00

会计主管： 记账： 出纳： 审核： 制单：

（注：所附单据为本书第三章的原始凭证中的凭 45）

记账凭证

2021 年 12 月 9 日 凭证号：29（1/1）

北京新科电子有限公司 附单据 1 张

摘要	会计科目	借方金额	贷方金额
收到投资的仓库一幢	固定资产——仓库	800 000.00	
收到投资的仓库一幢	实收资本——华兴		800 000.00
合计		800 000.00	800 000.00

会计主管： 记账： 出纳： 审核： 制单：

（注：所附单据为本书第三章的原始凭证中的凭 46）

记账凭证

2021 年 12 月 9 日　　　　　　　　　　凭证号：30（1/1）

北京新科电子有限公司　　　　　　　　　　　　　　附单据 1 张

摘要	会计科目	借方金额	贷方金额
取得银行流动资金借款	银行存款——工商银行	200 000.00	
取得银行流动资金借款	短期借款		200 000.00
合计		200 000.00	200 000.00

会计主管：　　　　记账：　　　　出纳：　　　　审核：　　　　制单：

（注：所附单据为本书第三章的原始凭证中的凭 47）

记账凭证

2021 年 12 月 12 日　　　　　　　　　　凭证号：31（1/1）

北京新科电子有限公司　　　　　　　　　　　　　　附单据 2 张

摘要	会计科目	借方金额	贷方金额
向 L 公司销售商品已收款	银行存款——工商银行	847 500.00	
向 L 公司销售商品已收款	主营业务收入		750 000.00
向 L 公司销售商品已收款	应交税费——应交增值税（销项税额）		97 500.00
合计		847 500.00	847 500.00

会计主管：　　　　记账：　　　　出纳：　　　　审核：　　　　制单：

（注：所附单据为本书第三章的原始凭证中的凭 48、凭 49）

记账凭证

2021 年 12 月 12 日　　　　　　　　　　凭证号：32（1/1）

北京新科电子有限公司　　　　　　　　　　　　　　附单据 1 张

摘要	会计科目	借方金额	贷方金额
付邮费	管理费用——办公费	21.00	
付邮费	库存现金		21.00
合计		21.00	21.00

会计主管：　　　　记账：　　　　出纳：　　　　审核：　　　　制单：

（注：所附单据为本书第三章的原始凭证中的凭 50）

记账凭证

2021 年 12 月 12 日 凭证号：33（1/1）

北京新科电子有限公司 附单据 1 张

摘要	会计科目	借方金额	贷方金额
付年检资料费	管理费用——办公费	320.00	
付年检资料费	库存现金		320.00
合计		320.00	320.00

会计主管： 记账： 出纳： 审核： 制单：

（注：所附单据为本书第三章的原始凭证中的凭51）

记账凭证

2021 年 12 月 12 日 凭证号：34（1/1）

北京新科电子有限公司 附单据 3 张

摘要	会计科目	借方金额	贷方金额
购原材料甲	原材料——甲	72 300.00	
购原材料甲	应交税费——应交增值税（进项税额）	9 399.00	
购原材料甲	银行存款——工商银行		81 699.00
合计		81 699.00	81 699.00

会计主管： 记账： 出纳： 审核： 制单：

（注：所附单据为本书第三章的原始凭证中的凭52、凭53、凭54）

记账凭证

2021 年 12 月 12 日 凭证号：35（1/1）

北京新科电子有限公司 附单据 1 张

摘要	会计科目	借方金额	贷方金额
付业务招待费	管理费用——招待费	538.00	
付业务招待费	库存现金		538.00
合计		538.00	538.00

会计主管： 记账： 出纳： 审核： 制单：

（注：所附单据为本书第三章的原始凭证中的凭55）

记账凭证

2021 年 12 月 13 日   凭证号：36（1/1）

北京新科电子有限公司   附单据 1 张

摘要	会计科目	借方金额	贷方金额
收到国家拨入款	银行存款——工商银行	50 000.00	
收到国家拨入款	资本公积		50 000.00
合计		50 000.00	50 000.00

会计主管：   记账：   出纳：   审核：   制单：

（注：所附单据为本书第三章的原始凭证中的凭 56）

记账凭证

2021 年 12 月 13 日   凭证号：37（1/1）

北京新科电子有限公司   附单据 1 张

摘要	会计科目	借方金额	贷方金额
收到丙公司前欠货款	银行存款——工商银行	1 046 454.00	
收到丙公司前欠货款	应收账款——丙公司		1 046 454.00
合计		1 046 454.00	1 046 454.00

会计主管：   记账：   出纳：   审核：   制单：

（注：所附单据为本书第三章的原始凭证中的凭 57）

记账凭证

2021 年 12 月 13 日   凭证号：38（1/1）

北京新科电子有限公司   附单据 1 张

摘要	会计科目	借方金额	贷方金额
何坤退还借款	库存现金	4 500.00	
何坤退还借款	其他应收款——何坤		4 500.00
合计		4 500.00	4 500.00

会计主管：   记账：   出纳：   审核：   制单：

（注：所附单据为本书第三章的原始凭证中的凭 58）

记账凭证

2021 年 12 月 14 日　　　　　　　　　凭证号：39（1/1）

北京新科电子有限公司　　　　　　　　　　　　　　　附单据 1 张

摘要	会计科目	借方金额	贷方金额
付张可手机费	管理费用——电话费	502.00	
付张可手机费	库存现金		502.00
合计		502.00	502.00

会计主管：　　　　记账：　　　　出纳：　　　　审核：　　　　制单：
（注：所附单据为本书第三章的原始凭证中的凭 59）

记账凭证

2021 年 12 月 14 日　　　　　　　　　凭证号：40（1/1）

北京新科电子有限公司　　　　　　　　　　　　　　　附单据 1 张

摘要	会计科目	借方金额	贷方金额
偿还 B 公司欠款	应付账款——B 公司	85 200.00	
偿还 B 公司欠款	银行存款——工商银行		85 200.00
合计		85 200.00	85 200.00

会计主管：　　　　记账：　　　　出纳：　　　　审核：　　　　制单：
（注：所附单据为本书第三章的原始凭证中的凭 60）

记账凭证

2021 年 12 月 14 日　　　　　　　　　凭证号：41（1/1）

北京新科电子有限公司　　　　　　　　　　　　　　　附单据 2 张

摘要	会计科目	借方金额	贷方金额
向 Y 公司购专利	无形资产——专利权	80 000.00	
向 Y 公司购专利	银行存款——工商银行		80 000.00
合计		80 000.00	80 000.00

会计主管：　　　　记账：　　　　出纳：　　　　审核：　　　　制单：
（注：所附单据为本书第三章的原始凭证中的凭 61、凭 62）

记账凭证

2021 年 12 月 14 日　　　　　　　凭证号：42（1/1）

北京新科电子有限公司　　　　　　　　　　　　　附单据 2 张

摘要	会计科目	借方金额	贷方金额
付停车泊位费	管理费用——车辆开支	580.00	
付停车泊位费	其他应付款	1 420.00	
付停车泊位费	银行存款——工商银行		2 000.00
	合计	2 000.00	2 000.00

会计主管：　　　　记账：　　　　出纳：　　　　审核：　　　　制单：

（注：所附单据为本书第三章的原始凭证中的凭 63、凭 64）

记账凭证

2021 年 12 月 15 日　　　　　　　凭证号：43（1/1）

北京新科电子有限公司　　　　　　　　　　　　　附单据 3 张

摘要	会计科目	借方金额	贷方金额
购入原材料丙	原材料——丙	580 000.00	
购入原材料丙	应交税费——应交增值税（进项税额）	75 400.00	
购入原材料丙	银行存款——工商银行		655 400.00
	合计	655 400.00	655 400.00

会计主管：　　　　记账：　　　　出纳：　　　　审核：　　　　制单：

（注：所附单据为本书第三章的原始凭证中的凭 65、凭 66、凭 67）

记账凭证

2021 年 12 月 15 日　　　　　　　凭证号：44（1/1）

北京新科电子有限公司　　　　　　　　　　　　　附单据 1 张

摘要	会计科目	借方金额	贷方金额
处理废品收入	库存现金	8 475.00	
处理废品收入	其他业务收入		7 500.00
处理废品收入	应交税费——应交增值税（销项税额）		975.00
	合计	8 475.00	8 475.00

会计主管：　　　　记账：　　　　出纳：　　　　审核：　　　　制单：

（注：所附单据为本书第三章的原始凭证中的凭 68）

记账凭证

2021 年 12 月 15 日 　　　　　　　　　　凭证号：45（1/1）

北京新科电子有限公司 　　　　　　　　　　　　　　　　附单据 1 张

摘要	会计科目	借方金额	贷方金额
临时工交押金	库存现金	1 000.00	
临时工交押金	其他应付款——王峰		1 000.00
合计		1 000.00	1 000.00

会计主管： 　　　记账： 　　　出纳： 　　　审核： 　　　制单：

（注：所附单据为本书第三章的原始凭证中的凭 69）

记账凭证

2021 年 12 月 16 日 　　　　　　　　　　凭证号：46（1/1）

北京新科电子有限公司 　　　　　　　　　　　　　　　　附单据 1 张

摘要	会计科目	借方金额	贷方金额
付保洁费	管理费用——办公费	270.00	
付保洁费	库存现金		270.00
合计		270.00	270.00

会计主管： 　　　记账： 　　　出纳： 　　　审核： 　　　制单：

（注：所附单据为本书第三章的原始凭证中的凭 70）

记账凭证

2021 年 12 月 16 日 　　　　　　　　　　凭证号：47（1/1）

北京新科电子有限公司 　　　　　　　　　　　　　　　　附单据 2 张

摘要	会计科目	借方金额	贷方金额
购汽油	销售费用——车辆开支	6 000.00	
购汽油	银行存款——工商银行		6 000.00
合计		6 000.00	6 000.00

会计主管： 　　　记账： 　　　出纳： 　　　审核： 　　　制单：

（注：所附单据为本书第三章的原始凭证中的凭 71、凭 72）

记账凭证

2021 年 12 月 16 日

凭证号：48（1/1）

北京新科电子有限公司

附单据 2 张

摘要	会计科目	借方金额	贷方金额
付报关费	销售费用——报关费	900.00	
付报关费	银行存款——工商银行		900.00
合计		900.00	900.00

会计主管：　　　记账：　　　出纳：　　　审核：　　　制单：

（注：所附单据为本书第三章的原始凭证中的凭 73、凭 74）

记账凭证

2021 年 12 月 19 日

凭证号：49（1/1）

北京新科电子有限公司

附单据 1 张

摘要	会计科目	借方金额	贷方金额
收到丁公司前欠货款	银行存款——工商银行	94 580.00	
收到丁公司前欠货款	应收账款——丁公司		94 580.00
合计		94 580.00	94 580.00

会计主管：　　　记账：　　　出纳：　　　审核：　　　制单：

（注：所附单据为本书第三章的原始凭证中的凭 75）

记账凭证

2021 年 12 月 19 日

凭证号：50（1/1）

北京新科电子有限公司

附单据 1 张

摘要	会计科目	借方金额	贷方金额
付银行利息	财务费用——利息	10 500.00	
付银行利息	银行存款——工商银行		10 500.00
合计		10 500.00	10 500.00

会计主管：　　　记账：　　　出纳：　　　审核：　　　制单：

（注：所附单据为本书第三章的原始凭证中的凭 76）

记账凭证

2021 年 12 月 19 日 凭证号：51 （1/1）

北京新科电子有限公司 附单据 1 张

摘要	会计科目	借方金额	贷方金额
偿还 B 公司欠款	应付账款——B 公司	200 000.00	
偿还 B 公司欠款	银行存款——工商银行		200 000.00
合计		200 000.00	200 000.00

会计主管： 记账： 出纳： 审核： 制单：

（注：所附单据为本书第三章的原始凭证中的凭 77）

记账凭证

2021 年 12 月 20 日 凭证号：52 （1/1）

北京新科电子有限公司 附单据 2 张

摘要	会计科目	借方金额	贷方金额
付汽车修理费	管理费用——车辆开支	932.00	
付汽车修理费	银行存款——工商银行		932.00
合计		932.00	932.00

会计主管： 记账： 出纳： 审核： 制单：

（注：所附单据为本书第三章的原始凭证中的凭 78、凭 79）

记账凭证

2021 年 12 月 20 日 凭证号：53 （1/1）

北京新科电子有限公司 附单据 2 张

摘要	会计科目	借方金额	贷方金额
收到外商捐赠设备一台	固定资产——设备 W	80 000.00	
购鲜花、横幅	管理费用——办公费	200.00	
购鲜花、横幅	库存现金		200.00
收到外商捐赠设备一台	营业外收入		80 000.00
合计		80 200.00	80 200.00

会计主管： 记账： 出纳： 审核： 制单：

（注：所附单据为本书第三章的原始凭证中的凭 80、凭 81）

记账凭证

2021 年 12 月 20 日　　　　　　　　凭证号：54（1/1）

北京新科电子有限公司　　　　　　　　　　　　　　　附单据 2 张

摘要	会计科目	借方金额	贷方金额
归还短期借款及利息	短期借款	100 000.00	
归还短期借款及利息	财务费用——利息	700.00	
归还短期借款及利息	应付利息	1 400.00	
归还短期借款及利息	银行存款——工商银行		102 100.00
	合计	102 100.00	102 100.00

会计主管：　　　　记账：　　　　出纳：　　　　审核：　　　　制单：

（注：所附单据为本书第三章的原始凭证中的凭 82、凭 83）

记账凭证

2021 年 12 月 21 日　　　　　　　　凭证号：55（1/1）

北京新科电子有限公司　　　　　　　　　　　　　　　附单据 1 张

摘要	会计科目	借方金额	贷方金额
销售产品未收款	应收账款——H 公司	316 400.00	
销售产品未收款	主营业务收入		280 000.00
销售产品未收款	应交税费——应交增值税（销项税额）		36 400.00
	合计	316 400.00	316 400.00

会计主管：　　　　记账：　　　　出纳：　　　　审核：　　　　制单：

（注：所附单据为本书第三章的原始凭证中的凭 84）

记账凭证

2021 年 12 月 21 日　　　　　　　　凭证号：56（1/1）

北京新科电子有限公司　　　　　　　　　　　　　　　附单据 2 张

摘要	会计科目	借方金额	贷方金额
付违约金和赔偿金	营业外支出	4 800.00	
付违约金和赔偿金	银行存款——工商银行		4 800.00
	合计	4 800.00	4 800.00

会计主管：　　　　记账：　　　　出纳：　　　　审核：　　　　制单：

（注：所附单据为本书第三章的原始凭证中的凭 85、凭 86）

记账凭证

2021 年 12 月 22 日　　　　　　　　　　凭证号：57（1/1）

北京新科电子有限公司　　　　　　　　　　　　　　　附单据 1 张

摘要	会计科目	借方金额	贷方金额
购买办公用品	管理费用——办公费	120.00	
购买办公用品	库存现金		120.00
合计		120.00	120.00

会计主管：　　　　　记账：　　　　　出纳：　　　　　审核：　　　　　制单：

（注：所附单据为本书第三章的原始凭证中的凭 87）

记账凭证

2021 年 12 月 22 日　　　　　　　　　　凭证号：58（1/1）

北京新科电子有限公司　　　　　　　　　　　　　　　附单据 2 张

摘要	会计科目	借方金额	贷方金额
付新产品设计费	管理费用——其他	30 000.00	
付新产品设计费	银行存款——工商银行		30 000.00
合计		30 000.00	30 000.00

会计主管：　　　　　记账：　　　　　出纳：　　　　　审核：　　　　　制单：

（注：所附单据为本书第三章的原始凭证中的凭 88、凭 89）

记账凭证

2021 年 12 月 23 日　　　　　　　　　　凭证号：59（1/1）

北京新科电子有限公司　　　　　　　　　　　　　　　附单据 3 张

摘要	会计科目	借方金额	贷方金额
报销差旅费	管理费用——差旅费	3 720.00	
报销差旅费	库存现金		3 720.00
合计		3 720.00	3 720.00

会计主管：　　　　　记账：　　　　　出纳：　　　　　审核：　　　　　制单：

（注：所附单据为本书第三章的原始凭证中的凭 90、凭 91、凭 92）

记账凭证

2021 年 12 月 23 日　　　　　　　　　凭证号：60（1/1）

北京新科电子有限公司　　　　　　　　　　　　　　　附单据 2 张

摘要	会计科目	借方金额	贷方金额
收到出租固定资产租金收入	银行存款——工商银行	12 000.00	
收到出租固定资产租金收入	其他业务收入		12 000.00
合计		12 000.00	12 000.00

会计主管：　　　　记账：　　　　出纳：　　　　审核：　　　　制单：

（注：所附单据为本书第三章的原始凭证中的凭 93、凭 94）

记账凭证

2021 年 12 月 26 日　　　　　　　　　凭证号：61（1/1）

北京新科电子有限公司　　　　　　　　　　　　　　　附单据 2 张

摘要	会计科目	借方金额	贷方金额
付广告费	销售费用——广告费	5 600.00	
付广告费	银行存款——工商银行		5 600.00
合计		5 600.00	5 600.00

会计主管：　　　　记账：　　　　出纳：　　　　审核：　　　　制单：

（注：所附单据为本书第三章的原始凭证中的凭 95、凭 96）

记账凭证

2021 年 12 月 26 日　　　　　　　　　凭证号：62（1/1）

北京新科电子有限公司　　　　　　　　　　　　　　　附单据 1 张

摘要	会计科目	借方金额	贷方金额
预借差旅费	其他应收款——李望	6 000.00	
预借差旅费	库存现金		6 000.00
合计		6 000.00	6 000.00

会计主管：　　　　记账：　　　　出纳：　　　　审核：　　　　制单：

（注：所附单据为本书第三章的原始凭证中的凭 97）

记账凭证

2021 年 12 月 27 日　　　　　　　　　　凭证号：63（1/1）

北京新科电子有限公司　　　　　　　　　　　　　　附单据 2 张

摘要	会计科目	借方金额	贷方金额
付下季度报刊杂志费	预付账款——办公费	1 500.00	
付下季度报刊杂志费	银行存款——工商银行		1 500.00
合计		1 500.00	1 500.00

会计主管：　　　　　记账：　　　　　出纳：　　　　审核：　　　　制单：

（注：所附单据为本书第三章的原始凭证中的凭 98、凭 99）

记账凭证

2021 年 12 月 28 日　　　　　　　　　　凭证号：64（1/1）

北京新科电子有限公司　　　　　　　　　　　　　　附单据 1 张

摘要	会计科目	借方金额	贷方金额
存现	银行存款——工商银行	2 080.00	
存现	库存现金		2 080.00
合计		2 080.00	2 080.00

会计主管：　　　　　记账：　　　　　出纳：　　　　审核：　　　　制单：

（注：所附单据为本书第三章的原始凭证中的凭 100）

记账凭证

2021 年 12 月 29 日　　　　　　　　　　凭证号：65（1/1）

北京新科电子有限公司　　　　　　　　　　　　　　附单据 1 张

摘要	会计科目	借方金额	贷方金额
收到 H 公司的商业汇票	应收票据——H 公司	316 400.00	
收到 H 公司的商业汇票	应收账款——H 公司		316 400.00
合计		316 400.00	316 400.00

会计主管：　　　　　记账：　　　　　出纳：　　　　审核：　　　　制单：

（注：所附单据为本书第三章的原始凭证中的凭 101）

记账凭证

2021 年 12 月 29 日　　　　　　　　凭证号：66（1/1）

北京新科电子有限公司　　　　　　　　　　　　　　附单据 1 张

摘要	会计科目	借方金额	贷方金额
报销差旅费	管理费用——差旅费	5 680.00	
报销差旅费	库存现金	320.00	
报销差旅费	其他应收款——李望		6 000.00
	合计	6 000.00	6 000.00

会计主管：　　　　　记账：　　　　　出纳：　　　　　审核：　　　　　制单：

（注：所附单据为本书第三章的原始凭证中的凭 102）

记账凭证

2021 年 12 月 30 日　　　　　　　　凭证号：67（1/1）

北京新科电子有限公司　　　　　　　　　　　　　　附单据 2 张

摘要	会计科目	借方金额	贷方金额
销售产品	银行存款	791 000.00	
销售产品	主营业务收入		700 000.00
销售产品	应交税费——应交增值税（销项税额）		91 000.00
	合计	791 000.00	791 000.00

会计主管：　　　　　记账：　　　　　出纳：　　　　　审核：　　　　　制单：

（注：所附单据为本书第三章的原始凭证中的凭 103、凭 104）

记账凭证

2021 年 12 月 30 日　　　　　　　　凭证号：68（1/1）

北京新科电子有限公司　　　　　　　　　　　　　　附单据 1 张

摘要	会计科目	借方金额	贷方金额
收到存款利息	银行存款——工商银行	24 800.00	
收到存款利息	财务费用——利息		24 800.00
	合计	24 800.00	24 800.00

会计主管：　　　　　记账：　　　　　出纳：　　　　　审核：　　　　　制单：

（注：所附单据为本书第三章的原始凭证中的凭 105）

记账凭证

2021 年 12 月 30 日   凭证号：69（1/1）

北京新科电子有限公司   附单据 3 张

摘要	会计科目	借方金额	贷方金额
付水费	制造费用——水费	7 313.10	
付水费	管理费用——水费	2 437.70	
付水费	银行存款——工商银行		9 750.80
合计		9 750.80	9 750.80

会计主管：   记账：   出纳：   审核：   制单：

（注：所附单据为本书第三章的原始凭证中的凭 106、凭 107、凭 108）

记账凭证

2021 年 12 月 30 日   凭证号：70（1/1）

北京新科电子有限公司   附单据 3 张

摘要	会计科目	借方金额	贷方金额
付电费	制造费用——电费	93 632.12	
付电费	管理费用——电费	31 210.70	
付电费	银行存款——工商银行		124 842.82
合计		124 842.82	124 842.82

会计主管：   记账：   出纳：   审核：   制单：

（注：所附单据为本书第三章的原始凭证中的凭 109、凭 110、凭 111）

记账凭证

2021 年 12 月 30 日   凭证号：71（1/2）

北京新科电子有限公司   附单据 1 张

摘要	会计科目	借方金额	贷方金额
盘亏设备 M	待处理财产损溢——待处理固定资产损溢	500.00	
盘亏设备 M	累计折旧	1 500.00	
盘亏设备 M	固定资产——设备 M		2 000.00
合计		2 000.00	2 000.00

会计主管：   记账：   出纳：   审核：   制单：

记账凭证

2021 年 12 月 30 日　　　　　　　　　　凭证号：71（2/2）

北京新科电子有限公司　　　　　　　　　　　　　　附单据 1 张

摘要	会计科目	借方金额	贷方金额
转销盘亏设备 M	营业外支出	500.00	
转销盘亏设备 M	待处理财产损溢——待处理固定资产损溢		500.00
合计		500.00	500.00

会计主管：　　　　记账：　　　　出纳：　　　　审核：　　　　制单：

（注：所附单据为本书第三章的原始凭证中的凭112）

记账凭证

2021 年 12 月 30 日　　　　　　　　　　凭证号：72

北京新科电子有限公司　　　　　　　　　　　　　　附单据 1 张

摘要	会计科目	借方金额	贷方金额
盘盈设备 L	固定资产——设备 L	28 600.00	
盘盈设备 L	累计折旧		18 000.00
盘盈设备 L	以前年度损益调整		10 600.00
合计		28 600.00	28 600.00

会计主管：　　　　记账：　　　　出纳：　　　　审核：　　　　制单：

记账凭证

2021 年 12 月 30 日　　　　　　　　　　凭证号：73（1/2）

北京新科电子有限公司　　　　　　　　　　　　　　附单据 1 张

摘要	会计科目	借方金额	贷方金额
原材料盘亏	待处理财产损溢——待处理流动资产损溢	2 200.00	
原材料盘亏	原材料——丙		2 200.00
合计		2 200.00	2 200.00

会计主管：　　　　记账：　　　　出纳：　　　　审核：　　　　制单：

（注：所附单据为本书第三章的原始凭证中的凭113）

记账凭证

2021 年 12 月 30 日

凭证号：73（2/2）

北京新科电子有限公司

附单据 1 张

摘要	会计科目	借方金额	贷方金额
原材料盘亏	其他应收款——李贵	1 000.00	
原材料盘亏	管理费用	1 200.00	
原材料盘亏	待处理财产损溢——待处理流动资产损溢		2 200.00
合计		2 200.00	2 200.00

会计主管：　　　记账：　　　出纳：　　　审核：　　　制单：

（注：所附单据为本书第三章的原始凭证中的凭 114）

记账凭证

2021 年 12 月 30 日

凭证号：74（1/1）

北京新科电子有限公司

附单据 1 张

摘要	会计科目	借方金额	贷方金额
提取福利费	生产成本——A 产品	7 742.00	
提取福利费	生产成本——B 产品	7 252.00	
提取福利费	生产成本——C 产品	4 354.00	
提取福利费	制造费用——福利费	6 846.00	
提取福利费	管理费用——福利费	8 806.00	
提取福利费	应付职工薪酬——应付福利费		35 000.00
合计		35 000.00	35 000.00

会计主管：　　　记账：　　　出纳：　　　审核：　　　制单：

（注：所附单据为本书第三章的原始凭证中的凭 115）

记账凭证

2021 年 12 月 30 日

凭证号：75（1/1）

北京新科电子有限公司

附单据 1 张

摘要	会计科目	借方金额	贷方金额
提取坏账准备	信用减值损失	814.84	
提取坏账准备	坏账准备		814.84
合计		814.84	814.84

会计主管：　　　记账：　　　出纳：　　　审核：　　　制单：

（注：所附单据为本书第三章的原始凭证中的凭 116）

记账凭证

2021 年 12 月 30 日 凭证号：76（1/1）

北京新科电子有限公司 附单据 1 张

摘要	会计科目	借方金额	贷方金额
计提折旧	制造费用——折旧	102 430.00	
计提折旧	管理费用——折旧	40 090.00	
计提折旧	其他业务成本——折旧	5 000.00	
计提折旧	累计折旧		147 520.00
	合计	147 520.00	147 520.00

会计主管： 记账： 出纳： 审核： 制单：

（注：所附单据为本书第三章的原始凭证中的凭 117）

记账凭证

2021 年 12 月 30 日 凭证号：77（1/1）

北京新科电子有限公司 附单据 1 张

摘要	会计科目	借方金额	贷方金额
计提摊销	管理费用——摊销	1 020.00	
计提摊销	累计摊销		1 020.00
	合计	1 020.00	1 020.00

会计主管： 记账： 出纳： 审核： 制单：

（注：所附单据为本书第三章的原始凭证中的凭 118）

记账凭证

2021 年 12 月 30 日 凭证号：78（1/2）

北京新科电子有限公司 附单据 1 张

摘要	会计科目	借方金额	贷方金额
耗用原材料	生产成本——A 产品	40 000.00	
耗用原材料	生产成本——B 产品	107 550.00	
耗用原材料	生产成本——C 产品	46 313.87	
耗用原材料	制造费用——原材料消耗	10 291.97	
耗用原材料	原材料——甲		40 000.00
	合计		

会计主管： 记账： 出纳： 审核： 制单：

记账凭证

2021 年 12 月 30 日　　　　　　　　　凭证号：78（2/2）

北京新科电子有限公司　　　　　　　　　　　　　　　附单据 1 张

摘要	会计科目	借方金额	贷方金额
耗用原材料	原材料——乙		107 550.00
耗用原材料	原材料——丙		56 605.84
合计		204 155.84	204 155.84

会计主管：　　　　　记账：　　　　　出纳：　　　　审核：　　　　制单：

（注：所附单据为本书第三章的原始凭证中的凭 119）

记账凭证

2021 年 12 月 30 日　　　　　　　　　凭证号：79（1/1）

北京新科电子有限公司　　　　　　　　　　　　　　　附单据 1 张

摘要	会计科目	借方金额	贷方金额
制造费用结转为生产成本	生产成本——A 产品	133 214.50	
制造费用结转为生产成本	生产成本——B 产品	118 196.66	
制造费用结转为生产成本	生产成本——C 产品	83 002.03	
制造费用结转为生产成本	制造费用		334 413.19
合计		334 413.19	334 413.19

会计主管：　　　　　记账：　　　　　出纳：　　　　审核：　　　　制单：

（注：所附单据为本书第三章的原始凭证中的凭 120）

做账说明

制造费用分配率保留小数后 9 位，尾差按业务需要进行调整。

制造费用分配率 = 制造费用总和/各产品生产工时之和

　　　　　　　= 334 413.19/18 215

　　　　　　　= 18.359 219 874

A 产品分配的制造费用 = 7 256 × 18.359 219 874 = 133 214.50

B 产品分配的制造费用 = 6 438 × 18.359 219 874 = 118 196.66

C 产品分配的制造费用 = 4 521 × 18.359 219 874 = 83 002.03

记账凭证

2021 年 12 月 30 日　　　　　　　　凭证号：80（1/2）

北京新科电子有限公司　　　　　　　　　　　　　附单据 2 张

摘要	会计科目	借方金额	贷方金额
生产成本结转为产品成本	库存商品——A 产品	386 604.36	
生产成本结转为产品成本	库存商品——B 产品	409 448.66	
生产成本结转为产品成本	库存商品——C 产品	209 339.90	
生产成本结转为产品成本	生产成本——A 产品		386 604.36
生产成本结转为产品成本	生产成本——B 产品		409 448.66
合计			

会计主管：　　　　记账：　　　　出纳：　　　　审核：　　　　制单：

记账凭证

2021 年 12 月 30 日　　　　　　　　凭证号：80（2/2）

北京新科电子有限公司　　　　　　　　　　　　　附单据 2 张

摘要	会计科目	借方金额	贷方金额
生产成本结转为产品成本	生产成本——C 产品		209 339.90
合计		1 005 392.92	1 005 392.92

会计主管：　　　　记账：　　　　出纳：　　　　审核：　　　　制单：

（注：所附单据为本书第三章的原始凭证中的凭 121、凭 122）

做账说明

月末产品全部完工，没有在产品，生产成本金额结转产成品。

A 产品单位成本 $= \dfrac{386\ 604.36}{200} = 1\ 933.02$

B 产品单位成本 $= \dfrac{409\ 448.66}{250} = 1\ 637.79$

C 产品单位成本 $= \dfrac{209\ 339.90}{120} = 1\ 744.50$

记账凭证

2021 年 12 月 30 日　　　　　　　　凭证号：81（1/1）

北京新科电子有限公司　　　　　　　　　　　　　附单据　张

摘要	会计科目	借方金额	贷方金额
结转销售成本	主营业务成本	1 028 079.50	
结转销售成本	库存商品——A 产品		505 672.50

续表

摘要	会计科目	借方金额	贷方金额
结转销售成本	库存商品——B产品		162 117.00
结转销售成本	库存商品——C产品		360 290.00
合计		1 028 079.50	1 028 079.50

会计主管：　　　　记账：　　　　出纳：　　　　审核：　　　　制单：

做账说明

$$产品加权平均价 = \frac{期初金额 + 本月金额}{期初数量 + 本月数量}$$

产品销售成本 = 销售数量 × 产品加权平均价

$$A 产品加权平均价 = \frac{341\,562.42 + 386\,604.36}{160 + 200} = 2\,022.69$$

$$B 产品加权平均价 = \frac{368\,715.09 + 409\,448.66}{230 + 250} = 1\,621.17$$

$$C 产品加权平均价 = \frac{223\,009.00 + 209\,339.90}{120 + 120} = 1801.45$$

A 产品销售成本 = 250 × 2 022.69 = 505 672.50

B 产品销售成本 = 100 × 1 621.17 = 162 117.00

C 产品销售成本 = 200 × 1801.45 = 360 290.00

记账凭证

2021 年 12 月 30 日

北京新科电子有限公司　　　　　　　　　　　　　　　　凭证号：82（1/1）

附单据 2 张

摘要	会计科目	借方金额	贷方金额
提取销售税金	营业税金及附加	12 009.70	
提取销售税金	应交税费——应交城市维护建设税		8 406.79
提取销售税金	应交税费——教育费附加		3 602.91
合计		12 009.70	12 009.70

会计主管：　　　　记账：　　　　出纳：　　　　审核：　　　　制单：

（注：所附单据为本书第三章的原始凭证中的凭 123、凭 124）

记账凭证

2021 年 12 月 30 日 凭证号：83（1/3）

北京新科电子有限公司 附单据 1 张

摘要	会计科目	借方金额	贷方金额
结转收入类账户	主营业务收入	1 730 000.00	
结转收入类账户	其他业务收入	40 517.70	
结转收入类账户	营业外收入	80 000.00	
结转收入类账户	本年利润		1 850 517.70
合计		1 850 517.70	1 850 517.70

会计主管： 记账： 出纳： 审核： 制单：

记账凭证

2021 年 12 月 30 日 凭证号：83（2/3）

北京新科电子有限公司 附单据 1 张

摘要	会计科目	借方金额	贷方金额
结转成本费用类账户	本年利润	1 327 057.84	
结转成本费用类账户	财务费用	13 500.00	
结转成本费用类账户	主营业务成本		1 028 079.50
结转成本费用类账户	其他业务成本		5 000.00
结转成本费用类账户	营业税金及附加		12 009.70
结转成本费用类账户	营业外支出		5 300.00
合计			

会计主管： 记账： 出纳： 审核： 制单：

记账凭证

2021 年 12 月 30 日 凭证号：83（3/3）

北京新科电子有限公司 附单据 1 张

摘要	会计科目	借方金额	贷方金额
结转成本费用类账户	管理费用		208 597.80
结转成本费用类账户	销售费用		80 756.00
结转成本费用类账户	信用减值损失		814.84
合计		1 327 057.84	1 327 057.84

会计主管： 记账： 出纳： 审核： 制单：

记账凭证

2021 年 12 月 30 日 　　　　　　凭证号：84（1/1）

北京新科电子有限公司 　　　　　　　　　　　　　　　附单据 1 张

摘要	会计科目	借方金额	贷方金额
计算应交所得税	所得税费用	130 864.97	
计算应交所得税	以前年度损益调整	2 650.00	
计算应交所得税	递延所得税资产	203.71	
计算应交所得税	应交税费——应交所得税		133 718.68
合计		133 718.68	133 718.68

会计主管：　　　记账：　　　出纳：　　　审核：　　　制单：

记账凭证

2021 年 12 月 30 日 　　　　　　凭证号：85（1/1）

北京新科电子有限公司 　　　　　　　　　　　　　　　附单据 1 张

摘要	会计科目	借方金额	贷方金额
结转所得税	本年利润	130 864.97	
结转所得税	所得税费用		130 864.97
合计		130 864.97	130 864.97

会计主管：　　　记账：　　　出纳：　　　审核：　　　制单：

记账凭证

2021 年 12 月 30 日 　　　　　　凭证号：86（1/2）

北京新科电子有限公司 　　　　　　　　　　　　　　　附单据 1 张

摘要	会计科目	借方金额	贷方金额
将本年利润和以前年度损益调整转入利润分配	本年利润	392 594.89	
将本年利润和以前年度损益调整转入利润分配	以前年度损益调整	7 950.00	
将本年利润和以前年度损益调整转入利润分配	利润分配——未分配利润		400 544.89
合计		400 544.89	400 544.89

会计主管：　　　记账：　　　出纳：　　　审核：　　　制单：

记账凭证

2021 年 12 月 30 日　　　　　　　　　　凭证号：86（2/2）

北京新科电子有限公司　　　　　　　　　　　　　　附单据 1 张

摘要	会计科目	借方金额	贷方金额
提取盈余公积	利润分配——未分配利润	40 054.49	
提取盈余公积	盈余公积——法定盈余公积		40 054.49
合计		40 054.49	40 054.49

会计主管：　　　　记账：　　　　出纳：　　　　审核：　　　　制单：

记账凭证

2021 年 12 月 30 日　　　　　　　　　　凭证号：87（1/1）

北京新科电子有限公司　　　　　　　　　　　　　　附单据 1 张

摘要	会计科目	借方金额	贷方金额
向投资者分配利润	利润分配——应付现金股利或利润	100 000.00	
向投资者分配利润	应付股利		100 000.00
合计		100 000.00	100 000.00

会计主管：　　　　记账：　　　　出纳：　　　　审核：　　　　制单：

第十六章

T字账和记账凭证汇总表制作训练

将第四章中的凭1#－85#按目类别制作成如下"T"字账并汇总。

一、库存现金

库存现金

借	贷
期初余额 895.00	
3　8 000.00	10　50.00
4　153.30	18　1 060.00
6　576.70	25　42.00
14　23 750.00	26　4 500.00
23　371.60	28½　250 000.00
27　250 000.00	32　21.00
38　4 500	33　320.00
44　8 475.00	35　538.00
45　1 000.00	39　502.00
66　320.00	46　270.00
	53　200.00
	57　120.00
	59　3 720.00
	62　6 000.00
	64　2 080.00
本期发生额 297 146.60	269 423.00
期末余额 28 618.60	

二、银行存款

银行存款

借	贷
期初余额 2 584 330.24	
	2 21 922.00
	3 8 000.00
	5 5 000.00
	7 106 700.00
	9 12 400.00
	11 96 886.20
	12 678 673.00
	13 74 399.04
1 94 500.00	15 100.00
8 1 000 000.00	16 65 000.00
22 832 700.00	17 24 860.00
30 200 000.00	20 61 710.00
31 847 500.00	21 9 040.00
36 50 000.00	24 10 000.00
37 1 046 454.00	27 250 000.00
49 94 580.00	34 81 699.00
60 12 000.00	40 85 200.00
64 2 080.00	41 80 000.00
67 791 000.00	42 2 000.00
68 24 800.00	43 655 400.00
	47 6 000.00
	48 900.00
	50 10 500.00
	51 200 000.00
	52 932.00
	54 102 100.00
	56 4 800.00
	58 30 000.00
	61 5 600.00
	63 1 500.00
	69 9 750.80
	70 124 842.82
本期发生额 4 995 614.00	2 825 914.86
期末余额 4 754 029.38	

三、应收账款

应收账款

借	贷
期初余额 2 475 654.00	
55　316 400.00	1　94 500.00
	22　832 700.00
	37　1 046 454.00
	49　94 580.00
	65　316 400.00
本期发生额 316 400.00	2 384 634.00
期末余额 407 420.00	

四、应收票据

应收票据

借	贷
期初余额 742 551.00	
65　316 400.00	
本期发生额 316 400.00	
期末余额 1 058 951.00	

五、应收利息

应收利息

借	贷
期初余额 2 500.00	
本期发生额	
期末余额 2 500.00	

六、其他应收款

其他应收款

借	贷
期初余额 31 000.00	
5　5 000.00	4　8 000.00
26　4 500.00	6　5 000.00
62　6 000.00	23　5 000.00
73　1 000.00	38　4 500.00
	66　6 000.00
本期发生额 16 500.00	28 500.00
期末余额 19 000.00	

七、预付账款

预付账款

借	贷
期初余额 523 948.00	
24　10 000.00	
63　1 500.00	
本期发生额 11 500.00	
期末余额 535 448.00	

八、坏账准备

坏账准备

借	贷
	期初余额 0
	75　814.84
本期发生额	814.84
	期末余额 814.84

九、在途物资

在途物资

借	贷
期初余额 0	
17　22 000.00	19　22 000.00
本期发生额 22 000.00	22 000.00
期末余额 0	

十、原材料

原材料

借	贷
期初余额 154 744.00	
2　19 400.00	73½　2 200.00
11　85 740.00	78½　204 155.84
19　22 000.00	
34　72 300.00	
43　580 000.00	
本期发生额 779 440.00	206 355.84
期末余额 727 828.16	

十一、库存商品

库存商品

借	贷
期初余额 933 286.51	
80　1 005 392.92	81　1 028 079.50
本期发生额 1 005 392.92	1 028 079.50
期末余额 910 599.93	

十二、生产成本

生产成本

借	贷
期初余额 319 567.86	
28⅔ 138 200.00 74 19 348.00 78 193 863.87 79 334 413.19	80 1 005 392.92
本期发生额 685 825.06	1 005 392.92
期末余额 0	

十三、周转材料

周转材料

借	贷
期初余额 47 275.00	
本期发生额	
期末余额 47 275.00	

十四、固定资产

固定资产

借	贷
期初余额 13 427 556.28	
9 12 400.00 21 8 000.00 29 800 000.00 53 80 000.00 72 28 600.00	71 2 000.00
本期发生额 929 000.00	2 000.00
期末余额 14 354 556.28	

十五、累计折旧

累计折旧

借	贷
	期初余额 3 545 763.51
71½ 1 500.00	72½ 18 000.00
	76 147 520.00
本期发生额 1 500.00	165 520.00
	期末余额 3 709 783.51

十六、在建工程

在建工程

借	贷
期初余额 4 942 568.00	
本期发生额	
期末余额 4 942 568.00	

十七、无形资产

无形资产

借	贷
期初余额 2 599 385.54	
41 80 000.00	
本期发生额 80 000.00	
期末余额 2 679 385.54	

十八、累计摊销

累计摊销

借	贷
	期初余额 678 469.32
	77　1 020.00
本期发生额	1 020.00
	期末余额 679 489.32

十九、待处理财产损溢

待处理财产损溢

借	贷
期初余额 0	
71½　500.00	71⅔　500.00
72⅔　10 600.00	72½　10 600.00
73 ½　2 200.00	73 ⅔　2 200.00
本期发生额 13 300.00	13 300.00
期末余额 0	

二十、递延所得税资产

递延所得税资产

借	贷
期初余额 0	
84　203.71	
本期发生额 203.71	
期末余额 203.71	

二十一、短期借款

短期借款

借	贷
	期初余额 100 000.00
54　100 000.00	8　1 000 000.00
	30　200 000.00
本期发生额 100 000.00	1 200 000.00
	期末余额 1 200 000.00

二十二、应付账款

应付账款

借	贷
	期初余额 1 263 873.00
7　106 700.00	
12　678 673.00	
40　85 200.00	
51　200 000.00	
本期发生额 1 070 573.00	
	期末余额 193 300.00

二十三、应付职工薪酬

应付职工薪酬

借	贷
	期初余额 107 587.00
28½　250 000.00	28⅔　250 000.00
	74　35 000.00
本期发生额 250 000.00	285 000.00
	期末余额 142 587.00

二十四、应付票据

应付票据

借	贷
	期初余额 656 306.00
本期发生额	
	期末余额 656 306.00

二十五、应付利息

应付利息

借	贷
	期初余额 19 000.00
54　1 400.00	
本期发生额 1 400.00	
	期末余额 17 600.00

二十六、应付股利

应付股利

借	贷
	期初余额 0
	87　100 000.00
本期发生额	100 000.00
	期末余额 100 000.00

二十七、预收账款

预收账款

借	贷
	期初余额 97 252.00
本期发生额	
	期末余额 97 252.00

二十八、应交税费

应交税费

借	贷
	期初余额 61 710.00
2　2 522.00	14　2 732.30
11　11 146.20	31　97 500.00
13　6 143.04	44　975.00
17　2 860.00	55　36 400.00
20　61 710.00	67　91 000.00
21　1 040.00	82　12 009.70
34　9 399.00	84　133 718.68
43　75 400.00	
本期发生额 170 220.24	374 335.68
	期末余额 265 825.44

二十九、其他应付款

其他应付款

借	贷
	期初余额 19 890.00
42　1 420.00	45　1 000.00
本期发生额 1 420.00	1 000.00
	期末余额 19 470.00

三十、长期借款

长期借款

借	贷
	期初余额 200 000.00
本期发生额	
	期末余额 200 000.00

三十一、应付债券

应付债券

借	贷
	期初余额 100 000.00
本期发生额	
	期末余额 100 000.00

三十二、实收资本

实收资本

借	贷
	期初余额 9 800 000.00
	29　800 000.00
本期发生额	800 000.00
	期末余额 10 600 000.00

三十三、资本公积

资本公积

借	贷
	期初余额 1 522 400.00
	36　50 000.00
本期发生额	50 000.00
	期末余额 1 572 400.00

三十四、盈余公积

盈余公积

借	贷
	期初余额 793 588.00
	86⅔　40 054.49
本期发生额	40 054.49
	期末余额 833 642.49

三十五、本年利润

本年利润

借	贷
	期初余额 0
83⅔　1 327 057.84 85　130 864.97 86½　392 594.89	83⅓　1 850 517.70
本期发生额 1 850 517.70	1 850 517.70
	期末余额 0

三十六、利润分配

利润分配

借	贷
	期初余额 9 819 422.60
86⅔　40 054.49 87　100 000.00	86½　400 544.89
本期发生额 140 054.49	400 544.89
	期末余额 10 079 913.00

三十七、主营业务收入

主营业务收入

借	贷
	期初余额 0
83⅓　1 730 000.00	31　750 000.00 55　280 000.00 67　700 000.00
本期发生额 1 730 000.00	1 730 000.00
	期末余额 0

三十八、其他业务收入

其他业务收入

借	贷
	期初余额 0
83⅓　40 517.70	14　21 017.70 44　7 500.00 60　12 000.00
本期发生额 40 517.70	40 517.70
	期末余额 0

三十九、营业外收入

营业外收入

借	贷
	期初余额 0
83⅓ 80 000.00	53 80 000.00
本期发生额 80 000.00	80 000.00
	期末余额 0

四十、主营业务成本

主营业务成本

借	贷
期初余额 0	
81 1 028 079.50	83⅔ 1 028 079.50
本期发生额 1 028 079.50	1 028 079.50
期末余额 0	

四十一、其他业务成本

其他业务成本

借	贷
期初余额 0	
76 5 000.00	83⅔ 5 000.00
本期发生额 5 000.00	5 000.00
期末余额 0	

四十二、营业税金及附加

营业税金及附加

借	贷
期初余额 0	
82　12 009.70	83⅔　12 009.70
本期发生额 12 009.70	12 009.70
期末余额 0	

四十三、管理费用

管理费用

借	贷
期初余额 0	
4　7 846.70	83⅔　208 597.80
6　4 423.30	
10　50.00	
18　1 060.00	
23　4 628.40	
25　42.00	
28⅔　62 900.00	
32　21.00	
33　320.00	
35　538.00	
39　502.00	
42　580.00	
46　270.00	
52　932.00	
53　200.00	
57　120.00	
58　30 000.00	
59　3 720.00	
66　5 680.00	
69　2 437.70	
70　31 210.70	
73 ⅔　1 200.00	
74　8 806.00	
76　40 090.00	
77　1 020.00	
本期发生额 208 597.80	208 597.80
期末余额 0	

四十四、销售费用

销售费用

借		贷	
期初余额 0			
13	68 256.00	83⅓　80 756.00	
47	6 000.00		
48	900.00		
61	5 600.00		
本期发生额 80 756.00		80 756.00	
期末余额 0			

四十五、财务费用

财务费用

借		贷	
期初余额 0			
15	100.00	68　24 800.00	
50	10 500.00		
54	700.00		
83⅓	13 500.00		
本期发生额 24 800.00		24 800.00	
期末余额 0			

四十六、制造费用

制造费用

借		贷	
期初余额 0			
16	65 000.00	79　334 413.19	
28⅔	48 900.00		
69	7 313.10		
70	93 632.12		
74	6 846.00		
76	102 430.00		
78	10 291.97		
本期发生额 334 413.19		334 413.19	
期末余额 0			

四十七、信用减值损失

信用减值损失

借	贷
期初余额 0	
75　　814.84	83⅔　　814.84
本期发生额 814.84	814.84
期末余额 0	

四十八、营业外支出

营业外支出

借	贷
期初余额 0	
56　　4 800.00	83　　2/35 300.00
71⅗　　500.00	
本期发生额 5 300.00	5 300.00
期末余额 0	

四十九、所得税费用

利润分配

借	贷
期初余额 0	
84　　130 864.97	85　　130 864.97
本期发生额 130 864.97	130 864.97
期末余额 0	

五十、以前年度损益调整

以前年度损益调整

借	贷
期初余额 0	
84　2 650.00 86½　7 950.00	72　10 600.00
本期发生额 10 600.00	10 600.00
期末余额 0	

五十一、记账凭证汇总表

按"T"字账借贷发生额，填表如下：

记账凭证汇总表

2021 年 12 月

北京新科电子有限公司

序号	会计科目	借方	贷方	备注
1	库存现金	297 146.60	269 423.00	
2	银行存款	4 995 614.00	2 825 914.86	
3	应收账款	316 400.00	2 384 634.00	
4	应收票据	316 400.00		
5	其他应收款	16 500	28 500.00	
6	预付账款	11 500.00		
7	坏账准备		814.84	
8	在途物资	22 000.00	22 000.00	
9	原材料	779 440.00	206 355.84	
10	库存商品	1 005 392.92	1 028 079.50	
11	生产成本	685 825.06	1 005 392.92	
12	固定资产	929 000.00	2 000.00	
13	累计折旧	1 500.00	165 520.00	
14	无形资产	80 000.00		
15	累计摊销		1 020.00	
16	待处理财产损溢	13 300.00	13 300.00	
17	递延所得税资产	203.71		

续表

序号	会计科目	借方	贷方	备注
18	短期借款	100 000.00	1 200 000.00	
19	应付账款	1 070 573.00		
20	应付职工薪酬	250 000.00	285 000.00	
21	应付利息	1 400.00		
22	应付股利		100 000.00	
23	应交税费	170 220.24	374 335.68	
24	其他应付款	1 420.00	1 000.00	
25	实收资本		800 000.00	
26	资本公积		50 000.00	
27	盈余公积		40 054.49	
28	本年利润	1 850 517.70	1 850 517.70	
29	利润分配	140 054.49	400 544.89	
30	主营业务收入	1 730 000.00	1 730 000.00	
31	其他业务收入	40 517.70	40 517.70	
32	营业外收入	80 000.00	80 000.00	
33	主营业务成本	1 028 079.50	1 028 079.50	
34	其他业务成本	5 000.00	5 000.00	
35	营业税金及附加	12 009.70	12 009.70	
36	管理费用	208 597.80	208 597.80	
37	销售费用	80 756.00	80 756.00	
38	财务费用	24 800.00	24 800.00	
39	制造费用	334 413.19	334 413.19	
40	信用减值损失	814.84	814.84	
41	营业外支出	5 300.00	5 300.00	
42	所得税费用	130 864.97	130 864.97	
43	以前年度损益调整	10 600.00	10 600.00	
	合计	16 746 161.42	16 746 161.42	

第十七章

会计报表编制训练

平时一般是先入账，然后根据总账填制会计报表。快捷的编制报表的方法：将"T"账中各科目余额逐一填列资产负债表或损益表中，并验证"资产合计"数是否等于"负债及所有者权益合计"数。

一、资产负债表

资产负债表

编制单位：北京新科电子有限公司　　　　　　　　　　日期：2021 年 12 月 31 日

资产	期末余额	上年年末余额	负债和所有者权益（或股东权益）	期末余额	上年年末余额
流动资产：			流动负债：		
货币资金	4 782 647.98	2 585 225.24	短期借款	1 200 000.00	100 000.00
交易性金融资产			交易性金融负债		
衍生金融资产			衍生金融负债		
应收票据	1 058 951.00	742 551.00	应付票据	656 306.00	656 306.00
应收账款	406 605.16	2 475 654.00	应付账款	193 300.00	1 263 873.00
应收款项融资			预收款项	97 252.00	97 252.00
预付款项	535 448.00	523 948.00	合同负债		
其他应收款	21 500.00	33 500.00	应付职工薪酬	142 587.00	107 587.00
存货	1 685 703.09	1 454 873.37	应交税费	265 825.44	61 710.00
合同资产			其他应付款	137 070.00	38 890.00
持有待售资产			持有待售负债		
一年内到期的非流动资产			一年内到期的非流动负债		
其他流动资产			其他流动负债		
流动资产合计	8 490 855.23	7 815 751.61	流动负债合计	2 692 340.44	2 325 618.00

续表

资产	期末余额	上年年末余额	负债和所有者权益（或股东权益）	期末余额	上年年末余额
非流动资产：			非流动负债：		
债权投资			长期借款	200 000.00	200 000.00
其他债权投资			应付债券	100 000.00	100 000.00
长期应收款			其中：优先股		
长期股权投资			永续债		
其他权益工具投资			租赁负债		
其他非流动金融资产			长期应付款		
投资性房地产			预计负债		
固定资产	10 644 772.77	9 881 792.77	递延收益		
在建工程	4 942 568.00	4 942 568.00	递延所得税负债		
生产性生物资产			其他非流动负债		
油气资产			非流动负债合计	300 000.00	300 000.00
使用权资产			负债合计	2 992 340.44	2 625 618.00
无形资产	1 999 896.22	1 920 916.22	所有者权益（或股东权益）：		
开发支出			实收资本（或股本）	10 600 000.00	9 800 000.00
商誉			其他权益工具		
长期待摊费用			其中：优先股		
递延所得税资产	203.71		永续债		
其他非流动资产			资本公积	1 572 400.00	1 522 400.00
非流动资产合计	17 587 440.70	16 745 276.99	减：库存股		
			其他综合收益		
			专项储备		
			盈余公积	833 642.49	793 588.00
			未分配利润	10 079 913.00	9 819 422.60
			所有者权益（或股东权益）合计	23 085 955.49	21 935 410.60
资产总计	26 078 295.93	24 561 028.60	负债和所有者权益（或股东权益）总计	26 078 295.93	24 561 028.60

货币资金 = 28 618.60（库存现金）+ 4 754 029.38（银行存款）= 4 782 647.98

应收票据 = 1 058 951.00（应收票据）= 1 058 951.00

应收账款 = 407 420.00（应收账款）- 814.84（坏账准备）= 406 605.16

预付款项 = 535 448.00（预付账款）= 535 448.00

其他应收款 = 19 000.00（其他应收款）+ 2 500.00（应收利息）= 21 500.00

存货 = 727 828.16（原材料）+ 910 599.93（库存商品）+ 47 275.00（周转材料）= 1 685 703.09

固定资产 = 14 354 556.28（固定资产）– 3 709 783.51（累计折旧）= 10 644 772.77

在建工程 = 4 942 568.00（在建工程）= 4 942 568.00

无形资产 = 2 679 385.54（无形资产）– 679 489.32（累计摊销）= 1 999 896.22

递延所得税资产 = 203.71（递延所得税资产）= 203.71

短期借款 = 1 200 000.00（短期借款）= 1 200 000.00

应付票据 = 656 306.00（应付票据）= 656 306.00

应付账款 = 193 300.00（应付账款）= 193 300.00

预收款项 = 97 252.0090（预收款项）= 97 252.00

应付职工薪酬 = 142 587.00（应付职工薪酬）= 142 587.00

应交税费 = 265 825.44（应交税费）= 265 825.44

其他应付款 = 19 470.00（其他应付款）+ 17 600.00（应付利息）+ 100 000.00（应付股利）= 137 070.00

长期借款 = 200 000.00（长期借款）= 200 000.00

应付债券 = 100 000.00（应付债券）= 100 000.00

实收资本（或股本）= 10 600 000.00（实收资本）= 10 600 000.00

资本公积 = 1 572 400.00（资本公积）= 1 572 400.00

盈余公积 = 833 642.49（盈余公积）= 833 642.49

未分配利润 = 10 079 913.00（利润分配）= 10 079 913.00

二、利润表

利润表

编制单位：北京新科电子有限公司　　　　　　　　　　　　　　　　　2021 年 12 月

项目	本期金额	上期金额
一、营业收入	1 770 517.70	
减：营业成本	1 033 079.50	
税金及附加	12 009.70	

续表

项目	本期金额	上期金额
销售费用	80 756.00	
管理费用	208 597.80	
研发费用		
财务费用	-13 500.00	
其中：利息费用	11 300.00	
利息收入	24 800.00	
加：其他收益		
投资收益（损失以"-"号填列）		
其中：对联营企业和合营企业的投资收益		
以摊余成本计量的金融资产终止确认收益（损失以"-"号填列）		
净敞口套期收益（损失以"-"号填列）		
公允价值变动收益（损失以"-"号填列）		
信用减值损失	814.84	
资产减值损失		
资产处置收益（损失以"-"号填列）		
二、营业利润（亏损以"-"号填列）	448 759.86	
加：营业外收入	80 000.00	
减：营业外支出	5 300.00	
三、利润总额（亏损总额以"-"号填列）	523 459.86	
减：所得税费用	130 864.97	
四、净利润（净亏损以"-"号填列）	392 594.89	
（一）持续经营净利润（净亏损以"-"号填列）		
（二）终止经营净利润（净亏损以"-"号填列）		
五、其他综合收益的税后净额		
（一）不能重分类进损益的其他综合收益		
1. 重新计量设定受益计划变动额		
2. 权益法下不能转损益的其他综合收益		
3. 其他权益工具投资公允价值变动		
4. 企业自身信用风险公允价值变动		
……		
（二）将重分类进损益的其他综合收益		
1. 权益法下可转损益的其他综合收益		
2. 其他债权投资公允价值变动		
3. 金融资产重分类计入其他综合收益的金额		
4. 其他债权投资信用减值准备		
5. 现金流量套期储备		

续表

项目	本期金额	上期金额
6. 外币财务报表折算差额		
……		
六、综合收益总额	392 594.89	
七、每股收益：		
（一）基本每股收益		
（二）稀释每股收益		

核准：　　　　　　　会计主管：　　　　　　　制表：

营业收入 = 1 730 000.00（主营业务收入贷方发生）+ 40 517.70（其他业务收入贷方发生）= 1 770 517.70

营业成本 = 1 028 079.50（主营业务成本借方发生）+ 5 000.00（其他业务成本借方发生）= 1 033 079.50

税金及附加 = 12 009.70（营业税金及附加借方发生）= 12 009.70

销售费用 = 80 756.00（销售费用借方发生）= 80 756.00

管理费用 = 208 597.80（管理费用借方发生）= 208 597.80

财务费用 = 100.00（财务费用凭 15）+ 10 500.00（财务费用凭 50）+ 700.00（财务费用凭 54）- 24 800.00（财务费用贷方发生）= - 13 500.00

利息费用 = 100.00（财务费用凭 15）+ 10 500.00（财务费用凭 50）+ 700.00（财务费用凭 54）= 11 300.00

利息收入 = 24 800.00（财务费用贷方发生）= 24 800.00

信用减值损失 = 814.84（信用减值损失借方发生）= 814.84

营业利润 = 1 770 517.70（营业收入）- 1 033 079.50（营业成本）- 12 009.70（税金及附加）- 80 756.00（销售费用）- 208 597.80（管理费用）-（- 13 500.00）（财务费用）- 814.84（信用减值损失）= 448 759.86

营业外收入 = 80 000.00（营业外收入贷方发生）= 80 000.00

营业外支出 = 5 300.00（营业外支出借方发生）= 5 300.00

利润总额 = 448 759.86（营业利润）+ 80 000.00（营业外收入）- 5 300.00（营业外支出）= 523 459.86

所得税费用 = 130 864.97（所得税费用）= 130 864.97

净利润 = 523 459.86（利润总额）- 130 864.97（所得税费用）= 392 594.89

综合收益总额 = 392 594.89（净利润）= 392 594.89

三、现金流量表

现金流量表

编制单位：北京新科电子有限公司　　　　　　　　　　　　　2021 年 12 月

项目	金额
一、经营活动产生的现金流量	
销售商品、提供劳务收到的现金	3 706 734.00
收到的税费返还	—
收到的其他与经营活动有关的现金	125 946.60
经营活动现金流入小计	3 832 680.60
购买商品、接受劳务支付的现金	1 951 340.20
支付给职工以及为职工支付的现金	250 502.00
支付的各项税费	61 710.00
支付的其他与经营活动有关的现金	357 665.66
经营活动现金流出小计	2 621 217.86
经营活动产生的现金流量净额	1 211 462.74
二、投资活动产生的现金流量	—
收回投资所收到的现金	—
取得投资收益所收到的现金	—
处置固定资产、无形资产和其他长期资产所收回的现金净额	—
处置子公司及其他营业单位收到的现金净额	—
收到的其他与投资活动有关的现金	—
投资活动现金流入小计	—
购建固定资产、无形资产和其他长期资产所支付的现金	101 440.00
投资所支付的现金	—
取得子公司及其他营业单位支付的现金净额	—
支付的其他与投资活动有关的现金	—
投资活动现金流出小计	101 440.00
投资活动产生的现金流量净额	−101 440.00
三、筹资活动产生的现金流量	
吸收投资收到的现金	—
取得借款收到的现金	1 200 000.00
收到其他与筹资活动有关的现金	—
筹资活动现金流入小计	1 200 000.00
偿还债务支付的现金	100 000.00
分配股利、利润或偿付利息所支付的现金	12 600.00
支付其他与筹资活动有关的现金	—
筹资活动现金流出小计	112 600.00

续表

筹资活动产生的现金流量净额	1 087 400.00
四、汇率变动对现金及现金等价物的影响	—
汇率变动对现金及现金等价物的影响	—
五、现金及现金等价物净增加额	2 197 422.74
加：期初现金及现金等价物余额	2 585 225.24
六、期末现金及现金等价物余额	4 782 647.98

核准： 会计主管： 制表：

销售商品、提供劳务收到的现金 = 94 500.00（银行存款凭 1）+ 832 700.00（银行存款凭 22）+ 847 500.00（银行存款凭 31）+ 1 046 454.00（银行存款凭 37）+ 94 580.00（银行存款凭 49）+ 791 000.00（银行存款凭 67）= 3 706 734.00

收到的其他与经营活动有关的现金 = 50 000.00（银行存款凭 36）+ 12 000.00（银行存款凭 60）+ 24 800.00（银行存款凭 68）+ 153.30（库存现金凭 4）+ 576.70（库存现金凭 6）+ 23 750.00（库存现金凭 14）+ 371.60（库存现金凭 23）+ 4 500.00（库存现金凭 38）+ 8 475.00（库存现金凭 44）+ 1 000.00（库存现金凭 45）+ 320.00（库存现金凭 66）= 125 946.60

经营活动现金流入小计 = 3 706 734.00（销售商品、提供劳务收到的现金）+ 125 946.60（收到的其他与经营活动有关的现金）= 3 832 680.60

购买商品、接受劳务支付的现金 = 21 922.00（银行存款凭 2）+ 106 700.00（银行存款凭 7）+ 96 886.20（银行存款凭 11）+ 678 673.00（银行存款凭 12）+ 24 860.00（银行存款凭 17）+ 81 699.00（银行存款凭 34）+ 85 200.00（银行存款凭 40）+ 655 400.00（银行存款凭 43）+ 200 000.00（银行存款凭 51）= 1 951 340.20

支付给职工以及为职工支付的现金 = 250 000.00（库存现金凭 28）+ 502.00（库存现金凭 39）= 250 502.00

支付的各项税费 = 61 710.00（银行存款凭 20）= 61 710.00

支付的其他与经营活动有关的现金 = 5 000.00（银行存款凭 5）+ 74 399.04（银行存款凭 13）+ 100.00（银行存款凭 15）+ 65 000.00（银行存款凭 16）+ 10 000.00（银行存款凭 24）+ 2 000.00（银行存款凭 42）+ 6 000.00（银行存款凭 47）+ 900.00（银行存款凭 48）+ 932.00（银行存款凭 52）+ 4 800.00（银行存款凭 56）+ 30 000.00（银行存款凭 58）+ 5 600.00（银行存款凭 61）+ 1 500.00（银行存款凭 63）+ 9 750.80（银行存款凭 69）+ 124 842.82（银行存款凭 70）+ 50.00（库存现金凭 10）+ 1 060.00（库存现金凭 18）+ 42.00（库存现金凭 25）+ 4 500.00（库存现金凭 26）+ 21.00（库存现金凭 32）+ 320.00（库存现金凭 33）+ 538.00（库存现金凭 35）+ 270.00（库存现金凭 46）+ 200.00（库存现金凭 53）+

120.00（库存现金凭57）+3 720.00（库存现金凭59）+6 000.00（库存现金凭62）=357 665.66

经营活动现金流出小计=1 951 340.20（购买商品、接受劳务支付的现金）+250 502.00（支付给职工以及为职工支付的现金）+61 710.00（支付的各项税费）+357 665.66（支付的其他与经营活动有关的现金）=2 621 217.86

经营活动产生的现金流量净额=3 832 680.60（经营活动现金流入小计）-2 621 217.86（经营活动现金流出小计）=1 211 462.74

购建固定资产、无形资产和其他长期资产所支付的现金=12 400.00（银行存款凭9）+9 040.00（银行存款凭21）+80 000.00（银行存款凭41）=101 440.00

投资活动现金流出小计=101 440.00（购建固定资产、无形资产和其他长期资产所支付的现金）=101 440.00

投资活动产生的现金流量净额=0（投资活动现金流入小计）-101 440.00（投资活动现金流出小计）=-101 440.00

取得借款收到的现金=1 000 000.00（银行存款凭8）+200 000.00（银行存款凭30）=1 200 000.00

筹资活动现金流入小计=1 200 000.00（取得借款收到的现金）=1 200 000.00

偿还债务支付的现金=100 000.00（银行存款凭54）=100 000.00

分配股利、利润或偿付利息所支付的现金=10 500.00（银行存款凭50）+2 100.00（银行存款凭54）=12 600.00

筹资活动现金流出小计=100 000.00（偿还债务支付的现金）+12 600.00（分配股利、利润或偿付利息所支付的现金）=112 600.00

筹资活动产生的现金流量净额=1 200 000.00（筹资活动现金流入小计）-112 600.00（筹资活动现金流出小计）=1 087 400.00

现金及现金等价物净增加额=1 211 462.74（经营活动产生的现金流量净额）+（-101 440.00）（投资活动产生的现金流量净额）+1 087 400.00（筹资活动产生的现金流量净额）=2 197 422.74

期初现金及现金等价物余额=2 584 330.24（银行存款期初余额）+895.00（库存现金期初余额）=2 585 225.24

期末现金及现金等价物余额=2 197 422.74（现金及现金等价物净增加额）+2 585 225.24（期初现金及现金等价物余额）=4 782 647.98